全国高职高专规划教材

实用口才

与职场沟通(第二版)

林　灵　主　编
周而冬　潘媛媛　副主编

Shiyong Koucai
Yu Zhichang Goutong

人民交通出版社
China Communications Press

内 容 提 要

本书是将实用口才与职场沟通相融合的实训教材，主要内容由"口才突破基础训练"和"职场沟通实战演练"两部分构成，共包含 13 个模块、32 个训练任务，在强化当众说话的口才突破训练的基础上，突出团队、社交、求职、校园、服务、接待、销售、办公室等职场情境的沟通实战演练。编写体例根据高职学生的认知特点和实际需要，突破口才类教材的传统编写模式，采用内容模块化、用任务驱动的全新方式凸显提高能力的系统化训练，具有针对性、现实性、可操作性强的特点。

本书既可作为高等职业院校、高等专科学校、成人高等学校各专业的素质教育课程口才训练教材，还可供广大青年朋友使用和参考。

图书在版编目（CIP）数据

实用口才与职场沟通 / 林灵主编. — 2 版. —北京：人民交通出版社，2013.2
ISBN 978-7-114-10340-7

Ⅰ.①实… Ⅱ.①林… Ⅲ.①口才学－高等职业教育－教材②人际关系学－高等职业教育－教材 Ⅳ.①H019②C912.1

中国版本图书馆 CIP 数据核字(2013)第 017164 号

全国高职高专规划教材

书　　名：	实用口才与职场沟通（第二版）
著 作 者：	林　灵
责任编辑：	赵瑞琴
出版发行：	人民交通出版社股份有限公司
地　　址：	（100011）北京市朝阳区安定门外外馆斜街 3 号
网　　址：	http://www.ccpress.com.cn
销售电话：	(010) 59757973
总 经 销：	人民交通出版社股份有限公司发行部
经　　销：	各地新华书店
印　　刷：	北京市密东印刷有限公司
开　　本：	787×1092　1/16
印　　张：	16.75
字　　数：	367 千
版　　次：	2011 年 2 月　第 1 版　2013 年 2 月　第 2 版
印　　次：	2019 年 1 月　第 5 次印刷　总计第 6 次印刷
书　　号：	ISBN 978-7-114-10340-7
定　　价：	34.00 元

（有印刷、装订质量问题的图书由本社负责调换）

说明（第二版）

为使本教材真正做到与教学接轨，为课堂教学提供文本依据，同时也是为了能够进一步彰显职业教育的办学特色，快速、高效地培养和提升大学生的口才运用能力，我们综合部分专家、教师和读者的意见和建议，对《实用口才与职场沟通》教材进行了修订和完善。

与出版于2011年2月的《实用口才与职场沟通》相比，本教材进一步淡化了口才理论知识的阐述，补充增加了口才运用训练的情境内容，其修订内容主要体现在三个方面：一是对上篇的模块四"思维素质训练"、模块五"演讲训练"，以及附录一"辩论赛知识概述"进行了增删、改写和部分重写；二是在下篇增加了"团队沟通"和"接待情境沟通"两个演练模块，进一步充实了沟通的实战演练内容，以强化大学生的口才运用能力训练；三是按照全书的风格和版式，统一了一些与教材风格不一致的地方，并对教材中的疏漏之处做了修改和完善。

按照修改后的内容，具体的编写分工为：模块一至模块三、附录一、附录三由林灵编写；模块四、模块七、模块八、模块十二、模块十三、附录二由周而冬编写；模块五、模块六、模块九至模块十一由潘媛媛编写。林灵负责全书的整理、修改、统稿及把关工作。

本教材在修订过程中参考了一些教材、著作和资料，具体见参考文献，在此对原作者表示诚挚的谢意。

由于水平和能力有限，本次修订工作依然难免会有不足乃至失误之处，恳请包涵，并敬请专家、教师和广大读者批评指正，以便本教材能通过不断打磨、修订，臻于完善。

编 者
2013年1月

前 言

教育部《关于全面提高高等职业教育教学质量的若干意见》（教高〔2006〕16号）文件强调，要"要针对高等职业院校学生的特点，培养学生的社会适应性，教育学生树立终身学习理念，提高学习能力，学会交流沟通和团队协作，提高学生的实践能力、创造能力、就业能力和创业能力"。国家劳动和社会保障部更是明确地将"与人交流"能力列为劳动者的八项职业核心能力之一。作为职业核心能力之一的与人交流沟通能力，是高职毕业生应具备的应职应岗核心能力的重要组成部分。大学生将来不论从事什么工作，都需要有一定的社会交际能力和语言表达能力。因此，对大学生来说，以语言为载体的交流沟通能力既是一种智力、一种交际能力、一种竞争力，又是一种工作能力。语言表达能力尤其是口语表达能力的好坏，将直接影响到大学生的就业起点和择业前景，在未来将直接影响到其事业的成功与否。

随着就业竞争压力的加大，社会对人才的素质和能力都提出了更高的要求，尤其是口才的运用与展示愈显重要，对交流沟通与表达能力的要求越来越高，口才越来越受到用人单位的重视。因此，开设社会环境下实用价值最高、使用频率最多、与人的生存和发展紧密联系的口才沟通类课程，设法实实在在地帮助在校大学生解决在与人交往、与人合作时的良好口语表达和沟通能力，提高学生人际交往、社会生活、职场工作、商务往来等场合中的综合素质，增强就业竞争力，刻不容缓。

要切实、迅捷、高效地提高大学生的交流沟通能力，需要有高素质的教师队伍，需要有高效优质的教学模式，更需要有能凸显高职"能力本位"特色的优秀适宜的教材。针对高职口才教材目前的现状，基于对社会需求、人才素质、口才沟通内在关系的理解，结合长期从事口才教学与研究的心得体会，在以"就业为导向"的精神实质下，同时充分考虑到高职教育特色，我们编写了《实用口才与职场沟通》这本教材，旨在为高职院校开展基于工作过程的任务驱动型教学模式提供集"知识学习、能力训练"于一体的便于操作及应用的突出"能力本位"的口才沟通类课程教材。综合起来，本教材具有如下特点：

1. 注重应用，能力本位。口才是人们在社会生活中，用话语解决问题的一种能力。应用语言学的交际性理论告诉我们，口才的意义在于"实用"，讲究应用、追求实用，是口才的鲜明特点。口才实用性的具体体现形式为在特定语境里通过口头语言进行的交流沟通。本着口才实用性价值的课程教学设计思想，我们大胆尝试将口才与沟通融合，全书由上篇"口才突破基础训练"和下篇"职场沟通实战演练"两部分内容构成，意在从口才基础突破，在职场沟通中落实，真正实现和达到与人交流表达能力训练和提高的目的。

2. 内容整合，任务驱动。本教材对传统的口才教学内容进行整合，根据教学进程和各专业特点共设计了11个教学模块、28个训练任务，在强化当众说话口才突破训练的基础上，突出社交、求职、校园、服务、销售、办公室等职场情境的沟通实战演练。教材内容的选择体现了三大特色：任务指向，目标明晰；实用为主，够用为度；选取典型案例与任务进行授课，并设置了由个体或小组所承担和完成的实训实习指导。教材在内容的设计上，完全基于"以学生能力发展为中心，为学生职业生涯发展服务"的课程理念，根据学生的听说能力水平及现状，构建起"口才突破基础训练——职场沟通实战演练"两大教学训练模块，每个模块又有相应的任务作为学习内容和活动的载体，模块内容本着以学生为主体，以能力为中心的原则，每个模块彼此间既相对独立又构成有机联系，呈现出阶梯层级递进的训练形式。模块化的内容、任务驱动型的编写体例，为口才课程实施行动导向教学模式提供了便利和依据。

3. 目标明晰，训练系统。每项学习任务下的首个学习环节均设有学习目标，内含有知识目标、能力目标、素质目标、情感目标等。明确的学习目标给学生指明了学习方向，让学生学有重点，能充分明确本任务的学习目标及学习要求，同时也为任务落实情况的评价考核提供依据。而每项任务下的"任务情境设定"、"技能演练"和"拓展训练"等训练环节，则能全方位、立体、系统地从低到高、由易到难、循序渐进地训练和提高学生的听说能力及其在实际运用中的交流沟通能力。

4. 体例新颖，操作性强。本教材改革了口才教材大都按照章节排列的学科体系设计体式，尝试采用模块化教学内容、用任务驱动的全新编排体例，以凸显能力本位的系统化训练，从而使本书的内容既方便教师讲授，也能使学生在最短的时间内掌握基本理论与技巧，并接受有效的训练。编写体例中的"导学看台""学习目标"提纲挈领、引领学习，"任务情境设定"驱动思考、新颖贴切，"知识链接"巧妙呼应、简洁科学、可读性强，"技能演练"、"拓展训练"训练形式多样、科学实用，"模块小结"、"评价反馈"过程完整、效果测评及时。

本教材由林灵确定编写框架并统稿，广西大学的黄南津教授负责主审。其中，模块一至模块三、附录一、附录三由林灵编写；模块四、模块六、模块七、模块十一、附录二由周而冬编写；模块五、模块八至模块十由潘媛媛编写；模块三之任务一资料由陆肖乐提供。

本教材在编写过程中借鉴援引了国内外同类教材、著作、杂志、网站中的不少有益资料，在此一并致谢。

鉴于编者的视野和能力，同时本教材采用了一种新的编写体例，书中难免存在疏漏和偏颇之处，恳请专家、同行和广大读者批评指正。

编　者
2010年11月

目 录

上篇 口才突破基础训练

模块一　倾听能力训练　3
　　任务一　认识倾听　3
　　任务二　倾听的三重境界　10
　　任务三　正确识读倾听体态　15

模块二　口才心理突破训练　25
　　任务一　怯场心理突破训练　25
　　任务二　自信心培养训练　31

模块三　诵读训练　41
　　任务一　普通话语音训练　41
　　任务二　诵读训练　54

模块四　思维素质训练　68
　　任务一　解读"口才树"　68
　　任务二　"魔术公式"训练　71
　　任务三　"散点聚拢"训练　76

模块五　演讲训练　81
　　任务一　即兴演讲训练　81
　　任务二　命题演讲训练　89

下篇 职场沟通实战演练

模块六　团队沟通　105
　　任务一　头脑风暴法　105
　　任务二　团队沟通　107

模块七　社交沟通　112
　　任务一　自我介绍与他人介绍　112
　　任务二　诚挚的赞美　117
　　任务三　与陌生人说话　121

| 模块八 | 求职沟通 | 127 |

- 任务一　面试基本礼仪 ... 127
- 任务二　求职应聘自我介绍 ... 133
- 任务三　常见面试问题解答举要 ... 137

模块九　校园情境沟通 ... 152
- 任务一　师生沟通 ... 152
- 任务二　同学间沟通 ... 158

模块十　服务情境沟通 ... 167
- 任务一　提升亲和力，达成同步沟通 ... 167
- 任务二　电话好助手，沟通"活"起来 ... 176
- 任务三　服务沟通综合训练 ... 182

模块十一　办公室情境沟通 ... 185
- 任务一　办公室沟通的障碍与目标 ... 185
- 任务二　办公室分向沟通 ... 190

模块十二　接待情境沟通 ... 201
- 任务一　门店销售接待 ... 201
- 任务二　办公室接待 ... 205
- 任务三　会议接待 ... 208

模块十三　销售情境沟通 ... 212
- 任务一　学做产品介绍 ... 212
- 任务二　引导体验促购买 ... 217

附　　录

- 附录一　辩论赛知识概述 ... 225
- 附录二　求职材料的准备和使用 ... 232
- 附录三　职场语言选编 ... 247

参考文献 ... 260

上篇

口才突破基础训练

"万丈高楼平地起。"要想迅速有效地提高口语表达能力，在人际交往中达到良好和谐的沟通目的，就必须苦练基本功，夯实口语表达的基础。上篇"口才突破基础训练"作为口才和沟通技巧训练的基础项目，主要由五个模块构成，重点训练口语表达与交流沟通必备的三大基本素质：心理素质、语音素质、思维素质以及倾听能力和演讲能力。

模块一

倾听能力训练

 导学 看台

> 倾听是一门艺术——
> "天地有大美而不言":太阳不语,自是一种光辉;高山不言,自是一种巍峨;蓝天不说,自是一种高远……人也一样,桃李不言,下自成蹊。
> 人际交往过程中倾听无处不在——
> 具备优势的时候需要倾听,取得成绩的时候需要倾听,遭受挫折的时候需要倾听,等待时机的时候需要倾听,承担痛苦的时候需要倾听,心灵的沟通更是需要倾听。让我们学会倾听。

任务一 认识倾听

 学习目标

1. 能客观地评价自己的倾听能力,形成在交流沟通过程中认真倾听的意识。
2. 能运用倾听技巧进行主动倾听和有效反馈。

任务情境设定

一天,一位名人来买车,交易过程很顺利,就要签单时,那位名人突然说不买了。推销员祖·吉拉德从对方眼中本已看出他对该款车的喜爱,给他的价位也很合适。于是百思不得其解。当晚,祖·吉拉德拨通了名人家中的电话,名人问:"你真想知道吗?那一定要留意我的话。"祖·吉拉德回答:"一定。"名人说:"可是你今天下午并没有用心听我说话,当我准备签字时,提到我的儿子即将进密西根大学就读,我还说到他的运动成绩和抱负,我以他为荣,你却没有任何反应。你根本不在乎我说了什么,你当时正在同另一个推销员说话。"

祖·吉拉德恍然大悟，懊恼不已。

思考讨论

1. 请讨论分析客户突然打退堂鼓的原因。
2. 随机请2组（每组2人）学生在全班面前模拟任务情境角色进行情境再现演示，注意观察推销员的倾听情况，然后请同学们就角色的倾听表现进行评议。

知识链接

一、倾听是沟通的保证

什么是倾听？国际倾听协会对倾听的定义是：倾听是接受口头和肢体语言信息、确定其含义和对此做出反应的过程。

说、听、问是口语交际中最基本的三种语言形态。其中，倾听作为常用的沟通方式，使用的频率很高，例如，听课、听报告、参加会议、观赏影视艺术、与人聊天、营销、新闻采访，等等。研究表明，人们在沟通中，40%的时间用于听，16%的时间用于写，35%的时间用于说，9%的时间用于读。可见，人们用于倾听的时间比其他任何一种沟通方式所用的时间都要多。但正是这在沟通中用时最多的"听"的技巧，我们在学校时却少有训练。就算有，也大多为了学习和考试，以至于我们的倾听能力是听说读写能力中最弱的一项。例如听课，一节课下来，有的同学什么都没听着；有的觉得自己听到并记住了很多东西，和别人一对照，却发现有很大的误差。听而不闻、听不清楚、记不住、理解错误……凡此种种，都说明有相当一部分人不会倾听或者说是被动的无效的倾听。当我们进入社会，在职业生涯中，倾听的感悟能力，即通过倾听对交谈者所阐述内容进行读解的能力，将直接影响我们的职业与人生的发展。因此，要做一个好的交谈者，首先必须做一个好的倾听者。

上天为何赐予我们两只耳朵、一张嘴巴？就是要我们少说多听。

"钢盔"的诞生

第二次世界大战中，一位叫亚德里安的将军，利用战斗的间隙到战地医院探望伤员。走进病房，他静静地坐在床边，耐心地听每一位伤员叙述战斗过程和死里逃生的经历。其中一位炊事兵绘声绘色地说，炮弹呼啸而来，正当弹片横飞之际，他急忙把铁锅扣在自己的头上才幸免一死。听到这里，亚德里安将军略有所悟地点点头，脸上露出赞赏的微笑。后来，他发布了一道命令：让每个战士都戴上一个"铁锅"。于是，在人类战争史上，"钢盔"这个重要发明，就因为一位将军有耐心倾听，有雅量听一个炊事兵"唠叨"而诞生了。据说这个发明使7万余名美军免于战死。

二、主动倾听

口语交际是一种双向交流的过程，这就要求双方既要说更要注意听。听是说的前提，说是听的目的。只有努力了解对方讲话的内容，专心记住交谈的关键信息，并做出正确的判断和反应，口语交际活动才能进行下去。因此，在口语交际活动中，我们要学会主动倾听和有效倾听。

当我们不仅仅是把注意力集中在他人所说的内容，还把重要的观点在头脑中进行勾画，并考虑提出问题或对问题提出的观点进行质疑时，我们就成为一个主动倾听者。

（一）主动倾听的四种方式

1. 获取信息式倾听

其构成要素包括：①清楚对方所讲的中心思想；②明白支持性主要观点；③预言接下来说的内容；④所讲的观点联系自我的经验。

2. 批判式倾听

批判式倾听需要获取信息式倾听所有的构成要素。
一般来说，所有沟通中的倾听都应当是批判式的。

3. 情感移入式倾听

倾听者放弃自己的情感，投入到对方的情感中去，按照他人的观点来理解其感受。

4. 享乐式倾听

为了乐趣而倾听，如听音乐、听戏曲、听相声等，称为享乐式倾听。

（二）主动倾听的五种方法

1. 对内容的复述，用自己的话来反馈对方的意思。
2. 模仿对方的情绪，确定你感受到的对方情绪是否准确。
3. 说出自己的感受，这种方法在生气时尤为有效。
4. 询问信息或进一步明确对方的意思。
5. 表明愿意解决问题的态度。

主动倾听需要时间和精力，主动倾听只有在真正接受对方的观点和情感时才是最有效的。

三、有效倾听

(一)倾听的五个层次

有效的倾听方法是可以通过学习获取的。分析并认清自己的倾听技巧所处的层次,将有助于你成为一名高效率的倾听者。按照影响倾听效率的行为特征,可以把倾听分为五个层次。

1. 第一层次——心不在焉地听

倾听者心不在焉,看似正在听,实际上心里考虑着其他与谈话内容毫无关联的事情,几乎没有注意对方所说的话。这种倾听者感兴趣的不是听,而是说,有可能正迫不及待地想要说话。这种层次上的倾听,往往不会取得很好的沟通效果,甚至导致人际关系的破裂,是一种极其危险的倾听方式。

2. 第二层次——被动消极地听

倾听者竖起了耳朵,却没有敞开心扉,只是被动消极地听。有的倾听者经常通过点头来表示正在倾听,而讲话者却以为所说的话对方完全听懂了,实际上,倾听者看似在听,但听到多少、理解多少常常是个未知数。这种层次上的倾听,常常导致一定的误解,失去真正交流的机会。

3. 第三层次——有选择性地听

对于自己感兴趣的话,倾听者会仔细认真地听,而把不合口味的东西统统地屏蔽掉,越是层次高的人,倾听的水平越容易局限于此。他们有先入为主的观念,和他们一致的意见他们会很感兴趣地听,相左的意见就会直接过滤掉。这样的倾听很容易导致偏听偏信的后果,危害很大。

4. 第四层次——认真专注地听

倾听者认真专注地听对方说话,专心致志地注意对方,聆听对方的话语内容,这是倾听的第四个层次。倾听者虽然自始至终保持认真主动的态度,能够接收对方的绝大部分信息,但是能否解读话语背后的含义,明白说话者的本意、真意,却很难说。

5. 第五层次——设身处地地听

这是一个优秀倾听者的典型特征。倾听的最高层次就是设身处地地听。它要求倾听者带着理解和尊重积极主动地与对方交流。倾听时不仅专注地看着对方的眼睛,而且能够深入对方的心中,站在对方的角度,替对方考虑。这种倾听要求调动身上所有的神经去观察、去感受,让自己感同身受地看待事物,做到和对方心心相印。这种倾听方式在形成良好人际关系方面起着极其重要的作用。

现实生活中，大约25%的人只能做到第一层次的倾听，40%的人能够做到第二层次的倾听，25%的人能够做到第三层次的倾听，达到第四层次、第五层次水平上的倾听者最多只有10%。可见，完全做到有效倾听的人是极少数，倾听作为有效的沟通方法，并没有引起我们足够的重视。

（二）有效倾听的十种方法

我们每个人都应该重视倾听，提高自身的倾听技巧，做一个优秀的倾听者。通过有效的倾听方法可以表示出对他人所说内容的兴趣，还可以表示对他人的看重和尊重，从而享受一种积极、双赢的沟通过程。

1. 专注地看着对方

人们判断对方是否在聆听和接收自己的说话内容，往往是根据对方是否看着自己来做出结论的。没有比真心对对方感兴趣更使他们受宠若惊的了。有的人听的时候心不在焉，一边听一边看电脑或者忙其他事情，别人本来有很多的建议或想法与他沟通交流，看到这种情况，感觉受到冷落，便闭口不谈了。所以，沟通时一定要专注地看着对方。

2. 不要中途随意打断他人的话

随意打断别人讲话，不仅是缺乏教养、没有礼貌的行为，而且还会让你错过许多重要信息，甚至产生误解和偏见。

 小贴士

> 主持人问："小朋友，你长大了做什么？"
> 小朋友答："飞机驾驶员。"
> 主持人问："如果飞机快没有油了，飞机上有很多旅客，但只有一个降落伞，你怎么办？"
> 小朋友答："旅客系好安全带，我背着降落伞跳下去。"
> 观众大笑。小朋友伤心地哭了。
> 他难过地说："我本来是想先跳下去，去取油，再来救大家，可你们没有听我说完。"

3. 沟通的时候要点头微笑回应

沟通的时候要不断地回应对方，他看到你不断地点头、微笑，就会有表达的欲望，继续讲下去。如果他讲了半天，你没有丝毫反应，也没有任何表情，那么他的积极性就会受到重大打击，不知道你想不想听，听懂了没有。

4. 适当地提问并复述对方的意思

倾听的时候，你要适当地提问，并复述对方的意思，特别是一些重要信息或不懂的地方要跟对方确认一下。这样他会觉得你在认真听，也就更愿意表达了。

5. 说话之前先暂停三到五秒

这样做有几层含义：一是确定对方确实已经讲完，二是表示你对他的话经过了认真的思考，三是引起对方的注意，同时这也是对对方的一种尊重。

6. 不理解可以马上提出来

如果你没有听清楚，没有理解，或是想得到更多的信息，应当在适当的情况下告知对方。这样做，一方面会使对方感到你的确在听他讲话，另一方面也有利于你继续有效地进行倾听。

案例

> 周文是一家公司的销售经理，短短半年，为公司创造了数百万元的利润，他把自己的业绩归结为四个字——有效倾听。在与客户沟通谈判的时候，他很注重倾听顾客的需求和意见，记录下一些关键点，并逐一复述，与顾客核实：顾客的需求是什么？对价格是否敏感？他们需要什么样的附加服务？顾客为什么拒绝？等等。在倾听过程中遇到不清楚的地方，他也会及时地与顾客沟通、核实。他的这种工作方式赢得了很多顾客的欣赏，有的顾客说："我们都厌倦了那种滔滔不绝的硬性推销，那样我们会有一种被强迫的感觉，很有压力，但和周经理沟通就没有那种感觉。和他沟通很轻松、很和谐，所以我们也爱和他做生意。"周文也坦言："做一个耐心的倾听者有时候很辛苦，难免花费很多时间，但有效果，所以值得去做。"

7. 不仅倾听内容，更要倾听感觉

中国人说话讲究委婉含蓄，所以有的时候对方所说的话与其内心需求并不完全一致，甚至相反。这时候，你既要倾听他表面的话语意思，更要洞悉他内心的真实意思。比如，家里来了一位客人，问他是否喝茶，他一般会说不喝。而如果你把茶端到他面前，他一般会喝的。你问他是否吃个苹果，他也会说不吃，你真把削好的苹果放在他手里，他会吃得津津有味。所以，倾听时需要我们用心观察对方的表情，揣摩他的感觉，读懂他的真实意思，进而更好地与他沟通。

8. 听到不同意见时不要屏蔽信息，不要妄下结论

很多人经常犯这样一个错误，听到不同意见时，或者把信息屏蔽掉，或者轻易下结

论。当你心中已经对某事做了判断时，就不会再倾听他人的意见，沟通也就被迫终止了。所以，我们要尽量保留对他人的判断，直到事情清楚、证据确凿为止。

9. 抑制争论的念头

沟通的目的是交流信息，而不是辩论，争论对沟通没有任何好处，只会引起不必要的冲突。所以，倾听的时候要学会控制自己，抑制与对方争论的冲动，放松心情，找到解决分歧的方法。

10. 听懂对方话语中的关键词

所谓的关键词，指的是描绘具体事实的字眼，这些字眼透露出某些关键信息，同时也显示出对方的兴趣和情绪所在。透过关键词，可以看出对方喜欢的话题，以及对人的信任度，同时也可以帮助我们决定如何响应对方的说法，更好地回应和反馈。

 技能演练

一、情境模拟演练

在公共汽车上，你无意中听到两位妇女聊天——

"听说你家晶晶今天就要去祥源公司了，那公司不错啊！"

"唉！别提了。她们三个女同学一块儿去面试的，竟一个也没被录用。昨天我托熟人去问，原来财务部经理说她不愿老是当'妇联主任'……"

1. 请逐一列举你从这段对话中听出的信息。
2. 假设你是会计专业的男性毕业生，尚未找到工作，接下来你会怎么做？

二、倾听技能演练

【演练名称】谁先逃离

【演练内容】

1. 角色分配：A 是科学家，正在研究新的生物技术；B 是即将分娩的孕妇；C 是负责生态环保的科学家；D 是某市的市长；E 是孤独无助的小孩。

2. 情境假设：这五个人现在都被困在了一座孤岛上，有一艘小船过来营救，但小船每次只能搭载一个人。请大家针对由谁乘船先行离岛的问题，各自陈述理由，而且每人先复述前一人的理由再申述自己的理由。

3. 由完整复述别人逃生理由的人与充分陈述自身理由的人共同决定可先行离岛的人。

【演练说明】

1. 推选或自荐五名同学参与，其余同学协助和做观察者。
2. 每个角色都有优先乘船离岛的理由，游戏中每个人不但要将自己的理由陈述得很充分，还要认真聆听别人的话，记住别人的想法，这样别人才会相信你，才会让你去求救。

3．演练结束，参与者与观察者交流体验或观察心得，感受倾听的重要。

任务二 倾听的三重境界

 学习目标

1．能够排除沟通过程中的各种干扰，集中注意力，全神贯注地听清楚对方的每句话。

2．能够在对方话音停止时即记住其所表达的内容并迅速悟出其语意所在。

3．能够结合特定的语境情形听出对方的表达思路、语意要点和意图。

 任务情境设定

某公司总裁交代他的秘书说："你帮我查查我们华东分公司目前有多少人，下周一我向董事局汇报工作时要用到。"于是，这位秘书打电话给华东分公司的秘书说："公司总裁需要一份你们公司所有工作人员的详细名单和档案。你准备一下，两天内交给我。"于是，分公司秘书就告诉其经理说："总部需要一份我们公司全体工作人员的名单、档案和其他相关材料，需要尽快送到。"结果第二天上午，两大箱的航空邮件出现在该公司的总部大楼里。

 思考讨论

1．从交流沟通中倾听的角度分析导致这种结果的原因。

2．分小组角色扮演展示处理任务情境的过程和结果，然后交流讨论沟通过程中应掌握倾听的哪些能力和技巧。

 知识链接

一、如何做一名好的倾听者

（一）了解倾听的方式与要求

不管在何种言语交际情况下，听人说话，都应该听清楚，听明白，这是最起码的要求。

言语交际总是受着交际者彼此之间的身份地位的影响，受着交际目的的制约，因此而形成三种最常见的听话状态，即只听不说、多听少说、边听边说。不管在哪种状态，都必须听，虽然听话的方式与要求不尽相同。

学会听，听得懂，记得住，是倾听的三重境界。

（二）在交流沟通中要学会主动倾听和有效倾听

亨利塔是纽约市中心人事局的工作介绍顾问。初到人事局的头几个月，亨利塔在同事当中一个朋友都没有。为什么呢？因为她每天都使劲吹嘘她在工作介绍方面的成绩，她新开的存款户头以及她所做的每一件事情。她说这些，是想让同事们分享她的快乐，进而喜欢自己。但是，事与愿违。在听了卡耐基的交际培训课后，亨利塔意识到自己以前的做法不妥。于是，在以后的工作中，她一改自己不停说话的习惯，有意识地仔细听同事们讲话。她说："我发现，同事们也有许多事情值得吹嘘。他们讲起自己的成就，比起听我吹嘘更显得兴奋。现在，当我们有时间在一起闲聊的时候，我就请他们把自己的快乐告诉我，好让我分享。而只在他们问我的时候，我才简略地说一下自己的成就。"现在，亨利塔成了单位里人缘最好的人。

（三）有意识地训练自己的倾听能力和倾听技巧

做一个好的倾听者，对于提高自身的领悟力、提高沟通效果尤为重要。因此，要重视倾听，并通过倾听的自我训练，提高自己对语言和体态语言的正确理解和反应能力，能很好地理解说话者的真正含义，并与自己的经验联系起来，形成自己的知识系统。

二、倾听能力的养成

要在人际交往中做一名好的倾听者，达到倾听的三重境界，倾听能力的养成必不可少。倾听能力是由多方面能力构成的，其中最基本的能力有三种。

（一）注意力

这是指在倾听过程中所表现出来的情感、情绪、思维指向程度。指向程度越高，注意力越集中，听话的效果就越好，听得清，听得懂，而且记得住。指向程度低，注意力不集中，听话效果就差，既不入耳，更不入人心，即便听了一部分，也是不准确，不连贯的。譬如，同处在一个教室，同听一个老师讲课，有的同学就能心领神会，举一反三；而有的同学却丢三落四，茫然不知所措。究其原因，很大的程度就取决于其听课的注意力集中与否，前者聚精会神，专心致志；后者心猿意马，心不在焉。

注意力为什么会不集中呢？这是因为在实际的倾听过程中，有很多因素会分散我们的注意力。这些因素包括：

（1）认知失调。在两种或更多相互对立的态度面前感到矛盾，无所适从。

（2）焦虑。焦虑是倾听中的干扰因素，一个人处于极度焦虑的状况中，就不能很好地去倾听。

（3）倾听过程中的想象。

（4）被动地倾听。对一些无意义或自己不感兴趣的东西，人们往往表现为被动倾听。

 小贴士

注意集中的小诀窍

事先准备好谈话的内容纲要，并用笔写下来。这些问题包括：

时间：什么时候？

资源：什么东西？

轻重：最重要的方面是什么？

答案：留心这些问题的答案。

反馈：谈话结束的时候，与对方确认你的理解是否正确，特别是关于下一步怎么做、由谁来做的信息。

注意力在倾听中常常表现为两种方式。一是集中注意，或者在多种声音共存的情况下，倾听者力排干扰，只集中听取一种声音。譬如，座谈、争论、喧嚣中的讲话等；或者在通篇倾听中，尤其注重听取特别感兴趣、特别新颖、特别有价值的某一点、某一个方面。譬如，演讲、讲话、讲座、学术报告等。这种注意力具有极强的选择性和专一性。二是分散注意，也称注意分配，即把注意力分配在几个方面，同时倾听各种不同的声音，既注意听，又注意比较；既注意说话者的表现，又注意听众的反应；既注意现场效果，又注意将产生的后果，等等。这种"眼观六路，耳听八方"的注意方式，不仅全面，而且还具有一定的前瞻性。

（二）记忆能力

听人说话，要记得住、记得牢。倾听中的记忆与阅读中的记忆有所不同。前者是瞬间记忆、一次性记忆；后者可长时记忆、反复记忆。要在别人说话的当时就能把话语记住，大体有如下几种方法：一是择要记忆。只记观点、要点、结论、数据，其他的能记住多少算多少。二是逻辑记忆。说话总有一定的逻辑思路，或者是由事而理的归纳，或者是层层推导的演绎，或者是同类、正反的比较。按照一定的逻辑思路倾听，自然就记住了。三是瞬间强记。不仅一字一句听清楚，听明白，还不妨默默背诵几遍，最好将说话者当时的声音、神态、动作都一块记住。这种记忆很可能就成了终身记忆。

要养成倾听中良好的记忆能力，关键是要用心，专心专意地倾听；其次是要理解。记忆有两种，一种是机械记忆，一种是理解记忆。前者死记硬背，记忆不会长久；后者是用心体会、领悟、理解，只有理解了的话语才会记得住，记得长久。最后，还要养成良好的记忆习惯，听话必记，并且力争记全、记准，长此以往，便能养成很强的

记忆能力。

（三）听辨能力

听辨能力是人们在言语交际中形成的一种特有的智力。这种能力主要表现在语音的辨析，语意的理解和话语的品评几个方面。

1. 语音辨析

倾听是通过语音辨析来理解语音符号的含义的。语音，在表达话语意义的同时，还传导说话者的情感、情绪、态度。因此，倾听者既要从语音中听出语音符号本身的含义，还要从语音的高低、轻重、缓急以及语气中，体味到说话者的情感、心态、意图。除此之外，对于那些一词多义、一词双关、同音异义的语词、语句，还要特别注意加以辨析。

2. 语意理解

倾听的关键在于对语意的理解。首先是对语词、语句、语段乃至整篇做出正确的理解。其次是理解观点，理解意图。再次，对那些善用比喻、象征、反语、委婉、幽默、模糊、诡辩等修辞手法的语句或语段，还要做出特别的理解与领悟，以便从中悟出"言外之意"。

3. 话语评析

倾听不只是接收与理解，还应该在听话的同时，及时做出分析评价。这些评析主要包括：对话语内容的评析，是否正确，是否合理，是否得当，是否得体，有何特别之处。还有一种要指出，即口语表达常常因为省略、节缩、松散等原因，导致说出的话语不很严密，不很规范，甚至还会出现病句。对于这种现象，倾听者不仅要辨析出来，还要善于及时加以补正或还原。

 技能演练

一、倾听注意力训练

【演练目标】训练倾听注意力的抗干扰性，提高听觉的敏锐性
【演练名称】鹦鹉学舌
【演练设计】
1. 播放一段相声或球赛录音，播放过程中教师同时慢读近期的数条新闻，学生速记。
2. 每组派一名代表就录音内容做简要复述，同时评选出最佳小组。
【演练提示】
1. 播放录音的声音不宜过大，以训练倾听注意力的专注性；录音材料的内容不宜过短，以训练倾听注意力的持久性；内容不宜过于简单，以训练倾听注意力的稳定性。但应遵循循序渐进的原则逐步增加训练的难度。

2．播放前教师可就训练要求做一些提示，如倾听时要耐心、沉住气、防止烦躁情绪，听后要做复述练习，可做记录，等等。

3．听辨的内容要完整连贯。

4．评选最佳小组前，教师要将录音材料的内容要点和评分标准告知学生。

二、倾听记忆能力演练

【演练目标】训练规定时间的强记能力，培养快速记忆的能力

【演练名称】快速传话

【演练设计】

1．以小组为单位，按纵式队列站好。

2．每组站在最后一位的学生到讲台领取教师事先准备好的纸条并用30秒的时间记住纸条上所写的内容。

3．回到原位，用耳语告诉前一位同学纸条上的内容，然后一个接一个地用耳语传下去，最后一人宣布所听到的内容，并将纸条上的内容念一遍，让大家知道内容的真相。

4．整个活动计时5分钟。时间一到即停止传话，未完成的组淘汰出局。

【演练提示】

1．第一，不能用笔做记录。第二，只能一个接一个地顺接，不能越过一些人直接对前面的人说，声音保持耳语音量，不能让第三人听见。违反规定的组将被淘汰出局。

2．每张纸条上的内容难度尽量均衡，都应当由文字和数字组成，字数在50～60字为宜。

三、听辨能力演练

【演练目标】训练在特定语境下的听辨能力，能听出对方所表达的思路和语意要点

【演练内容】情景会话听辨

【演练设计】

1．教师读下面这两段话，让学生指出其内容或表达的错误。

（1）有位经理这样说："我是经理，公司里大事小事当然都得由我说了算。这同开火车一样，我是火车司机，启动机车，把握方向，掌握快慢都得由我决定，你们各位如同司炉，只管给锅炉里添煤就是了。如果你们要民主，都冲我又喊又叫，要我这个司机干什么？"

（2）一位幼儿教师领着孩子们画热带鱼。老师边画边说："冬天过去了，春天来到了，冰雪慢慢融化，热带鱼妈妈带着鱼孩子们游了过来。这些鱼都在吐水泡，你们看，吐出的水泡多大呀，大大的水泡浮到水面，越浮越小，多么有趣呀！"

2．下面几种说法，一般地说，反映了什么内心状态与性格特点？

（1）"趁我还没有忘记，我来说一下……""我想顺便提一下……"

（2）"我听说……""听别人讲……""好像有人这么说……"

(3) 话里嵌入较多的"老实说""说句老实话""真的""不骗你"……
(4) 话里嵌入较多的"你懂吗？""我跟你说""老实不客气地说"……

3. 试说说下面各题的言外之意。

(1) 某商店为配合夜市，准备让职工晚间在路边设摊推销商品，经理开会请大家发表意见，献计献策。一位中年女职工这样说："我建议，可以到寺院里请一批和尚来担任夜市营业员。"

(2) 里根在担任美国总统时，提出削减预算的方案。讨论时，议员们议论纷纷，觉得此方案的施行还要讨论。里根笑着说："有人告诉我，紫色的软糖都是有毒的。"然后拿起一粒紫色的软糖塞进嘴里，笑眯眯地嚼起来。

(3) 阿凡提与皇帝一起洗澡。皇帝问："凭我这个模样到奴隶市场能卖几个元宝？"阿凡提说："10个元宝。"皇帝火了："胡说！光我那条绣花围巾就值10个元宝！"阿凡提说："正是呀，高贵的陛下。"

【演练提示】

本演练阶段的设计一般都考虑到了具体的语境。在进行特定情境的听辨能力训练时，一要留心对方说话的内容或表达有无错误。二要推测对方的心理，判断表述者的思想感情、情绪色彩及其性格特点。三要注意与特定的语境以及特定的人际关系密切联系，听出通过各种修辞手法传达出来的言外之意。

任务三　正确识读倾听体态

 学习目标

1. 了解体态语言在倾听中的重要性，能正确识读倾听体态传达出来的信息。
2. 掌握体态语言运用技巧，能恰当运用倾听体态表情达意。

 任务情境设定

赵佳明是一名刚进公司的业务员。这天，部门经理叫他到办公室布置工作。为了给领导留下好印象，小赵从一进门就始终保持微笑，目视前方。经理用手示意请他坐下谈，他想：在领导面前坐着谈话太没礼貌了，就一直站着。当经理问他工作有困难吗，他笑嘻嘻地说："没有"。谈话途中，小赵突然想到自己应该做记录，但又忘了带笔和记录本，他灵机一动，赶快掏出手机。经理的不悦再也控制不住："今天的谈话就到此，你回去吧。"小赵一脸茫然。

 思考讨论

1. 请帮小赵分析寻找导致这种结果的原因，并讨论怎样的倾听体态才是正确的。
2. 随机请2组（每组2人）学生在全班面前就任务情境进行倾听体态语言恰当运用的演示，演示结束后请同学们就如何运用体态语言传情达意进行评议。

知识链接

一、常见的倾听体态语言

体态语言亦称"人体示意语言"、"身体言语表现"、"态势语"、"动作语言"等，是人际交往中一种传情达意的方式。在日常人际交往中，体态语言是有一定规律可循的。了解这一点，不仅有助于理解别人的意图，而且能够使自己的表达方式更加丰富，表达效果更加直接，进而使人与人之间的沟通更有效。萨莫瓦曾说："在面对面的交际中，信息的社交内容只有35%左右是语言行为，其他都是通过非语言行为传递的。"在交际中常见的体态语言主要有：情态语言、身势语言、空间语言。

（一）情态语言

情态语言是指人脸上各部位动作构成的表情语言。如目光语言、微笑语言等。在人际交往中，目光语言、微笑语言都能传递大量信息。人的面部表情是人们内心世界的"荧光屏"。人的复杂心理活动无不从面部显现出来。面部的眉毛、眼睛、嘴巴、鼻子、舌头和面部肌肉的综合运用，可以向对方传递自己丰富的心理活动。以微笑语言为例，微笑是一种令人愉悦的表情，它可以和有声语言及行动一起互相配合，起到互补作用，在交际中表达深刻的内涵。有魅力的笑能够拨动人的心弦，架起友谊的桥梁。笑与举止应当协调，以姿助笑，以笑促姿，形成完整、统一、和谐的美，使人感受到愉悦、安详、融洽和温暖。

（二）身势语言

身势语言亦称动作语言，指人们身体的部位做出表现某种具体含义的动作，包括手、肩、臂、腰、腹、背、腿、足等动作。在人际交往中，最常用且较为典型的身势语言为手势语和姿态语。手势语是通过手和手指活动来传递信息，能直观地表现人们的心理状态，它包括握手、招手、摇手、挥手和手指动作等。手势语可以表达友好、祝贺、欢迎、惜别、不同意、为难等多种语义。比较而言，握手是人际交往中用得最频繁的手势语。姿态语，是指通过坐、立等姿势的变化来表达语言信息。姿态语可表达自信、乐观、豁达、庄重、矜持、积极向上、感兴趣、尊敬等或与其相反的语义。人的动作与姿态是人的思想感情和文化教养的外在体现。

（三）空间语言

空间语言是一种空间范围圈，指的是社会场合中人与人身体之间所保持的距离间隔。空间距离是无声的，但它对人际交往具有潜在的影响和作用，有时甚至决定着人际交往的成败。人们都是用空间语言来表明对他人的态度和与他人的关系。多数人都能接受的四个空间即：亲密空间、个人空间、社交空间、公众空间。

1. 亲密区域

亲密区域又称为亲近区域，一般是自己的身体向外 0~0.45 米的范围。这是一个私人距离，仅用于接纳身边最亲近的人，如父母、孩子、配偶。其他外人如果进入了这个区域，人们会表现出不自在的状态，身体会做出"撤退"甚至"出击"的反应，因此，一般性的朋友、异性，不要轻易尝试去触碰对方的亲密区，因为这是对他人的侵犯。

2. 个人区域

个人区域是身体向外 0.45~1.2 米这个范围。主要用于接纳日常性的好朋友、同学、亲属等，适用于日常工作、生活场所和一般聚会场所与同学、老师、同事、邻居、熟人等交往。注意，一般性的朋友、异性也不宜轻易进入这个区域，与客户、上级、长辈、尊者交往时，也要尊重对方的个人区域，不要轻易靠近。

人际交往中，亲密区域与个人区域通常都是在非正式社交情境中使用，在正式社交场合则使用社交区域。

3. 社交区域

社交区域又称为礼仪区域，是身体向外 1.2~3.6 米之间这个范围。这是我们在办公室、聚会等很多工作、社交场合标准的社交距离，适用于礼节上较为正式的交往。这时，一般性的同事、朋友、异性之间，客户与主人、上下级、长晚辈之间都可以在这个区域进行交往，如在办公室交谈、商务洽谈、招聘面试、论文答辩等。这个空间区域也是接待、服务岗位上最合适的距离。若太近，会侵占他人空间；太远，会迫使对方提高嗓门说话，费力、不舒服，也不礼貌。因此，社交区域能更好地体现出对交往对象的尊重，也让彼此在心理上有一种安全感。这个区域要尤其注重交往时的体态语言和仪表仪容的规范。

4. 公众区域

公众区域是身体向外 3.6~8 米的范围。这个区域一般用于演讲、会见会谈、会议等。这个距离会给他人和自己带来一种安全感，容易获得对方的信任，便于双方沟通，也会避免产生误会，如不熟悉的人或不认识的人之间，保持这样的距离不会被怀疑在窥听、窥视等。注意，这是一个约定俗成的国际惯例，尤其是在和外国友人交往时更应注意这个距离。

当然，人际交往的空间距离不是固定不变的，它具有一定的伸缩性，这需根据具体情境、交谈双方的关系、社会地位、文化背景、性格特征、心境等来决定。

二、正确识读倾听体态语言的密码

（一）目光语言

商务场合，应该用平和、亲切的目光语言，既不目光闪闪显得激情过度而近乎做作，又不目光呆滞，显得应付敷衍。如果眼神发虚或东瞟西望，就会让对方产生一种不踏实的感觉。

1. "盯视"

如果死死地盯视一个人，特别是盯视他的眼睛，不管有意无意，都是一种不礼貌的表现，会令对方感到不舒服。盯视，在某些特定场合，是作为心理战的招数使用的，在正常社交场合贸然使用，便容易造成误会，让对方有受到侮辱甚至挑衅的感觉。

2. "眯视"

眯视是一种不太友好的身体语言，它除了给人睥睨与傲视的感觉外，也是一种漠然的语态。"眯视"，对于漂亮女性，常常传递着一种"色迷迷"的语言，让她们感觉受到一种无形的骚扰。

3. 四处漫游

这是一种犹豫、举棋不定的身体语言信息。回避对方的眼光或者眼睛瞟来瞟去，会让对方觉得你不专心、心虚，从而得不到信任。

4. 斜视

斜视表示轻蔑。俯视，表示羞涩。

5. 仰视

仰视表示思索。正视，表示庄重。这些都需要根据场合恰当把握。

（二）嘴巴语言

嘴不仅是用来表达有声语言的，也同样可以表达丰富的体态语言。

（1）嘴唇闭拢表示和谐宁静、端庄自然。

（2）嘴唇半开或全开表示疑问、奇怪、有点惊讶，如果全开就表示惊骇。商务交往中，除非是为了沟通谈判的需要，否则不要轻易出现这种嘴部动作。

（3）嘴角向上表示善意、礼貌、喜悦。商务交往中，这种身体语言特别会让对方感觉到你的真诚和善解人意。

（4）嘴角向下表示痛苦悲伤、无可奈何。嘴唇撅着表示生气、不满意。这种表情在商务场合出现，会被认为是不尊重对方的表现。嘴唇紧绷是表示愤怒、对抗或者是决心已定。

（三）手势语言

（1）双臂交叉，用一只手握住另一只胳膊，这个身体语言显示了紧张期待的心情，也是一种试图控制紧张情绪的方式。如等待登机、等候拔牙、见到陌生人有点紧张或回答问题有些畏怯的时候。

（2）推手表示对抗、矛盾、抗拒或观点对立。所以一般情况下是不可随意使用的。

（3）在和别人说话时，总喜欢伸出食指，这种"一指禅"动作，本意是指明方向、训示或命令。在商务场合中，如果不是指明方向，而是在和别人交谈时这么比划，就会显得缺乏修养和粗俗。

（4）用手指轻轻触摸脖子表示持怀疑或不同意态度。把手放在脑袋后边表示有意与别人辩论。

（5）用手指敲击桌子表示显得很无聊或不耐烦（用脚敲击地板同此理）。

（6）轻轻抚摸下巴那是在考虑做决定。

（7）手指握成拳头表明小心谨慎，情绪有些不佳。

（8）双手置于双腿上，掌心向上，手指交叉，表明希望别人理解，给予支持。

（四）腿部语言

（1）手脚伸开懒洋洋地坐在椅子上，说明相当自信并且有些自傲，不把对方放在眼里。

（2）使劲扒着桌子坐，说明对话题很感兴趣，也表现出几分不拘小节。

（3）跷起二郎腿，两手交叉在胸前，收缩肩膀，说明感到疲倦，对眼前的事不再感兴趣。

（4）双腿直伸，抖动腿部，坐在别人面前，反反复复地抖动或摇晃自己的腿部，不仅会让人心烦意乱，而且也给人以极不安稳的印象。

（5）站立时背向对方，斜靠在其他物体上，双手平端或抱在胸前，把一只手插进衣袋，这些都是不重视对方的表现。边说话边晃动脑袋，同样会给人嚣张、轻浮的感觉。

（6）叉腿站立。人们在一个陌生而不舒适的场合大多会这样站立。说明不自信，紧张而不自然。

（五）外表

外表包括人体（如容貌、姿态）和修饰（如衣着、发型、装饰品）两个方面。倾听时恰当的仪表仪态应当是体现正确的指导思想、时代的精神风貌、鲜明的民族特点、健康的生活情趣，并且同周围的环境、本人的年龄和身份相适应。对服饰的基本要求有二。

（1）与体态协调。身材与打扮要互相协调，比如一个大胖子就不宜穿过紧的衣服，否则包得紧紧的，会叫人感到透不过气来。服装的颜色搭配也要协调，比如，上衣是浅色的，裤子最好穿深色的。

（2）美观大方、整齐清洁。

三、倾听体态语言的恰当运用

美国心理学家艾伯特·梅拉比安把人的交流表达效果总结为一个公式：有效表达=语言（7%）+声音（38%）+表情（55%）。

体态是一种无声的语言。倾听中的体态变化，可以折射出心理状态的变化。所以我们在倾听的时候应规范自己的体态，不要让不良的体态传递出不应交流的信息。所以，倾听中要注意通过眼神、表情的变化，坐姿、站姿及手势等的变化来传递信息，反映自己的思想情绪。

案 例

> 意大利悲剧家罗西有一次应邀为外宾表演，他在台上用意大利语念起一段台词，尽管外宾听不懂他念的是什么内容，但却为他那满脸辛酸、凄凉的语音、声调、表情所感染，大家禁不住泪如泉涌。当罗西表演结束后，翻译解释说，刚才罗西念的根本不是什么台词，而是大家面前桌子上的菜单。

（一）面带微笑、表情自然

微笑是全世界通用的语言。微笑是善良、友好、赞美的表示。微笑是表情中最能赋予人好感，也是人与人之间最好的一种沟通方式和愉悦心情的表现方式。对人微笑，必能体现出你的热情、修养和魅力，也易得到人的信任和尊重。倾听时面带微笑，会使对方感到受尊重，自然也就乐于与你交谈。倾听时，要善于使自己的表情随着对方谈话内容的变化而变化。切忌一脸茫然，冷漠。但表情不宜过分夸张和激烈，要让人感到自然、真切、亲切。

（二）运用富有表现力的动作语言，特别是手势

手势是体态语言中最丰富、最具有表现力的传播媒介，做得得体适度，往往可以加强交谈效果、增强感染力、活跃交谈气氛，有利于体现个人风度魅力。但要注意手势应随着谈话内容和情绪的变化来配合，不宜单调重复。手势的使用一定要规范适度、亲切自然、恰当适时、简洁准确，忌手势过多、幅度过大、变化过快，手势的运用还忌喧宾夺主。

（三）视线的接触及目光注视的正确位置

视线的接触是人际间最能传神的非语言交流，眼神所传递的思想感情也是最自然、最诚实的。眼睛是人类传递信息最有效的器官，有礼貌而又有成效的倾听，应该是将自己的目光同对方的目光放在同一水平线上，注视对方的眼睛，使对方从心里感到双方地位平等，交谈才能在一种融洽的气氛中进行。

注视的位置：①公事注视的区域在额头至两眼之间，即正三角区域内。②社交注视的范围在两眼至嘴之间的倒三角区域内。③亲密注视的位置在对方的双眼到胸部之间的区域内。

切忌，倾听时不要注视对方头顶、大腿、脚部与手部。对异性而言，通常情况下不应注视肩部以下的部位。

（四）倾听时要注意配合适当的举止体态

如身体稍微向对方倾斜，表示出强烈的兴趣；当对方谈到与你的观点一致的时候，点头、微笑表示赞同等，鼓励对方继续交谈下去。切忌当对方说话时，对着他打哈欠、

伸懒腰等表示不耐烦的举止。在倾听中还应注意站姿、坐姿的正确性。

案例

有一次，一位企业主管当主考官，对几位学生进行面试。这几位同学一进来，就把开着的手机摆放在桌子上。主管看了，直摇头叹气。结果，这几个学生一个都没有被录取。事后，有人问主考官没有录取的原因，主考官说："这些人，当然不能录用。因为面试时，应该很专心地倾听我提出的问题，结果，这些人却心有旁骛，心中总在惦记着'手机'，那……对不起，我们不要聘请不懂'倾听他人'、不懂'尊重他人'的员工。"

小贴士

倾听时应避免的不良体态

紧锁眉头

频繁看手表

东张西望

打哈欠、伸懒腰

抓耳挠腮

时坐时起，表现烦躁

摆弄头发、领带

持"稍息"的站姿

玩弄笔杆、手机

翘"二郎腿"的坐姿

技能演练

一、观摩体验

观看视频小品《疯狂粉丝团》，然后以学习小组为单位展开讨论，指出小品中各类人物的身份特征以及与此相对应的习惯动作。

二、倾听体态演练

【演练目标】训练特定情境下倾听体态的正确、恰当、规范运用

【演练名称】学做小领导

【演练设计】

1. 以学习小组为单位，每组组长就小组工作情况做十分钟的工作汇报。组内其余同学以倾听者的身份按照倾听体态要求认真倾听，并学习通过发问、插话、神情举止等方式实施调控，以保证汇报的顺利进行。

2. 每组轮流上台试演，全班依据每组所有倾听者的表情、眼神、动作尤其是手势、举止体态、身姿（站姿和坐姿）几方面的标准要求进行综合评价，讨论确定最佳表现小组。

3. 教师进行总结归纳。

评 价 反 馈

倾听能力模块考核评价表

考核评价内容	分值	扣分	实得分
能客观地评价自己的倾听能力，具备认真倾听的意识；能运用倾听技巧进行主动倾听和有效反馈	10分		
听觉敏锐，倾听注意力高度集中。在任何言语交际情况下，都能不受沟通过程中各种因素（如内容枯燥、语速过快、方言过重、噪声，或者主观情感等）的干扰，全神贯注集中注意力听清楚，听明白对方说的话。准确率（有效性）达到80%以上为合格	25分		
正确运用择要、逻辑、强记等记忆方法，听人说话时能够记得住、记得牢，即要求能够在对方话音停止时即记住其所表达的内容并迅速悟出其语意所在。准确率（有效性）达到80%以上为合格	20分		
对倾听内容具有良好的领悟能力，能够正确地辨析语音、理解语意和品评话语。在特定的语境下能够很好地理解说话者的真正含义，即能够听出对方表达的思路、语意要点和意图。准确率（有效性）达到80%以上为合格	25分		
能够正确识读倾听体态（目光、嘴巴、手势、脚部、外表及服饰、空间距离等）传达出来的信息，并能恰当运用倾听体态（微笑、表情、动作、视线及注视的位置、举止体态、正确的站姿和坐姿等）表情达意。准确率（有效性）达到80%以上为合格	20分		

倾听能力自评表

项目	问 题	几乎都是	常常	偶尔	很少	几乎从不	得分
态度	1. 你喜欢听别人说话吗？	5	4	3	2	1	
	2. 你会鼓励别人说话吗？	5	4	3	2	1	
	3. 你不喜欢的人在说话时，你也注意听吗？	5	4	3	2	1	
	4. 无论说话人是男是女，年长年幼，你都注意听吗？	5	4	3	2	1	
	5. 不管是朋友、熟人或陌生人说话时，你都注意听吗？	5	4	3	2	1	
行为	6. 你是否会目中无人或心不在焉？	5	4	3	2	1	
	7. 你是否注视说话者？	5	4	3	2	1	
	8. 你是否忽略足以使你分心的事物？	5	4	3	2	1	

续上表

项目	问题	几乎都是	常常	偶尔	很少	几乎从不	得分
行为	9. 你是否微笑、点头或使用不同的方法鼓励他人说话？	5	4	3	2	1	
	10. 你是否深入考虑说话者所说的话？	5	4	3	2	1	
	11. 你是否试着指出说话者所说的意思？	5	4	3	2	1	
	12. 你是否让说话者说完他的话？	5	4	3	2	1	
	13. 你是否试着指出他为何说那些话？	5	4	3	2	1	
	14. 当说话者犹豫时，你是否会鼓励他继续说下去？	5	4	3	2	1	
	15. 你是否会重述说话者的话，弄清楚后再发问？	5	4	3	2	1	
	16. 在说话者讲完之前，你是否避免批评他？	5	4	3	2	1	
	17. 无论说话者的态度和用词如何，你都注意听吗？	5	4	3	2	1	
	18. 若你事先知道说话者要说什么，你也会注意听吗？	5	4	3	2	1	
	19. 你是否询问说话者所用字词的意思？	5	4	3	2	1	
	20. 为了请说话者更完整地解释意见，你是否发问？	5	4	3	2	1	
总 分							

说明：

1. 90～100分，你是一个优秀的倾听者；
2. 80～89分，你是一个很好的倾听者；
3. 65～79分，你是一个勇于改进、尚算良好的倾听者；
4. 50～60分，在有效倾听方面，你确实需要再训练；
5. 50分以下，你注意听别人说话了吗？

模 块 小 结

1. 倾听是达到良好沟通效果的关键技巧，从某种意义上说，"听"比"说"更重要，使用的频率也更高。做一个好的交谈者，首先必须做一个好的倾听者。

2. 了解自己倾听技巧的层次，掌握有效倾听的方法。

3. 倾听有被动倾听和主动倾听两种。无论为了尊重他人还是追求沟通效果，也不管是为了获取信息还是提高自我领悟力等等，我们都应该学会主动倾听，掌握有效倾听技巧。

4. 口语交际中，65%的信息内容是通过非语言行为传递的。正确识读体态语言传达出来的信息，了解体态语言在倾听中的重要性，并恰当地运用倾听体态语言技巧表情达意，将有助于提高交流沟通的效果。

5. 有意识地培养和训练自己的倾听能力，可从倾听注意力、倾听记忆力、倾听理解力以及正确识读倾听体态语言的密码等方面着手训练。

拓 展 训 练

1. 故意在喧哗嘈杂的场所同别人谈话，可以谈一件事、讨论一个问题，力求全神贯注听清对方的每句话。

2. 故意找操不同方言的人聊天，尽量不使对话中断下来，看能在有效交流的情况下，可以谈多久。谈的时间越长，越表明你的倾听能力有了提高。另外还可作一个旁观者，认真听别人用纯方言对话。在他们谈了一个阶段以后，你对他们讲一讲自己听到了些什么；同时，你也对他们进行一次"语音诊断"，告诉他们所用的方言与普通话语音的对应差异在哪里。

3. 听别人讲一件事或一个道理后，再准确地说给大家听，不放过有意思的细节。也可将从广播里听到的一则新闻说给别人听。

4. 小组活动。其中一人朗诵诗歌、散文或格言警句，其他人听后看看能背出多少诗行或名句。可轮流多次进行。

5. 分小组做一个访谈节目，话题自选。每组推选出一位同学做主持人，通过主持人与同学的采访问答，训练倾听能力。

6. 眼神的情境训练。

    训练方法：下面列举的不同眼神有可能反映出说话人或听话人的哪些心情？根据平日的观察开展讨论，然后自己体会。

    训练内容：正视、俯视、斜视、凝视、环视、漠视、点视、虚视、仰视。

7. 下课了，一位学生正在洗手，他的同学走来，郑重其事地递给他一张纸。

    ① 如果这张纸是"入团申请书"；
    ② 如果这张纸是"检讨书"；
    ③ 如果这张纸是又脏又破的废纸（对方跟他开玩笑）。

    训练方法：设想这位学生接到不同内容的纸后的不同态度，用表情和动作表现出来。

8. 倾听小游戏。以小组为单位，组长给每位组员一个带有指令的单子，单子上面写着如"摇头晃脑、摸后脑勺"等，单子的最后一条是"不要理会以上所有指令。"单子发下去后，组长宣布组员按照单子上的指令"开始"。请你观察组员的变化，为什么会有这些变化？然后向组员说明你观察到的情形及结果。

模块二

口才 心理突破训练

  自信是人才成长过程中不可缺少的心理品质。自信心是学会当众说话的第一步，一个人想成功，就必须先具备成功的心理品质，也就是自信心，这不但是当众说话训练成败的关键，也是人生成功的关键之一。

任务一　怯场心理突破训练

 学习目标

  1. 能正确认识公共场合说话的恐惧心理，通过分析其成因，有针对性地勤加练习，提高当众说话的心理素质。
  2. 运用克服恐惧心理的法则，并通过训练，能基本做到当众说话较从容，不紧张、不怯场。

任务情境设定

  高职学生杨涛的大学英语考试过了六级，学院拟安排他于下周星期二下午在院大礼堂给全院学生做经验介绍。虽然杨涛非常重视这件事情，但他从未在公众场合说过话，一想到面对上千学生说话的场景，杨涛就手心冒汗、心跳加快、头脑一片空白，甚至萌发了打"退堂鼓"的想法。
  假设你是杨涛的好朋友，请想想如何帮助他克服怯场的心理。

 思考讨论

  1. 教师提示后，分学习小组展开讨论，并拟出解决问题的具体方法。
  2. 各组派代表上台陈述本组的解决方案，并说出理由。

3．教师归纳小结，然后全班评出解决方案最佳的小组。

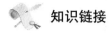 **知识链接**

一、正确认识公共场合说话的恐惧心理

人生发展的过程，离不了在公共场合的群体活动。在公共场合、当众讲话的能力，就是一个人公共场合的沟通能力，这是人们在职业发展过程中的主要能力之一。有时甚至直接影响着人生的进程。对绝大多数人来讲，首次在会议发言、职场工作、人际交往、求职面试等公共场合当众讲话会出现恐惧现象，勇气会不翼而飞，明明准备得很充分，记得很熟的东西，到了发言时脑子里却一片空白，结结巴巴无法开口，即使开了口，还是手心冒汗、声音发颤、语无伦次，中断好几次也是常有的现象。因此很多人认为自己不适合在大众面前讲话，因此也不去探讨和训练。

实际上，在公众面前讲话时感到恐惧、怯场是一种较为普遍的现象。20 世纪 80 年代，美国的心理学家曾就"您最害怕的是什么？"这个问题对 3000 个美国居民进行调查，调查结果令人吃惊：41%的人害怕的竟然是在众人面前讲话，位居第一位（"死亡"名列第二）。这与在我国流传的一句话："不怕枪，不怕炮，就怕当众作报告"有异曲同工之处。可见，害羞、胆怯、紧张是当众说话的心理障碍。

纵观古今中外，很多政治家、演说家最初都有过怯场的经历。英国大政治家路易·乔治曾说："我第一次作演说的时候，舌头竟抵在上颚而说不出一个字，这种苦闷完全是真的，并不是我故意形容。"喜剧大师卓别林，第一次向公众演说时，也曾因紧张兴奋而从台上跌落下来。美国幽默讽刺作家马克·吐温，第一次演讲时口中像塞满了棉花。古罗马雄辩家西塞罗开始演讲时面色苍白，四肢和整个身心都在颤抖。被喻为"世纪演说家"的英国首相温斯顿·丘吉尔，开始演讲时心窝里似乎塞着一块厚九寸的冰疙瘩。

当众说话的实践告诉我们，怯场心理人人都有，即使是名流当众讲话，也从来没有完全消除掉登台时的恐惧感。对大多数人而言，没有经历过当众说话，当众说话就是一个未知数，其结果不免令人感到焦虑和恐惧。但我们要明白，一个人可能一辈子都不会发表演讲，但不可能一辈子都不跟人谈话。因此，我们只有正视公共场合说话会有恐惧心理这一事实，找到产生这一心理的根源并进行有针对性的训练，才是解决问题的正确态度。

当众说话恐惧心理产生的主要原因除了经验不足，不习惯当众说话，还有就是心理素质不够高，面对陌生而复杂的情境心生恐惧。当然，每个人的条件不同，产生怯场心理的原因也各异。归纳起来，有如下几种。

第一种，陌生感。比如第一次上台讲话，见到的都是不相识的人，不熟悉的环境等等，会造成精神紧张，因而产生怯场心理。

第二种，自卑感。感觉自己处处不如别人，缺乏自信，没有勇气，总怕自己讲不好，说不好。

第三种，平时少言寡语，不爱讲话，又缺乏环境和训练，一旦要当众讲话，心里就会紧张、怯场。

第四种，这类人已经具备了相当的口语表达基础，可是一旦当众讲话就"期望过高"，比如参加比赛，就想拿第一，平时说几句话，就想高人一筹，压倒群雄，一旦发现可能性不大，就开始紧张，越紧张，就越讲不好，从此就开始怯场。

第五种，自我意识过敏，自尊心太强，常常患得患失，总怕讲不好会被别人耻笑，因而失去了必要的自信心。一旦遇到非讲、非说不可的时候，自然就会紧张，产生怯场。

第六种，口语表达能力差，说话慢，吐字不清或有点结巴，平时连讲话也不敢，更何况当众演讲，发展下去，就会形成恶性循环，产生严重的心理障碍，一开口就紧张，更不可能公众讲话。

最后一种就是性格问题。性格"内向"的人，分析问题能力很强，但是不爱讲话，长此以往，就成了俗话所说的"茶壶里煮饺子，有嘴倒不出"，一旦当众讲话，出于陌生感就会怯场。

要克服怯场心理，没有别的捷径可走，只有靠练习。由于产生怯场心理的原因各不相同，因此，在训练之前，首先要找出原因，这样才能有的放矢地进行训练，进步才会显著，效果也才会更好。

每个人都有可能成为公共场合当众讲话的能手，因为流利的当众演说、发言可以通过反复自我训练获得。不要认为自己不是当众讲话的材料，要明白，当众讲话的技巧是反复训练出来的，任何人都可以做到，只要你有心改变，不放过每次当众发言的机会，注意在各种场合中去练习，就一定会成功。

二、克服当众说话恐惧心理的五大法则

（一）端正认识：人人都会存在当众讲话的恐惧心理

害怕当众说话，这是一个普遍现象，即使是著名的政治家、演说家，在开讲之前，也几乎总会感到害怕，这种害怕心理在说开头的几句话时仍然延续。研究者对大学生的调查表明：95%以上的学生在课堂发言和上台讲话时会感到不同程度的恐惧。

我们应当正确认识，面对很多人说话，出现一定程度的恐惧是很自然的。其实，登台讲话时有某种程度的恐惧反而会有一定的好处，人类天生就有一种应付客观环境中各种不寻常挑战的能力。当你觉得自己脉搏加快、呼吸急促的时候，切莫紧张，说明它已经做好准备应对这种意外状况了。这种生理预警信号如果是在某种合理的限度内进行的话，那你的思维会来得更快，话说得更流畅，而且可能会比在普通状况下说得更为精辟有力。

如何克服当众说话的恐惧感，没有别的捷径可走，只有靠练习。而最为有效的方法之一便是先取得成功的经验，然后以此作为基石。当你取得一次小小的成功之后，隐藏在你内心的恐惧就会慢慢消除，当再一次当众讲话时，你就会想到自己上一次当众讲话

成功的情境，也就坚定了自信心，第二次成功也会等待着你。

> 有一个年轻人L，是公认的老实人，虽然生得高大魁梧，身高一米八以上，但却腼腆羞涩，一说话脸就红。后来当了兵，几年后担任了营团级干部。L第一次回家探亲，人们发现他简直变成了另外一个人。言谈举止焕然一新，人们印象中的那个"未曾开口脸先红"，见了生人满脸羞涩的小伙子不见了，变得非常健谈。他谈话的时候，听众很难插上嘴。据说他在部队里当众讲话鼓动性很强，很受士兵们的尊重，后来转业到了北京某单位从事管理工作。

L在总结他转变的经验时认为只要讲得多，就不会害怕，就能练出好口才。

因此，放弃实践，不敢试验，自信就找不到基石与支点；抓住机会，投入你的实践，找到的不只是自信，还有你人生的起跑线。

（二）准备充分：征服恐惧的基础

要克服恐惧，首先必须做好准备，这是前提。下面是一位学生会干部由于没有事先准备好，上台当众讲话时使自己处于非常尴尬境地的事例。

一次没有准备的当众讲话

> 当他走到众人面前，本想随意做一番即兴讲话的，但由于他事先并未做准备，思绪很乱无法开口，于是他匆匆忙忙地从口袋里掏出一沓笔记来。但这些东西显得如此杂乱无章，就像一辆货车所载的碎铁片。他手忙脚乱地在这些东西中乱翻了一阵，说起话来越发显得尴尬而笨拙。时间一分一秒地过去了，他越发无助，越发糊涂。到了这种地步他却继续挣扎着，还一边说一些道歉的话。他寄希望于将笔记理出一点头绪来，同时用颤抖的手拧开随身带的一瓶水，凑到焦干的唇边。真是惨不忍睹！他已经完全被恐惧所击倒，就因为他对这次当众讲话几乎没有准备，最后他只好无可奈何地坐了下来。

分析 上面的故事告诉我们，无论是在什么情况下，在什么场合下演说，必须要做好充分的准备。不要过高地估价自己，要养成"不打无准备之仗"的习惯。否则会使你手忙脚乱，在大庭广众之下陷入非常尴尬的局面。做好准备就是为演说、为克服恐惧奠定了基础。准备的内容包括：第一，熟悉讲话内容，根据说话的目的、对象进行遣词造句，最好事先写好讲稿，备好讲稿，做到烂熟于心，并预先进行演练。第二，熟悉环境，包括场景、听众的情况。

如果事先做到对需要涉及的东西都了然于心，有了妥善准备，自然产生无比信心，使自己在心理上占有优越地位而不致胆怯，成功的希望当然是很大了。

（三）身临其境：感受当众讲话过程中的酸甜苦辣

当你登台与听众交流，起身与听众共享自己的思想和感觉时，那是一种多么令人满足和舒畅的感觉。凭借语言的力量征服全场听众的那种快乐和愉悦，是很少别的事情能够比拟的。在那种场合下，你会获得一种强大的力量之感。

当通过当众演说的训练，发现自己能够当众起立，伶牙俐齿、头头是道地对着人群说话、与他人交谈时，必然就更具信心和勇气。你那处之泰然的风度，会令同学、家人、朋友、伙伴刮目相看，一种成就感、满足感会油然而生，你自然也会享受到由此带来的快乐和愉悦。

当你学会对别人讲话时，你的自信心会随之增强，你整个人的性格也会发生很大的改变，你的情绪也会进入一种很好的状态。情绪渐入佳境，你的身体当然也进入佳境了。在现代社会里，不论男女老少，当众讲话都不可避免。不要错过当众讲话的任何一次机会，相信自己会越说越好，你真的就会越说越好，那种成功的感觉妙不可言。

在身临其境当众讲话的过程中，无论出现什么样的感受，尝试"酸甜苦辣"的过程就是不断进步的过程，只要不逃避，你离成功就越来越近。

（四）不怕出丑：征服恐惧需要战胜自我精神

征服当众讲话的恐惧，首先在心理上要有不怕出丑的思想准备。多读那些关于当众讲话的著作，然后就要不停地练习。对演说的内容越熟练，就越容易征服恐惧。

要想学会游泳，必须在水中不断地练习。

 小贴士

有勇气站在大家面前献丑，就有希望成功了。即便失败了很多次也不要紧，还是勇敢地去做，这样才能一点一滴的进步。

——（日本）相川浩

不怕出丑，是心理作用，是一种精神，是一种战胜自我的精神。羞怯、怕出丑是一个人的个性特征，它是可以改变的。克服、战胜它的过程是个体心理素质不断提高的过程。人生发展的实践证明，一个心理素质较强的人自信心也强，这是成功者的坚强基石。英国戏剧大师萧伯纳，年轻时胆小而木讷，拜访朋友时连门都不敢敲，在门口徘徊了20多分钟，最终他却成为了著名的社会活动家和口才家，一生做了700多场的成功演讲。谈到怎样由害怕讲话到喜欢讲话到能言善辩时，他说："我是以自己学溜冰的办法学讲话——我固执地、一味让自己出丑，直到习以为常为止。"

不怕出丑，长时间、多次当众不怕出丑行为的练习直至成为习惯，这是克服恐惧心理的法则。成功的历史，是不断出丑的历史。

 小贴士

> 据报载，日本的富士宫市有一所经理学校。该校以对学生进行严格而系统的训练著称于世。其中有一项训练，即学校要求每个学生都必须不怕"当众出丑"，做几件看起来十分尴尬的事。譬如，在此要求下，就有学生西装革履地肃立在富士宫市火车站前的人行道上放声高唱该校校歌，并且按照规定，还必须使百尺以外的教师听到。

（五）培养自信：征服恐惧需要勇气和力量

不断地学习当众说话可以让人克服不安，并且建立起勇气和自信。因为当众说话的本身可以使我们控制自己内心的恐惧。

如果想让人感到你很勇敢，那你就要表现得勇敢些。运用一切意志去表达那个目标，勇气就会取代恐惧感。

1. 培养勇气

当你面对听众时，不妨表现得像真的很有勇气一般。如果你对自己所讲的东西了如指掌，那轻松道出就是了，并且在讲话之前做一次深呼吸效果会更好。事实上面对听众之前，应深呼吸30秒，增加氧气供应可以提神，给你勇气。身体站直，直入听众眼里，然后开始信心十足地讲话，好似他们每个人都欠你的钱似的。假如他们欠你的债，还聚在那里要求你宽限还债时间，你还会怕他们吗？

2. 自我训练

克服当众讲话的恐惧，关键在于自我训练，这不只是训练身体，也是灵魂和精神的训练。在训练的时候要驾驭自己，讲话的时候使自己表现得无所畏惧，并持之以恒，哪怕刚开始的时候是假装的勇敢，只要训练的时间长了，原先假装的勇敢就会变成现实。

每个人都有当众说话的潜力，关键在于你是否用心去做，去练习。只有正视自己才能战胜自己，要有坚定的自信心。当你把学会当众说话作为生活、工作必不可缺的需要的时候，你就有了动力，用心付出你的辛勤劳动，就会获得成功。

当众说话的主要障碍实质上来自人的心理因素，解决心理因素的最好方法就是不断地在面向大众的环境下练习，去不断地克服心理障碍，没有别的捷径可走。

技能演练

一、情境体验演练

【演练目标】战胜自我，克服害怕"当众出丑"的羞怯心理

【演练名称】你知道我属什么吗

【演练模式】

1. 将全班同学按照12生肖分成组，即鼠、牛、虎、兔、龙、蛇、马、羊、猴、鸡、狗、猪共12个组，每组4～6人。
2. 每组各派出2人，面对面站立，学本组所属动物的叫声。
3. 不怕"当众出丑"，模仿动物的叫声尽可能的大声、逼真、准确。
4. 各组派一名学生代表上台表演，以最大声、最逼真、最准确三者的综合分最高者为胜出小组。

二、情境体验演练

【演练目标】克服恐惧感，培养在众目睽睽之下从容、冷静、自信的心理

【演练名称】无言站立

【演练模式】

1. 每2位同学自由搭档，在全班同学面前进行登台练习。
2. 从教室外走上讲台，行礼，注目听众，静场30秒。
3. 整个过程训练者不可讲话或笑出声，要求默立，违反一次加时5秒。
4. 教师或请一位学生负责掐秒表计时，时间一到，立即叫停。训练者鞠躬，走出教室。

【演练说明】这是对初登讲坛者的预备活动，站在讲坛，让大家看，站10分钟也不为长。让大家看掉羞涩，看掉难为情。突破了"看关"，就迈出了大胆说话的第一步。

任务二 自信心培养训练

学习目标

1. 通过自信心培养训练，培养自信的心理素质。
2. 能够在公众场合自然流畅、得体大方地进行一分钟以上的事物陈述或观点论证。

任务情境设定

大专女生韩香雪有一回接到同学电话，问她愿不愿意做"家教"。自认为各方面条件都不如别人的她很惊奇，以为是天方夜谭，疑惑地问："我能行吗？"同学说："行不行，你去试试看嘛。"家长也认为她平时做事总是缺乏信心，就鼓励她去做。韩香雪教

的是位初中女生，智力稍弱，经过她一段时间的悉心辅导，初中女生的学习有了明显的进步。不久，初中女生又参加了"高中-大学"的一体化考试，结果初试告捷，顺利进入复试。初中女生的家长很高兴，对女儿说："能考上一体化，多亏了这位小老师，往后啥时候也不能忘了你的老师啊！"韩香雪方才惊喜地发现自己的家教才能，找到了自信，勇气倍增，毕业后也打算不要家里帮忙，自己独自去南方闯闯。

思考讨论

1．分小组讨论：韩香雪的事例给了我们什么样的启示？

2．请每位同学循着人生的轨迹往回走，想想看在哪所驿站你最自信？并请描述一下当时的情形，感受自信表达对自己的好处。然后大声地对自己说："我是最棒的！"

知识链接

一、自信心水平测试

你想了解自己的自信心水平吗？就请完成下面的问题吧。

1．成就不是我的主要目标。

2．对我来说，做一个谦和宽厚的胜利者与取胜同样重要。

3．我的成就是不言自明的。

4．他人的成功不会影响我的成功。

5．我所做的工作本身蕴含着价值，我并不是为了奖赏而工作。

6．我有自己独特的、其他任何人不具备的优点。

7．失败不能影响我的真正价值。

8．我对自己的评价不受别人的观点左右。

9．我相信我有应付困难的能力。

10．我很少对自己有消极的想法。

11．我正在尽可能地充分利用我的才干与能力。

自信心水平测验参考答案：

否定答案4个以内为合格。超过5个，说明自信度低，易于嫉妒他人。否定的答案越多，说明自信度越低。

自信心是学会当众说话的第一步，一个人想成功，就必须先具备成功的意志，这是当众说话训练成败的关键。克服当众说话恐惧感的过程，对于我们做其他事情也会有极大的潜移默化的功效。一旦发现自己战胜了当众说话的恐惧，你整个人就会以一个崭新的精神面貌出现。充分地肯定自己努力的过程和结果，用积极而非消极的思维方式思考问题非常重要。

小贴士

1. 自信是心态的核心，也是一切正面思维的源泉。一个拥有自信的人，不但做事容易成功，个人魅力还会因此而增加。
2. 自信是人生事业成功的源头，也是人生最可靠的资本。

二、自信心的培养途径

自信心是对自我素质和能力的信任，要培养它可以从下面几点入手。

（一）消除自卑

自卑心理容易使人孤独、离群，抑制自信心和荣誉感。当人的某种能力缺陷受到周围人的轻视、嘲笑或侮辱时，这种自卑心理往往会大大加强，甚至以畸形的方式（如嫉妒、暴怒、自欺欺人等）表现出来。

调节和克服自卑感的方法主要有以下几种。

1. 培养自我意识

形成自我意识的主要途径有：通过认识他人而认识自己；通过直接和间接的自我认识；个人对自己心理和身体特征的研究而形成自我意识；通过自我监督和自我教育而形成自我意识等。自我意识的强化有利于增强主体能动意识，也有利于更好地认识自身。

2. 自我强化

即通过自己的行为结果来控制自己的行为。对于心中渴望的目标不断地重复以调动自己行动的积极性。如心里想获得某次演讲比赛的成功，而在行动上有时又会泄气、放松或者患得患失怕失败，这时就应当不断用目标来督促自己，克服不良的心理影响。

3. 自我暗示和自我激励

说话者应不断在心里提醒自己不要自卑，而要相信：我行！我并不比别人差！他行我更行！即使处于不利的地位，也要鼓励自己，增强自信心。

（二）克服羞怯感

在口语交际活动中，说话是人们传情达意、交流思想的手段，如果"羞于启齿"就会造成交际障碍。羞怯往往表现为在口语交际实践中心跳加速，两腿发软，浑身哆嗦，说话变调等情况。

克服交谈羞怯心理障碍的方法有三种。

1. 提高认识

有的人因为自己不了解正在谈论的事情而不敢开口，有的人则是不了解自己的能力而羞于说话。要想克服口语交际羞怯症，首先要提高认识水平，要弄清楚产生口语交际羞怯症的具体原因和克服口语交际羞怯症的方法，同时要勤于实践，在实践中总结经验，不断提高控制情绪的能力。

2. 自我暗示

讲话者的注意力过分集中于自己的成败上，往往容易产生口语交际的羞怯感。如果忽略了口语交际本身的内容，而把口语交际当作自我价值表现的机会，最容易导致口语交际的失败。

不让"个人得失"干扰自己说话的思路，把思想集中于说话的本身，也不要否定自我的形象。越是羞羞答答，就越是紧张。为了克服羞怯心理，说话者还要在紧张的时候暗暗鼓励自己："既然让我上台发言，那么，说明我具有某些优越的条件。""既然是我来讲，说明我总比其他人要强。"总之，积极的自我暗示，可以增强自信心，使自己的意志力战胜羞怯感。

3. 精心准备

口语交际是否有充分准备，其效果大不相同。如果在口语交际前，对观点和材料深思熟虑，反复熟记，对情感的表达方式作必要的设计，对临场可能出现的特殊情况做好思想准备，那么，说话者就会胸有成竹，就不会因羞怯心理而导致说话的失败。如果毫无准备，则势必导致无话可说，说了也可能"牛头不对马嘴"。

（三）树立科学的自信

有的人常为自己的容貌、服饰、年龄、性别而惴惴不安；有的人则因自己说话的内容过于平淡而断定难以成功；有的人又因听众的文化教养、理论素质、欣赏水平不高或过高而感到忧虑、畏惧，等等。其实，有些不利因素，只要自己能够正确对待，想方设法加以改进，是可以变不利因素为有利因素的，不必把问题看得过于严重。说话者完全可以放下思想包袱，全身心地投入实际说话，不要为一些小事影响了自己水平的发挥。对说话中的有利和不利条件应该辩证地看待并做具体的分析。遇到不利的局面应当尽力化"不利"为"有利"，越是不利局面越能考验一个人随机应变的能力，这种局面处理好了，更能增强你的自信和口才。

案 例

有一天，一位外交官偶然看见美国总统林肯正在擦自己的皮靴。这位外交官不怀好意地问林肯："尊敬的总统先生，您经常擦自己的靴子吗？"这句话显然有刺，并且带有挑衅和污蔑的味道。平民出身的林肯总统并没有直接正面回答外交官的问题，只是轻描淡写地回答道："看来，你是经常擦别人的靴子了。"

常言道"尺有所短，寸有所长"，作为刚开始学习口语交际者，即使水平还比较低，也总有一些可取之处，当别人还不重视你，甚至瞧不起你的时候，首先要自己瞧得起自己，自己给自己打气、鼓劲，坚信自己一定能够做好自己想做的事，一定能够做一个强者，一定能够超越别人并不断地超越自己。正确地认识自己，扬长避短，发挥自己的长处，巩固自己的优点。这样，久而久之，就会培养起较强的自信心来。

自信心应当建立在掌握自己、掌握事实、掌握实际、掌握知识、了解群众的基础之上。科学的自信基于对自我认识的自信，如熟悉口语交际的基本规律、原则和方法，并具有口语交际的实际体验和感受；对自己说话的基本内容和所涉及的基本知识确有把握，并确信能使听众受益等。而盲目自信则缺乏客观依据和现实基础，经不起实践的检验，口语交际的成功率比较低。所以我们应当建立起科学的自信，克服盲目自信。

（四）增强自信的七种方法

谁都想拥有自信，克服自卑。为什么有的人总那么雄心勃勃，有的人却总是心灰意冷呢？这里有个行为习惯问题。"强者让行为控制思绪，弱者任思绪控制行为。"要想提升自信心，必须先养成提升自信的行为习惯。那么哪些行为可以提升个人的自信心呢？

1. 挑前排位子坐

一般人怕受人关注、太显眼，但请记住：世上的一切成功都是显眼的。遇到公众场合，专挑前排坐。

2. 注意行为举止的姿态

走路时身姿挺拔，步履轻快。懒散的姿势和缓慢的步伐，滋长人的消极思想，改变姿势和速度可以改变心理状态。

3. 正视别人

眼睛是心灵的窗户。你不敢正视别人，人家会想：你隐藏了什么？怕什么？这其实是自卑的表现。正视别人表明自己很诚实，而且是自信的人。

4. 养成微笑的习惯

微笑是建立自信心的良药。养成微笑的习惯，可保证良好的心态。

5. 练习当众发言，而且尽量大声说

当众发言，谁都发怵，只是紧张程度不同而已。一有机会就说，是克服自卑、增强自信的突破口。

6. 改变说话的习惯

习惯于高声说话的要有意识压低音量，而习惯于低声说话的则要提高音量。

7. 设法接触比自己强的人

分析他的优点，且注意他的缺点，对照自己扬长避短。

小贴士

紧张情绪的调节方法

1. 调节形象法：想象回忆美好的经历，使自己保持身心愉快，消除焦虑。
2. 临场熟悉法：如到现场熟悉环境；与听众交谈，了解听众的需要。
3. 饮料摄入法：讲话前或讲话中，适量喝些饮料，既可解除因紧张而带来的咽喉不适，缓解因疲惫而形成的厌倦、沮丧、焦虑情绪等，还可以产生暂时的精力旺盛和舒适的感觉。
4. 自我暗示法：用诸如"讲得好坏没有关系，只要我讲完就是胜利"；"听众是不会注意我的每句话的"；"听众常常分心，他们爱想自己的事"；等等理由进行自我安慰与鼓励。
5. 活动转移法：讲话前有意识地观察某一事物。或者与人交谈不相干的话题。或者散散步，活动一下身躯等等，都能调节紧张的情绪。

技能演练

一、情境体验演练

【演练目标】能够在公众场合自然流畅、得体大方地进行1分钟以上的独白或对白

【演练名称】打电话

【演练模式】

1. 模拟打电话情景，在众人面前演示，2人对白进行。
2. 对白内容自定，但要有主题，不能瞎聊。
3. 2人自由组合。为达到效果，每组的训练时间不能少于1分钟。

二、比赛讲笑话

1. 在学习小组内每位同学练习讲笑话。
2. 每组派一名代表上台进行讲笑话比赛，讲得最逗乐、有趣的小组为最佳小组。

提示：笑话并不要求是完整的故事，只要使自己轻松，听众感到风趣就行。笑话的

内容可以自己编造，也可收集健康的民间笑话。

评 价 反 馈

口才心理突破模块考核评价表

考核评价内容	分值	扣分	实得分
面对公众说话基本能做到自然流畅、得体大方，时间要求1分钟以上	20分		
具备一定的临场应变能力，能够从容冷静处理意外事件（出错、听众起哄等）	10分		
表述准确流畅，语音清晰响亮，基本没有语无伦次、词不达意、吞吞吐吐、结巴等恐惧怯场现象	30分		
态度从容，表情自然，身姿体态正确，服饰打扮得体，发言时微笑着注视观众。基本没有手足无措、忸怩羞涩等紧张失态现象	25分		
能够使用动作表情等体态语言辅助语音表情达意	15分		

心理素质测评表

问　　题	选　　项	分值	得分
1. 你骑车闯红灯，被警察叫住。后者知道你急着要赶路，却故意拖延时间，这时你	①急得满头大汗，不知怎么办才好 ②十分友好地、平静地向警察道歉 ③听之任之，不做任何解释	①0分 ②5分 ③2分	
2. 在朋友的婚礼上，你未料到会被邀请发言，在毫无准备的情况下，你	①双手发抖，结结巴巴说不出话来 ②感到很荣幸，简短地讲几句 ③很平淡地谢绝了	①0分 ②5分 ③2分	
3. 你在餐馆刚用过餐，服务员来结账，你忽然发现身上带的钱不够。此刻，你会	①感到很窘迫，脸发红 ②自嘲一下，马上对服务员实话实说 ③在身上东摸西摸，拖延时间	①0分 ②5分 ③2分	
4. 假如你乘坐公共汽车时忘了买票，被人查到，你的反应是	①尴尬，出冷汗 ②冷静，不慌不忙，接受处理 ③强作微笑	①0分 ②5分 ③2分	
5. 你独自一人被关在电梯内出不来，你会	①脸色发白，恐慌不安 ②想方设法让自己出去 ③耐心地等待救援	①0分 ②5分 ③2分	
6. 有人像老朋友似地向你打招呼，但你一点也记不起他(她)是谁，此时你	①装作没听见似地不答理 ②直率地承认自己记不起来了 ③朝他（她）瞪瞪眼，一言不发	①0分 ②5分 ③2分	
7. 你从超市里走出来，忽然意识到你拿着忘记付款的商品，此时一个很像保安人员的人朝你走过来，你会怎么办	①心怦怦跳，惊慌失措 ②诚实、友好地主动向他解释 ③迅速回转身去补付款	①0分 ②5分 ③2分	
8. 假设你从国外回来，行李中携带了超过规定的烟酒数量，海关官员要求你打开提箱检查，这时你会	①感到害怕，两手发抖 ②泰然自若，听凭检查 ③与海关官员争辩，拒绝检查	①0分 ②5分 ③2分	
总　　分			

说明：

1. 0～25 分，你承受压力的心理素质比较差，很容易失去心理平衡，变得窘促不安，甚至惊慌失措。

2. 25～32 分，你的心理素质比较强，性情还算比较稳定，遇事一般不会十分惊慌，但有时往往采取消极应付的态度。

3. 32～40 分，你的心理素质很好，几乎没有令你感到尴尬的事，尽管偶尔会失去控制，但总的来说，你的应变能力很强，是一个能经常保持镇静、从容不迫的人。

模 块 小 结

公共场合说话感到胆怯、害怕是一种普遍现象，对此我们要有一个正确认识。如何克服当众说话的恐惧感，没有别的捷径可走，只有靠练习。

克服胆怯心理，树立自信心，这是迈出当众说话的第一步，也是最为关键的一步。任何人要锻炼口才，都必须迈过这道坎。相信自己，按照克服当众说话恐惧心理的五大法则，运用增强自信的七种方法，消除自卑，克服羞怯，不怕出丑，勤学苦练，有意识地培养训练自信的心理素质，就一定能成功，成为公共场合当众讲话的能手。

拓 展 训 练

1. 案例分析

在给兰总打电话之前，销售员林楠已经做好了充分的准备，对兰总所在的公司也有了一定了解，比如：经营范围、公司规模等。

准备就绪后，林楠心想：今天上午一定要联系到兰总，否则被竞争对手抢先，就不好办了。林楠知道兰总每天下午都不在公司，所以，要想找到他，通常需要上午打他办公室电话。

可是林楠在打电话前却退缩了，一直快到 11 点，他想，自己无论如何都要给兰总打电话，否则今天上午就一事无成了。林楠终于拨通了兰总的电话。可是就在电话铃响的时候，林楠的心里还在想：如果兰总不喜欢自己该怎么办？如果兰总不愿意与自己见面又该怎么办……就在林楠心里暗自揣测的时候，兰总接听了电话。

林楠急忙介绍自己，"兰总，您好，我是……我是××公司的销售员，我叫……林楠，今天给您打电话主要是想介绍一下我们的产品……"断断续续介绍完产品后，林楠出了一头汗。

听完介绍，兰总表示："现在已经有好几家厂商与我们联系了，而且我们已经与其中的几家进行过一些合作，所以我们不打算再花费精力与其他厂商谈这件事了"。

兰总说完之后，林楠心里又是一阵慌乱，他此刻早已将自己准备好的应对方案忘得一干二净。结果与兰总的第一次交流就在草草的几句话之后结束了。毫无疑问，销售也以失败告终。

（1）运用本模块的知识，指出林楠销售失败的原因。
（2）如果本案例的人物是你，你将怎样处理此事？

2. 在宿舍或以学习小组为单位，进行"自我介绍"练习

时间有30秒练习、1分钟练习、3分钟练习……内容由自我延伸到父母、师长、家庭、学校，最终一直延伸到亲历的一件事，敬爱的一个人。

3. 主持班会

班会的内容是布置班级周末活动。主持人在班会上要介绍清楚活动项目、活动时间和地点、活动的要求，以及后勤工作由哪些同学去做，并征求同学们对活动安排的意见。

4. 一学期内，每人至少做三件看起来十分尴尬的事情

学期结束时，将当时的情景做汇报展示。

5. 以学习小组为单位，群口朗诵表演《自信》这首诗

要求：深入理解作品，把握感情基调，充满自信，语气坚定有力；声音洪亮，态势自然得体。

自　　信

同志，请不要指责，
更不必追问，
我承认，坦率地承认：
我，自信。
我自信我的聪明才干，
我自信我的奋斗精神。
自信我能大有建树，
自信我能超越前人。
我自信，但不能同意，
你对自信的指责和结论。
自信不等于骄傲自满，
自信，不等于狂妄自大，
自信，不等于目中无人。
难道说，
唯唯诺诺才算谦逊？

畏畏缩缩才算恭谨？
庸庸碌碌才算虚心？
不！自信是发愤图强的基石，
自信是励精图治的根本。
人无自信，不能上进，
民无自信，难以生存，
国无自信，必定沉沦！
炎黄子孙，
自古就有自信的传统，
中华民族，
世代具备自信的基因。
我们自信曾有盘古，
我们自信曾有燧人，
我们自信曾有尧舜……
中华民族，

凭借自信获得了自立,
依靠自信赢得了自尊。
自信,才有灿烂神州,
自信,才有改革创新。
没有自信,怎会出现,
中国经济的真正腾飞?
没有自信,怎能见到,
八亿农民的真正翻身?
没有自信,南极北极,
怎能树起五星红旗?
没有自信,中国女排,
怎能夺取世界冠军?
理想靠自信开拓,
历史靠自信奋进。
让自信扎根我们的灵魂。
让自信扣开成功的大门!
让我们彻底丢掉懦夫的自卑,
昂首屹立于世界民族之林!

模块三

诵 读 训 练

诵读是一门口头语言表达艺术，诵读还是一种主要的交流沟通方式，是口才训练必备的一项基本内容。语音是口头语言的物质外壳，良好的诵读口才必须建立在普通话语音的基础上，清晰、流畅的语音是人们交流思想、准确传达信息的重要前提和基础。

任务一 普通话语音训练

 学习目标

1. 掌握普通话声母、韵母、声调、音变的发音方法。
2. 通过普通话声韵调发音训练，能够清晰、流畅、正确地发音。

任务情境设定

作为文秘人员，晓伟以其认真负责的工作态度、接人待物的热情周到赢得了领导的赞赏和客户的好评。美中不足的是，晓伟的普通话方言语音太重，闹了不少笑话，甚至还产生过误会。

这天，晓伟正在接待客户。他指着桌上的西瓜，热情地招呼大家："请妻（吃）西瓜。""你们妻（吃）大便（大片），我妻（吃）小便（小片）。"客户们面面相觑。这时，晓伟发现有一位客户靠门坐着，他赶紧对客户说："先生，请您不要坐在疯狗（风口）上。"

 思考讨论

1. 你来自哪个地区？你所使用的是什么方言？在日常的交流中你或者你的朋友中有没有因为语音问题闹过什么笑话？

2. 在普通话语音训练中你打算如何提高自己的语音水平？

3. 分学习小组展开讨论，然后全班交流分享讨论结果。

知识链接

一、发音训练

（一）了解发音器官

人类的发音器官，一般由四个部分组成。

1. 呼吸器官

由肺和有关呼吸肌群组成，为发音的动力器官。

2. 振动器官

即喉。通过喉内的声带振动而发出声音，喉在发音运动中占有主导地位。

3. 共鸣器官

主要由喉腔、咽腔、口腔和鼻腔连成一个形似喇叭的声道，产生共鸣。此外，胸腔、鼻腔也参与共鸣。通过共鸣作用能够加强和放大声波，美化嗓音，使其丰富多彩。

4. 吐字器官

由口腔、舌头、软腭、嘴唇、下腭等组成，其功能可使言语清晰。发音效果如何，与呼吸、声带、共鸣器官等有着直接的关系。

为此，在发音训练中，着重要进行气息、共鸣控制、吐字归音及正确用声训练。

（二）气息控制训练

气息是声音的动力来源。没有气息，声带不能颤动发声。充足、稳定的气息是发音的基础。气息与声带的关系，好比我们拉二胡，声带是弦，气息是弓，只有运弓饱满适度，控制自如，弦才会发出圆润有力而富于表现的声音。有的人讲话或唱歌声音洪亮、持久、有力，人们赞叹说，他（她）"中气"很足，相反，有的人说话或唱歌音量很小，有气无力，上气不接下气，像蚊子嗡嗡叫一样，使人难以听清，这种人则"中气"不足。其间除了身体素质的区别外，还有一个气息调节技巧问题，即呼吸和说话的配合、协调是否恰当的问题。

正常情况下，说话是在呼气时而不是在吸气时进行的，停顿则是在吸气时进行的。

一般来说，说话时提倡的呼吸方法是胸腹式联合呼吸法，也称丹田呼吸法，简单地说就是运用小腹收缩，气沉丹田的力量控制呼吸。这种呼吸方法可以使腹部和丹田充满气息，为发音提供充足的"气"，同时，由于小腹向内收缩，胸前向外扩张，以小腹、后腰和后胸为支柱点，为发音提供了充足的"力"。歌唱家郭兰英在谈到运用这种呼吸方法时说："唱歌时小肚子常是硬的，唱得越高就越硬"。这种呼吸活动范围大、伸缩性强，可以使气息均匀平衡。理想的状态是做到"吸气一大片，呼气一条线；气断情不断，声断意不断"。

气息强弱的控制训练方法：

1. 强控制练习

要求气要吸得深并保持一定量，呼气要均匀、通畅、灵活。新闻联播播音员在播报简讯的时候，一般都用强控制。

强控制练习需要一点声乐练习知识。大家可以听听京剧《智取威虎山》里杨子荣喝酒唱歌那一段，最后结尾有个"啊——哈，哈，哈，哈哈哈……"基本的感觉就是这样。要体会隔肌和腹肌的作用，发声的时候气息是应该下沉的。

2. 弱控制练习

① 吸气深呼气匀。缓慢持续地发出 ai uai uang iang 四个音。
② 夸大声调，延长发音，控制气息。
花红柳绿 H—ua H—ong L—iu L—v （发音时，声母和韵母之间气息拉长，要均匀、不断气）。
③ 通过夸大连续，控制气息，扩展音域。

气息控制训练可以把握"深、通、匀、活"四字方针，注意气息和内容的结合。而单纯的语音、气息训练需要在实际朗读过程中不断体会、运用。

（三）声带训练

声带的振动频率决定了发音的音响、音高、音色。声带对发音起很大的作用。声带的好坏，既有先天因素，也后天的训练和保护。注意恰当的训练与运用声带，改变声带条件，保护声带，都是提高语音素质的重要方面。

声带训练最基本的方法是，清晨在空气清新处"吊嗓子"：吸足一口气，身体放松，张开或闭合嘴，由自己的最低音向最高音发出"啊"或"咿"的连续声响，还可以做高低音连续变化起伏的练习。

保护声带 ABC

1. 坚持锻炼身体，游泳和长跑是最有效的方法，使用正确的方法坚持练声，循序渐进。

2. 练声时，声音由小到大、从近到远，从弱到强，由高到低，避免一开始就大喊大叫损伤声带。
　　3. 保证充足的睡眠是保护声带的最好措施。
　　4. 生病尤其感冒的时候，尽量少用嗓子，此时声带黏膜增厚，容易产生病变。
　　5. 女性在生理周期或者其他原因鼻、咽、声带充血的时候，禁止练声。
　　6. 尽量少吃辛辣刺激性食物，油腻、甜黏、冷热刺激的食品也是嗓子的杀手，烟酒也要避免。
　　7. 坚持用淡盐水漱口，可以消除炎症并保护嗓子。
　　8. 中药：胖大海加冰糖，还有金嗓子喉宝、西瓜霜、草珊瑚含片、清音丸等，都是不错的药物。

（四）共鸣训练

　　共鸣腔是决定音色的重要发音器官，直接引起语音共鸣的是声带上方的喉、咽、口、鼻四腔，此外，胸腔和头腔也有共鸣作用。说话用声是以口腔共鸣为主，以胸腔共鸣为基础。我们都有这样的体会：越在嘈杂的地方，我们说话越大声，结果声嘶力竭，自己嗓子累得要命。其实如为了让别人都听到，尤其人多的时候，我们不自觉就提高音调嗓门，不久就有"失声"的感觉。其实好的用声者，使用在声带上的能量只占总能量的 1/5，而 4/5 的力量用在控制发音器官的形状和运动上面。

　　说话、朗读的发声中，多采用中声区，而中声区主要形成于口腔上下，这就决定了用声的共鸣重心在口腔上下，以口腔共鸣为主。要想声音圆润集中，需要改变口腔共鸣条件。发音时双唇集中用力，下巴放松，打开牙关，喉部放松，提颧肌、颊肌、笑肌，在共同运动时，嘴角上提。可以通过张口吸气或用"半打哈欠"感觉体会喉部、舌根、下巴放松，这时的口腔共鸣会加大。在打开口腔的时候，同时注意唇的收拢。下面介绍几种共鸣训练方法。

　　1. 口腔共鸣训练

　　要领：口腔共鸣发声最主要的一点，是发声的时候鼻咽要关闭，不产生鼻泄漏。
　　内容：
　　① 通过下列练习大家可以体会一下，基本都是以开口元音为主练习。
　　Ba da ga ta ka peng pa pi pu pai
　　普通话的四个声调，准确的叫法是第一声 阴平；第二声 阳平；第三声 上声；第四声 去声。我们在进行声音训练的时候，多用阴平声进行，这样有利于体会声音和气息。
　　② 词组练习：
　　澎湃　冰雹　拍照　平静　抨击　批评……
　　哗啦啦　噼啪啪　咣当当　扑通通　胡噜噜……
　　③ 绕口令：
　　山上五株树，架上五壶醋，林中五只鹿，柜中五条裤，伐了山上树，取下架上醋，捉住林中鹿，拿出柜中裤。

2. 鼻腔共鸣训练

鼻腔共鸣是通过软腭来实现的，标准的鼻辅音 m，n 和 ng 就是这样发声的。有人觉得鼻音重显得声音好听、有厚度，但是过多的鼻音有如感冒，是不好的。

① 发 a   i   u 的音，加点鼻腔共鸣体会：

加鼻辅音   ma   mi   mu   na   ni   nu

② 句子练习：

蓝蓝的天上白云飘，白云下面马儿跑，挥动鞭儿响四方，百鸟齐飞翔。

3. 胸腔共鸣训练

胸腔的空间及共鸣能量大，发出的声音有深度和宽度，声音更浑厚、宽广。

"a" 元音直上、直下、滑动练习

词组练习：

百炼成钢   翻江倒海   追悔莫及

小柳树，满地栽，金花谢，银花开。

4. 头腔共鸣、腹腔共鸣

在说话过程中基本用不到这两个共鸣。男声发高音，体会声音从眉心发出的感觉。基本来说，做好胸腔、口腔、鼻腔共鸣，演讲、诵读绰绰有余。

快板是最明显的例子，想象说快板的演员发声的状态，自己找一段快板试试，体会声音的弹性。

（五）普通话语音吐字归音

吐字归音是我国传统的说唱艺术理论中在咬字方法上运用的一个术语。它将一个音节的发音过程分为出字、立字、归音三个阶段。出字是指声母和韵头（介音）的发音过程，立字是指韵腹（主要元音）的发音过程，归音是指音节发音的收尾（韵尾）过程。

汉字的发音应该以遵循汉字的音节结构特点，要求"珠圆玉润"，应该尽量将每个汉字的发音过程有头有尾，构成一个为"枣核形"，以声母或者韵头为一端，以韵尾为另一端，韵腹为核心。吐字归音是要从张嘴、运气、吐气、发声、保持、延续到收尾的一系列控制，字的中间发音动程大，时间长，字的两头发音动程小，关合所占时间也短。要达到枣核形是让自己的普通话更纯正的关键，一个汉字的音程很短，大多在 1/3 秒就会结束。要在短短的时间内兼顾声、韵、调和吐字、归音，必须从日常训练开始严格要求，勤于练习。

吐字归音的原则：

出字：要求声母的发音部位准确、弹发有力。

立字：要求韵腹拉开立起，明亮充实，圆润饱满，做到"开口音稍闭，闭口音稍开"。
归音：干净利落、趋向要鲜明、不可拖泥带水。

 **小贴士**

如何做到吐字清晰、归音到位？

1. 可以选择一些绕口令，分清平翘舌音，由慢到快反复练习。
2. 读句训练。读句训练，就是选择一些有一定难度的语句、段落，进行快读训练。要求做到把音读准，不增减字、词，不重不断，停顿自然，有节奏，连贯流畅。目的是训练朗诵时语句干净利索，出口成章，不拖泥带水，把习惯性的口头语逐渐减少，直至完全消除。

二、普通话声韵母正音训练

普通话，即现代标准汉语，它是我国各民族通用的语言。普通话以北京语音为标准音，以北方话为基础方言，以典范的现代白话文著作为语法规范。在社会联系日益密切的今天，掌握好普通话，有利于克服语言隔阂，促进信息的传递以及人们的交流。

（一）普通话语音特点

1. 音节结构简单，声音响亮。
2. 音节界限分明，节律感强。
3. 声调抑扬顿挫，富于音乐性。

 **小贴士**

我国的七大方言

1. 北方方言，又叫官话方言或北方话，代表话是北京话。
2. 吴方言，又叫吴语，代表为上海话和苏州话。
3. 湘方言，又叫湘语，代表话是长沙话。
4. 赣方言，又叫赣语，代表话是南昌话。
5. 客家方言，又叫客家话，代表话是广东梅县话。
6. 闽方言，又叫闽语，主要分布在福建和海南的大部分地区。
7. 粤方言，又叫粤语，代表话是广州话。

（二）普通话正音训练

1. 声母

声母是汉语音节中开头的辅音。普通话有21个辅音声母，此外，有的音节开头的音素不是辅音，就是说音节的声母为零。语音学上称为"零声母"，这样的音节称为"零声母音节"，如"藕 ǒu"、"昂 āng"等。按发音部位给声母分类可分为七类：双唇音、唇齿音、舌尖前音、舌尖中音、舌尖后音、舌面音、舌根音。按发音方法分类声母可分为五类：塞音、擦音、塞擦音、鼻音、边音。

 小贴士

普通话声母总表

发音部位	塞音 清音		塞擦音 清音		擦音		鼻音	边音
	不送气	送气	不送气	送气	清音	浊音	浊音	浊音
双唇音	b	p				m		
唇齿音					f			
舌尖前音			z	c	s			
舌尖中音	d	t					n	l
舌尖后音			zh	ch	sh	r		
舌面音			j	q	x			
舌根音	g	k			h			

注：y、yu、w分别为有韵头的零声母音节，韵头i、ü、u的改写，不应划入声母。

韵尾ng属于鼻辅音，但普通话发音系统中，此音不再作为首辅音，故不在普通话声母的范畴，但在一些方言中，可能以声母形式出现。

声母绕口令练习内容：

（b，p，m）练习：炮兵攻打八面坡，炮兵排排炮弹齐发射。步兵逼近八面坡，歼敌八千八百八十多。（《炮兵和步兵》）

（n，l）练习：南宁是南宁，兰陵是兰陵，不要把南宁说成兰陵，也不要把兰陵说成南宁。（《南宁》）

（d，t，l）练习：（《颠倒歌》）

太阳从西往东落，听我唱个颠倒歌。

天上打雷没有响，地下石头滚上坡；

江里骆驼会下蛋，山里鲤鱼搭成窝；

腊月苦热直流汗，六月暴冷打哆嗦；

姐在房中手梳头，门外口袋把驴驮。

（g、k、h）练习：哥哥过河捉个鸽，回家割鸽来请客，客人吃鸽称鸽肉，哥哥请客乐呵呵。（《哥哥捉鸽》）

（j、q、x）练习：七巷一个漆匠，西巷一个锡匠，七巷漆匠偷了西巷锡匠的锡，西巷锡匠拿了七巷漆匠的漆，七巷漆匠气西巷锡匠偷了漆，西巷锡匠讥七巷漆匠拿了锡。请问锡匠和漆匠，谁拿了谁的锡？谁偷了谁的漆？（《漆匠和锡匠》）

（z、c、s、j、q、x）练习：司机买雌鸡，仔细看雌鸡，四只小雌鸡，叽叽好欢喜，司机笑嘻嘻。（《司机与雌鸡》）

（zh、ch、sh）练习：时事学习看报纸，报纸登的是时事。带着报纸要多思，心里装着天下事。（《时事学习看报纸》）

（s、sh）练习：四和十，十和四，十四和四十，四十和十四。说好四和十，得靠舌头和牙齿。谁说四十是"细席"，他的舌头没用力；谁说十四是"适时"，他的舌头没伸直。认真学，常练习，十四、四十、四十四。（《四和十》）

（r）练习：夏日无日日亦热，冬日有日日亦寒，春日日出天渐暖，晒衣晒被晒褥单，秋日天高复云淡，遥看红日迫西山。（《说日》）

2. 韵母

普通话韵母指汉语音节中声母后面的部分，普通话韵母共有 39 个。韵母内部按传统的分析方法，又可以分为韵头、韵腹、韵尾三部分。韵母中开口度最大、声音最响亮的元音为韵腹，韵腹前面的元音为韵头，后面的音素为韵尾。汉语并非每一个音节中的韵母都有头、腹、尾三部分。有的音节没韵头，有的没韵尾。但是绝不能没有韵腹。韵腹是音节中的主干，是不可缺少的主要组成部分。普通话韵母按开头元音发音口形可分为开口呼、齐齿呼、合口呼、撮口呼，简称"四呼"。

韵母绕口令练习内容：

（a）练习：小华和胖娃，两个种花又种瓜，小华会种花不会种瓜，胖娃会种瓜不会种花。（《胖娃娃和蛤蟆》）

（u）练习：鼓上画只虎，破了拿布补。不知布补鼓，还是布补虎。（《鼓上画只虎》）

（i、ü）练习：这天天下雨，体育局穿绿雨衣的女小吕，去找穿绿运动衣的女老李。穿绿雨衣的女小吕，没找到穿绿运动衣的女老李，穿绿运动衣的女老李，也没见着穿绿雨衣的女小吕。（《女小吕和女老李》）

（ai、ei）练习：大妹和小妹，一起去收麦。大妹割大麦，小妹割小麦。大妹帮小妹挑小麦，小妹帮大妹挑大麦。大妹小妹收完麦，噼噼啪啪齐打麦。（《大妹和小妹》）

（ao）练习：毛毛和涛涛，跳高又练跑，毛毛教涛涛练跑，涛涛教毛毛跳高，毛毛学会了跳高，涛涛学会了练跑。（《毛毛和涛涛》）

（en）练习：小陈去卖针，小沈去卖盆。俩人挑着担，一起出了门。小陈喊卖针，小沈喊卖盆。也不知是谁卖针，也不知是谁卖盆。（《小陈和小沈》）

（iao）练习：水上漂着一只表，表上落着一只鸟。鸟看表，表瞪鸟，鸟不认识表，表也不认识鸟。（《鸟看表》）

（iou）练习：一葫芦酒，九两六。一葫芦油，六两九。六两九的油，要换九两六的酒，九两六的酒，不换六两九的油。(《酒换油》)

（in、ing）练习：蜻蜓青，青浮萍，青萍上面停蜻蜓，蜻蜓青萍分不清。别把蜻蜓当青萍，别把青萍当蜻蜓。(《蜻蜓与青萍》)

（uan、an）练习：大帆船，小帆船，竖起桅杆撑起船。风吹帆，帆引船，帆船顺风转海湾。(《帆船》)

（üe）练习：真绝，真绝，真叫绝，皓月当空下大雪，麻雀游泳不飞跃，鹊巢鸠占鹊喜悦。(《真绝》)

（ün）练习：军车运来一堆裙，一色军用绿色裙。军训女生一大群，换下花裙换绿裙。(《换裙子》)

（üan）练习：圆圈圆，圈圆圈，圆圆娟娟画圆圈。娟娟画的圈连圈，圆圆画的圈套圈。娟娟圆圆比圆圈，看看谁的圆圈圆。(《画圆圈》)

（uang）练习：王庄卖筐，匡庄卖网，王庄卖筐不卖网，匡庄卖网不卖筐，你要买筐别去匡庄去王庄，你要买网别去王庄去匡庄。(《王庄和匡庄》)

（ang、an）练习：张康当董事长，詹丹当厂长，张康帮助詹丹，詹丹帮助张康。(《张康和詹丹》)

ueng：老翁卖酒老翁买，老翁买酒老翁卖。(《老翁和老翁》)

（eng、en）练习：陈庄程庄都有城，陈庄城通程庄城。陈庄城和程庄城，两庄城墙都有门。陈庄城进程庄人，陈庄人进程庄城。请问陈程两庄城，两庄城门都进人，那个城进陈庄人，程庄人进那个城？(《陈庄城和程庄城》)

（ang、eng）练习：长城长，城墙长，长长长城长城墙，城墙长长城长长。(《长城长》)

（ong）练习：冲冲栽了十畦葱，松松栽了十棵松。冲冲说栽松不如栽葱，松松说栽葱不如栽松。是栽松不如栽葱，还是栽葱不如栽松？(《栽葱和栽松》)

（iong）练习：小涌勇敢学游泳，勇敢游泳是英雄。(《学游泳》)

（uan、uang）练习：那边划来一艘船，这边漂去一张床，船床河中互相撞，不知船撞床，还是床撞船。(《船和床》)

三、声调、轻重音和音色训练

（一）声调训练

声调是音节中具有区别意义作用的音高变化。由于一个音节就是一个汉字，所以也可称为"字调"。例如"老 lǎo"，读起来先降低然后又上升，这种先降后升的音高变化形式和升降幅度就是音节"老"的声调。比如"很鲜"、"很咸"、"很险"就是因为"鲜"、"咸"、"险"的声调不同，所以意义也不同。

声调训练内容

（阴+阴）加工车间　珍惜光阴　喝杯咖啡　交通公司
（阴+阳）科学发明　家庭纠葛　真诚帮忙　非常匆忙
（阴+上）稀有金属　观赏花草　修理钢笔　发展生产

（阴+去）公事公办　　中外音乐　　工作需要　　亲密兄弟
（阳+阴）乘车回家　　南方农村　　明天联欢　　提花毛巾
（阳+阳）牛羊成群　　严格执行　　蓬蓬勃勃　　和平人民
（阳+上）男女平等　　竹竿毛笔　　长短皮袄　　评比结果
（阳+去）联系实际　　劳动服务　　繁重劳动　　实事求是
（去+阴）互相竞争　　大声歌唱　　必须认真　　定期印刷
（去+阳）调查事实　　按劳付酬　　预防治疗　　课堂教学
（去+上）汉语课本　　大胆放手　　默写字母　　各种报纸
（去+去）胜利闭幕　　电报挂号　　创造纪录　　正确判断

 小贴士

普通话声调的一些特点

1. 四个声调的调型有明显的区别，一平、二升、三曲、四降。除阴平外，其他三个声调升降的幅度都比较大，所以普通话听起来抑扬交错，音乐性很强。
2. 普通话高音成分多，所以语音显得比较高昂。
3. 四个声调的长度有一定的比例，上声最长，阳平次长，去声最短，阴平次短，在词语中形成和谐的节奏。

（二）轻重音训练

在实际发音中，如果不能比较准确地掌握普通话的轻重格式，听起来就会带有明显的方言腔调。掌握轻重格式的方法，在于要多听、多辨别、多练习，从而形成正确的语感。轻重音训练内容：

1. 双音节词语的轻重音格式

①"中—重"格式居多。如：
天津　北京　广播　关隘　人民　专家　配乐　田野　流水
②"重—中"（即"重—次轻"）格式。如：
正月　战士　记者　作家　困难　书记　设施　合同　意义
③"重—轻"格式。如：
丈夫　老婆　人们　东西　钥匙　萝卜　丫头　太阳　活泼

2. 三音节词语的轻重音格式

①"中—次轻—重"格式居多。如：
解放军　文学院　哲学系　邮电局　电信局　压力锅

② "中—重—轻"格式。如：

老头子　大姑娘　巧媳妇　花骨朵　胡萝卜　老伙计

③ "重—轻—次轻"格式。如：

孩子们　朋友们　姑娘家　先生们　女人们　弟兄们　伙计们

3. 四音节词语的轻重音格式

① "中—次轻—中—重"格式居多。如：

流行音乐　高等学校　驷马难追　逆水行舟　江山多娇

② "中—轻—中—重"格式。如：

糊里糊涂　拉拉扯扯　拖拖拉拉　上上下下　大大小小

小贴士

分清轻重音

重音，是词语的重读音节。普通话的词语中处在末尾的音节大多数读重音。如："生活、开会、走路"。后面的音节是重音。

中音，是不强调重读也不特别轻读的音节，一般在多音节词的前一个音节和中间的音节。如："生活、开会、走路"。前面的音节是中音。

轻音，特别轻读的音节，它已经完全失去了原有声调的调值，属于轻声，在双音节中只出现在后面的音节，如："孩子、石头"。后面的音节是轻音。

次轻音，与轻音相比，声调依稀可辨的音节，如："新鲜、客人"。后面的音节是次轻音。

（三）音色训练

音色，又称"音质"，即人的声音本质，由于每个人声带的不同，其音色也不一样。而训练可以使音色得到改善，有助于人们更好地交流情感。

音色训练内容：

拟选用"离离原上草，一岁一枯荣，野火烧不尽，春风吹又生"作为练习。

1. 音高与音低的训练

① 先用低音说起，一句句地升高，然后再一句句地降下来。

② 一句高，一句低，高低交替。

2. 高强与音弱的练习

① 小音量练习，要求音量虽小，但吐字清晰。

② 中音量（正常音量）练习，要求吐字清晰，抑扬有致。
③ 大音量练习，要求气息强大，音色高亢响亮。
④ 三种音量，混合练习。

3. 虚实结合练习

① 明朗音色练习。这是我们说话常用的一种音色，要求轻松明快，朗朗上口。
② 暗淡音色练习。暗声的气息深沉，共鸣点较散而靠后，音色偏暗，多用来表达忧伤、抑郁的感情。
③ 明暗对比练习。通过明暗对比，更恰当准确地表达其思想感情。

 技能演练

一、呼吸技巧演练

【演练目标】掌握正确的胸腹式联合呼吸方法及技巧
【演练内容】闻"花香"
【演练要求】

1. 坐直，静心，躯干略前倾，头正，肩松，小腹微收，舌头抵住上腭，如闻花香般从容吸气，感觉气流好像沿脊柱而下，后腰部逐步有胀满感，两肋向外扩张，小腹逐渐紧收，气息至七八成满；控制一两秒，然后缓缓吐气，气息均匀而缓慢流出。反复进行上述练习，呼气时间要逐渐延长，以达到20～30秒为合格。
2. 用上述方法吸气，在呼气时反复从一数到十，使气息不断延长，一口气数20下。
3. 缓慢地吸气，然后缓慢地呼气。呼吸过程要慢而不僵，各部分器官配合协调，气息均匀。
4. 急吸气，像要喊突然发现远方走来的熟人似的急速吸气，两肋一下子提起，但动作不能让人有明显察觉，气息很快地进入肺部，然后相当缓慢均匀地呼气，每一瞬间使用的力量都应当是相等的。

二、气息控制演练

【演练目标】锻炼控制气息流速和压力的能力
【演练内容及要求】

1. 用绕口令或近似绕口令的语速练习气息

"出东门，过大桥，大桥底下一树枣儿，拿着杆子去打枣，青的多，红的少。一个枣儿，两个枣儿，三个枣儿，四个枣儿，五个枣儿，六个枣儿，七个枣儿，八个枣儿，九个枣儿，十个枣儿"。

要求：开始做练习的时候，中间可以适当换气，练到气息有了控制能力时，逐渐减少换气次数，最后要争取一口气说完，甚至多说几个枣儿，能一口气说完分数最高。

2. 吹"蜡烛"

模拟吹灭生日蜡烛,深吸一口气后均匀缓慢地吹,尽可能时间长一点,达到25～30秒为合格。

三、吐字归音演练

1. 绕口令演练

一个胖娃娃,捉了三个大花活蛤蟆。
三个胖娃娃,捉了一个大花活蛤蟆。
捉了一个大花活蛤蟆的三个胖娃娃,
真不如捉了三个大花活蛤蟆的一个胖娃娃。

山前有个阎圆眼,山后有个阎眼圆,二人山前来比眼,
不知是阎圆眼的眼圆,还是阎眼圆的眼圆。

2. 词组演练

an	烂漫	反问	赞颂	天坛	心烦	扳手	施展
ang	浪漫	访问	葬送	天堂	心房	帮手	师长
en·eng	奔腾	真正	人生	本能	纷争	真诚	尘封
eng·en	诚恳	登门	缝纫	正文	恒温	承认	憎恨

四、共鸣控制训练

训练材料参见"知识链接"中的"共鸣训练方法"。

五、语音综合演练

【演练目标】准确、清晰、流畅、真切地发音
【演练名称】小品表演:《市场叫卖》
【演练内容】

市场叫卖

农贸市场上,有个卖鱼的,大声吆喝:"鱼啦!"旁边一个卖枣的也不停地吆喝:"枣啦(糟啦),枣啦(糟啦),"卖鱼的越听越不对味。

"你为什么说我的鱼糟啦!"卖枣的也火了:"我卖我的枣,碍你什么事儿!"说

着，俩人吵了起来。

  旁边一个卖豆芽菜的人不停地叫卖：“豆芽（斗呀），豆芽（斗呀），"他们一听就打起来了。这时工商人员走过来了。

  "还有谁参与打架的？"工商人员问周围的小贩,这时有人喊了：“油果(有我)!”

  "有你？一块儿带走！"

【演练要求】

  1. 以组为单位排练，课堂上表演，看哪个组表演的效果最好。

  2. 注意普通话与方言的差异，找到二者语音上的不同，准确演绎。

  3. 表演时注意发音要准确，吐字要清晰、真切，字字要送到大家的耳朵里，让人听得清楚、听得明白。

  4. 注意通过语调节奏的变化表达思想感情。

六、本技能演练说明

  1. 以学习小组为单位开展训练，小组长负责组织进行，全班统一控制训练时间。

  2. 分组训练结束后，教师抽查各组训练情况并作总结点评。

  3. 可根据时间增删训练内容。

任务二 诵 读 训 练

 学习目标

  1. 掌握诵读的基本表达技巧和训练方法。

  2. 能够运用诵读形式清晰连贯、响亮悦耳、抑扬顿挫、正确完整地表达思想情感。

任务情境设定

  中华经典诵读大赛开始报名啦！营销专业学生陈欣怡也想报名参加。小陈从未经历过这样的赛事，也从未参加过这方面的培训，对诵读知识和技能一知半解。她虽然热爱中华经典诗文，也很想诵读、传承经典，普通话嘛也还说得可以，但如果就这样去比赛肯定会被淘汰的。

  小陈同学非常渴望参加此次诵读大赛，她决心突击学习诵读知识、训练诵读技巧，但又苦于找不到方法和途径。请各位同学帮帮她。

 思考讨论

  教师稍做提示，然后分组讨论，要求各组派代表结合本任务支撑知识，谈谈讨论的结果，亦即具体的做法。

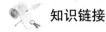知识链接

一、朗读、朗诵与诵读

朗读是将书面语言转换为口头语言的一种言语活动，是一种"经过艺术加工的说话"。朗：明亮的意思。朗读就是清晰响亮地把文章念出来。它是一种创造性的读书方式，是有声语言的艺术化，同时也是对普通话声、韵、调和音变的综合运用、综合检验的一种形式。

朗诵属于艺术表演范畴，是一种再创造，是结合自己的审美体验进行的二次创作。朗诵可以借助音乐、态势等辅助手段造成一种"未有曲调先有情"的氛围，在音色、音量、语速、节律等方面也可作些适当的夸张，以渲染气氛。

诵读有两个意思，一是朗读，二是背诵。它具有如下特点：①注重"熟"字，即所谓"熟读成诵"，即古人所云："读书百遍，其义自见"。②要"精思"。诵读十分强调"寻言以明象"，口头读出来，就要迅速在脑海里浮现出生动可感的画面。③注重声调的抑扬顿挫。声调也是一支无形的"笔"，也可以绘形绘色。不过它不是用线条、色彩，而是通过声调的轻重疾徐、抑扬顿挫来达到效果。

朗读与诵读的区别：二者最主要的区别在于，诵读不仅强调了读，而且强调了积累、背诵，即要熟读成诵。

朗读、诵读和朗诵的区别：朗读、诵读和朗诵都是口语表达的基本形式，但三者却有着不同的概念。首先，朗读和朗诵是不相同的。朗读是宣传、教学形式，而朗诵是艺术表演形式；朗读的语言必须接近自然真实的生活语言，朗诵的语言形式则较为夸张，往往还需要借助表情、手势或配乐等手段来增强表演的艺术性；朗读是一种再现，强调的是忠实于原文，朗诵是一种再创造，是结合自己的审美体验进行的二次创作，但要注意拿腔作调的表演不能作为有感情朗读的要求。

其次，诵读与朗诵虽然在表现形式和表达要求等方面基本相同，但它们还是有所区别，主要在于面对的对象。朗诵是表演给别人看的，一般配有表情、手势、音乐等辅助手段，而诵读是对文章内容自我感受、自我体验、自我欣赏的一种阅读方式。

那么，什么是诵读呢？诵读就是使用清晰响亮的声音，结合语气、语调、语速、顿连等语音变化，完善地表达思想情感、传递信息的一种语言艺术。它既可以提高阅读能力，增强艺术鉴赏能力，同时还是一种重要的沟通方式——规范文明言行，增强理解，有效地培养对语言词汇细致入微的感知能力并在此基础上确立口语表述的最佳形式，因此，掌握诵读秘诀的人在口语交际中将大有作为。要想成为口语表达和交际沟通的高手，认真练习诵读势在必行。

二、诵读的基本表达技巧

诵读的基本要求是：用标准的普通话富有感情地将书面语言转换成口头语言，语音准确流利，吐字清晰，语调流畅，抑扬顿挫。诵读时，一方面要深刻透彻地把握作品的

内容，另一方面，要合理地运用各种艺术手段，准确地表达作品的内在含义。常用的基本表达技巧是：停连、重音、语调、语速、语气。

（一）停连

停连指语句或词语之间声音上的停顿和连接，又主要指停顿。停连一方面是由于诵读者在诵读时生理上的需要，另一方面是句子结构上的需要，再一方面是为了充分表达思想感情的需要，同时也可给听者一个领会和思考、理解和接受的时间，帮助听者理解文章含义，加深印象。停顿包括生理停顿、语法停顿、强调停顿。

1. 生理停顿

生理停顿即诵读者根据气息需要，在不影响语义完整的地方做一个短暂的停歇。
注意：生理停顿不要妨碍语意表达，不能割裂语法结构。

2. 语法停顿

语法停顿是反映一句话里面的语法关系的，在书面语言里就反映为标点。一般来说，语法停顿时间的长短同标点大致相关。例如句号、问号、叹号后的停顿比分号、冒号长；分号、冒号后的停顿比逗号长；逗号后的停顿比顿号长；段落之间的停顿则长于句子停顿的时间。

3. 感情停顿

为了强调某一事物，突出某个语意或某种感情，而在书面上没有标点、在生理上也可不做停顿的地方做了停顿，或者在书面上有标点的地方做了较大的停顿，这样的停顿我们称为感情停顿。感情停顿主要是靠仔细揣摩作品，深刻体会其内在含义来安排的。其特点是声断而情不断，也就是声断情连。

如果不仔细揣度作品而任意作感情停顿，则容易产生错误的理解。
例如：贺敬之的《雷锋之歌》中的一句："来呵！让我们紧紧挽住雷锋的这三条刀伤的手臂吧！"有人在"三条"之后略作停顿，就会给听众造成"三条手臂"的错觉，影响理解的正确性。

（二）重音

重音是指那些在表情达意上起重要作用，在诵读、说话时句子里某些词语需要特别强调而念得比较重的现象，它能通过声音的强调突出语言的意义。
重音有以下几种情况。

1. 语法重音

语法重音是按语言习惯自然重读的音节。这些重读的音节大都是按照平时的语言规律确定的。一般来说，语法重音不带特别强调的色彩。

2. 强调重音

强调重音不受语法制约，它是根据语句所要表达的重点决定的，它受表达者的意愿制约，在句子中的位置上不固定的。强调重音的作用在于揭示语言的内在含义。由于表达目的不同，强调重音就会落在不同的词语上，所揭示的含义也就不相同，表达的效果也不一样。

3. 感情重音

可以使诵读的作品色彩丰富，充满生气，有较强的感染力。感情重音大部分出现在表现内心节奏强烈，情绪激动的情况。

重音表达方式包括重读、轻读、慢读和高读等。

例如：

① 我要炒鸡蛋。（炒为重音，不要煎鸡蛋）

② 我要炒鸡蛋。（鸡蛋为重音，不要炒粉丝）

③ 我要炒鸡蛋。（我为重音，不要你炒）

重音重读。

例如：

《囚歌》"人的身躯怎能从狗的洞子里爬出。"

（"人的身躯"接近一字一顿地加重语气，以突出"凛然不可犯"的感觉）

重音轻读。

例如：

《春》"小草——偷偷地从土里钻出来，嫩嫩的，绿绿的。"

（小草一句要轻读，"偷偷"，"钻"用重音轻读的方法处理，表现出小草无声无息，而又顽强生长的特点）

（三）语调

又称语势，即句子高低升降的变化。可分为四种：升调、降调、平直调、曲折调。

1. 升调（↗），前低后高，语势上升。一般用来表示疑问、反诘、惊异、命令、呼唤、号召等语气。

2. 降调（↘），前高后低，语势渐降。语调由高逐渐降低，末了的字低而短。这种语调常用来表示肯定、祈使、允许和感叹的语气。

3. 平直调（→），这种调子，语势平稳舒缓，没有明显的升降变化，用于不带特殊感情的陈述和说明，一般的叙述、说明，以及表示迟疑、深思、冷淡、悼念、追忆等思想感情的句子，用这种语调。

4. 曲折调（∧或∨），语调曲折变化，对句子中某些音节，特别地加重、加高或延长，形成一种升降曲折的调子。这种语调常用来表示夸张、强调、反语、讽刺、厌恶、意在言外等较为特殊的语气。

例如：叶挺同志的《囚歌》的句调处理。

为人进出的门紧锁着，(→平直调)(冷眼相看)

为狗爬出的洞敞开着，(→平直调)

一个声音高叫着：(∧↗曲升调)(嘲讽)

——爬出来吧，给你自由！(∨↘曲降调)(诱惑)

我渴望自由，(→平直调)(庄严)

但我深深地知道——(→平直调)

人的身躯怎能从狗洞子里爬出！(↗升调)(蔑视、愤慨、反击)

我希望有一天(→平直调)

地下的烈火，(稍向上扬)(语意未完)

将我连这活棺材一齐烧掉，(↘降调)(毫不犹豫)

我应该在烈火与热血中得到永生！(↘降调)(沉着、坚毅、充满自信)

 小贴士

1. 诵读中的语调是一个涉及面很广的较为复杂的问题，上面分的这四种基本类型，只是一个大体或者说是对语调的基本情况的一个大体描述，只是一个框框，给语调分类也决不是硬要把丰富多彩的语调变化强行纳入一些简单的公式。

2. 不要把这里说的语调类型同书面语中的陈述句、祈使句、疑问句、感叹句等句子类型完全等同起来。书面语中的句子的语气类型远不能概括口语中千变万化的语调。

3. 诵读中的语调在其表现中，始终是同断和连，快和慢，轻和重等联系的。

4. 诵读是一种艺术。这种艺术性主要是通过语调展现的。

（四）语速

语速是指说话或诵读时每个音节的长短及音节之间连接的紧松而形成语言节奏的快慢、抑扬顿挫、轻重缓急。说话的速度是由说话人的感情决定的，诵读的速度则与文章的思想内容相联系。一般说来，热烈、欢快、兴奋、紧张的内容速度快一些；平静、庄重、悲伤、沉重、追忆的内容速度慢一些。而一般的叙述、说明、议论则用中速。以《雷雨》中周朴园和鲁侍萍的对话为例，诵读时应根据人物心情的变化调整语速，而不应一律以一种速度读下来。如：

周：梅家的一个年轻小姐，很贤惠，也很规矩。有一天夜里，忽然地投水死了。后来，后来——你知道吗？（慢速。周朴园故作与鲁侍萍闲谈状，以便探听一些情况）

鲁：这个梅姑娘倒是有一天晚上跳的河，可是不是一个，她手里抱着一个刚生下三

天的男孩,听人说她生前是不规矩的。(慢速。侍萍回忆悲痛的往事,又想极力克制怨愤,以免周朴园认出)

鲁:我前几天还见着她。(中速)

周:什么?她就在这儿?此地?(快速。表现周朴园的吃惊与紧张)

鲁:老爷,您想见一见她么?(慢速。鲁故意试探)

周:不,不,不用。(快速。表现周朴园的慌乱与心虚)

周:我看过去的事不必再提了吧。(中速)

鲁:我要提,我要提,我闷了三十年了!(快速。表现鲁侍萍极度的悲愤以至几乎喊叫)

 小贴士

演讲速率表

语速	适合的内容	适合的环境	适合的心理情绪	适合的句段	适合的修辞手法
快速	叙述事情的急剧变化;质问斥责,雄辩表态;刻画人物机智、活泼、热情的性格	欢快,紧急命令,行动迅速,热烈争执	急促、紧张、激动、惊惧、愤恨、欢畅、兴奋	不太重要的句段	排比、反问、反语、叠声
中速	一般性说明和叙述,感情变化不大	感情平静	平静、客观	一般句段	一般叙述
慢速	抒情、议论,叙述平静、庄重的事	幽静、庄重	安闲、宁静、沉重、沮丧、悲痛、哀悼	重要句段	比喻、引用、双关、对偶、粘连

(五)语气

指诵读时所包含的思想感情和具体的声音形式。语气有具体的思想感情的色彩:喜、怒、哀、乐、爱、恶、惧等等。如:

爱——气徐声柔——"宝宝,过来让妈妈抱抱。"

憎——气足声硬——"他爸,你赶紧过来一下。"

悲——气沉声缓——"周总理,你在哪里,我们想念你呀,想念你!"

喜——气满声高——"女士们,先生们,当阳光以饱满的激情拥抱泥土,当雨水以甘甜的声音呼唤禾苗,又一度春风临界,我们迎来高先生和林小姐的新婚大喜!"

惧——气提声凝——"不,别这样,不要,不要。"

欲——气多声放——"暴风雨就要来了!"

急——气短声促——"快,快,敌人马上追上来了。"

冷——气少声平——"我们没什么可谈的了,结束吧。"

怒——气粗声重——"你难道就这么对待我吗?你这人太没有良心了!"

疑——气细声黏——"他怎么会在这儿?难道他已经觉察出这里的秘密?"

语气的丰富多彩决定了其声音形式的千变万化,总体要求是:从内容出发,以准确、具体的思想感情作为依据,通过声音的高低、轻重、快慢、虚实、明暗、刚柔等的对比,达到诵读目的。

除了以上五种表达方法外,要想有声有色地诵读,还应该注意:①加入适当的情感表达手段,比如:颤音、泣诉、拖腔、拟声等等;②注意诵读中的语流音变,如轻声、儿化、变调等,这点在本模块任务一中已有提及;③运用一些肢体语言辅助声音表达。

三、诵读训练方法

(一)速读法

这里的"读"指的是朗读,是用嘴去读,而不是用眼去看。顾名思义,"速读"也就是快速的朗读。这种训练方法的目的,是在于锻炼人的口齿伶俐,语音准确,吐字清晰。

1. 方法

找来一篇演讲辞或一篇文辞优美的散文。先拿来字典、词典把文章中不认识或弄不懂的字、词查出来,搞清楚,弄明白,然后开始朗读。一般开始朗读的时候速度较慢,逐次加快,一次比一次读得快,最后达到你所能达到的最快速度。

2. 要求

读的过程中不要有停顿,发音要准确,吐字要清晰,要尽量达到发声完整。因为如果不把每个字音都完整的发出来,那么,如果速度加快以后,就会让人听不清楚你在说些什么,快也就失去了快的意义。快必须建立在吐字清楚、发音干净利落的基础上。我们都听过体育节目的解说专家宋世雄的解说,他的解说就很有"快"的功夫。宋世雄解说的"快",是快而不乱,每个字,每个音都发得十分清楚、准确,没有含混不清的地方。我们希望达到的快也就是他的那种快,吐字清晰,发音准确,而不是为了快而快。

(二)背诵法

这里所说的背诵,不是指把某篇演讲辞、散文背下来,我们要求的背诵,一是要"背",二还要求"诵"。这种训练的目的有两个:一是培养记忆能力,二是培养口头表达能力。

1. 记忆是练口才必不可少的一种素质

没有好的记忆力,要想培养出口才是不可能的。只有大脑充分积累了知识,才可能张口即出,滔滔不绝。如果大脑是一片空白,那么再伶牙俐齿,也无济于事。记忆与口才一样,它并不是一种天赋的才能,后天的锻炼对它同样起着至关重要的作用,"背"正是对这种能力的培养。"诵"是对表达能力的一种训练。这里的"诵"也就是我们常说的"朗诵"。它要求在准确把握文章内容的基础上进行声情并茂的表达。

2. 背诵法与速读法不同

速读法的着眼点在"快"上,而背诵法的着眼点在"准"上。也就是所背诵的演讲辞或文章一定要准确，不能有遗漏或错误的地方，而且在吐字、发音上也一定要准确无误。

其方法是：第一步，先选一篇自己喜欢的演讲辞、散文、诗歌；

第二步，对选定的材料进行分析、理解，体会作者的思想感情；这需要花点工夫，需要我们逐句逐段地进行分析，推敲每一个词句，从中感受作者的思想感情，并激发自己的感情；

第三步，对所选的演讲辞、散文、诗歌等进行一些艺术处理，比如找出重音、划分停顿等，这些都有利于准确表达内容；

第四步，在以上几步工作的基础上进行背诵。在背诵的过程中，也可分步进行。首先，进行"背"的训练，也就是先将文章背下来。在这个阶段不要求声情并茂，只要能达到熟练记忆就行。并在背的过程中，自己进一步领会作品的格调、节奏，为准确把握作品打下更坚实的基础。第二，是在背熟文章的基础上进行大声朗诵，将你背熟的演讲词、散文、诗歌等大声地背诵出来，并随时注意发声的正确与否，而且要带有一定的感情。第三，是这个训练的最后一步，用饱满的情感，准确的语言、语调进行背诵。

背诵法可以先从短诗、短文章或是文章的局部开始练习，切忌贪多贪快。

(三) 练声法

1. 练气

俗话说练声先练气，气息是人体发声的动力，就像汽车上的发动机一样，它是发声的基础。气息的大小对发声有着直接的关系。气不足，声音无力，用力过猛，又有损声带。所以我们练声，首先要学会用气。

吸气：吸气要深，小腹收缩，整个胸部要撑开，尽量把更多的气吸进去。我们可以体会一下，你闻到一股香味时的吸气法。注意吸气时不要提肩。

呼气：呼气时要慢慢地进行。要让气慢慢地呼出。因为我们在演讲、诵读、论辩时，有时需要较长的气息，那么只有呼气慢而长，才能达到这个目的。呼气时可以把两齿基本合上。留一条小缝让气息慢慢地通过。

2. 练声

我们知道人类语言的声源是在声带上，也就是我们的声音是通过气流振动声带而发出来的。

口腔活动可以按以下方法进行。

第一，进行张闭口的练习，活动嚼肌，也就是面皮。这样等到练声时嚼肌运动起来就轻松自如了。

第二，挺软腭。这个方法可以用学鸭子叫"gāgā"声来体会。

第三，练习吐字。吐字似乎离发声远了些，其实二者是息息相关的。只有发音准确无误、清晰、圆润，吐字也才能"字正腔圆"。

吐字发声时一定要咬住字头。有一句话叫"咬字千斤重，听者自动容"说的就是这个意思。所以我们在发音时，一定要紧紧咬住字头，这时嘴唇一定要有力，把发音的力量放在字头上，利用字头带响字腹与字尾。

字腹的发音一定要饱满、充实，口形要正确。发出的声音应该是立着的；而不是横着的，应该是圆的，而不是扁的。但是，如果处理得不好，就容易使发出的声音扁、塌、不圆润。

字尾，主要是归音。归音一定要到家，要完整。也就是不要念"半截子"字，要把音发完整。当然字尾也要能收住，不能把音拖得过长。

如果我们能按照以上的练习要求去做，那么你的吐字一定圆润、响亮，你的声音也就会变得悦耳动听了。

（四）模仿法

我们每个人从小就会模仿，模仿大人做事，模仿大人说话。其实模仿的过程也是一个学习的过程。我们小时候学说话是向爸爸、妈妈及周围的人学习，向周围的人模仿。那么我们练口才也可以利用模仿法，向这方面有专长的人模仿。这样天长日久，我们的口语表达能力就能得到提高。

找一位生活中口语表达能力强的人，请他讲几段最精彩的话，录下来，供你进行模仿。你也可以把你喜欢的、又适合你模仿的播音员、演员的声音录下来，然后进行模仿。

（五）讲故事法

常言说："看花容易，绣花难"，听别人讲故事绘声绘色，很吸引人，甚至可以使人忘了吃饭、睡觉，可是自己一讲起来，仿佛就不是那么回事了，干干巴巴，毫无吸引力。因此，讲故事也是一种才能，并不是人人都可以把故事讲好的。学习讲故事是练口才的一种好方法。

讲故事，可以训练人的多种能力。因为故事里面既有独白，又有人物对话，还有描述性的语言、叙述性的语言，所以讲故事可以训练人的多种口语表达能力。运用讲故事法的诀窍。

1. 分析故事中的人物

故事的情节性是十分强的，而且故事的主题大都是通过人物的语言、行动表现出来的，所以我们在讲故事以前就要先研究人物的性格特征，以及人物之间的关系。

2. 掌握故事的语言特点

故事的语言不同于其他文学形式的语言，其最大的特点是口语性强、个性化强。

3. 反复练讲

反复练讲达到对内容的熟悉，最后能使自己的感情与故事中人物的感情相隔合，做到惟妙惟肖地表现人物性格，语言生动形象。练讲，还要注意设计自己的表情、动作。

看看你讲故事时的表情、动作是不是与你讲的内容相一致。

4. 不要照本宣读

讲故事是不允许手里拿着故事书照着念的,那样就成了念故事了。讲故事要用自己的语言去讲出自己理解的故事。

 技能演练

一、单项演练

【演练目标】能根据表达需要对重音作恰当处理和正确使用不同的语调
【演练内容】根据括号后面的提示进行正确的重音处理并使用不同的语调诵读
这是一百万元。(一手交钱、一手交货、司空见惯)
这是一百万元!(强调金额很大)
这是一百万元?(怀疑,不相信有这么多)
这是一百万元?(惊讶,怎么这么多)
这是一百万元?(喜悦,为一下子有这么多钱而高兴)
这是一百万元!(后悔,不该错过赚大钱的机会)
【演练模式】
1. 分小组进行练习,然后各组推选出一名学生代表上台演示。
2. 学生评议,教师总结,并评选出最佳小组。
3. 分组活动,在组内先请一个人讲一段小故事、小笑话,然后大家轮流模仿,看谁模仿得最像。为了刺激积极性,也可以采用打分的形式,大家一起来评分,表扬模仿最成功的一位。

二、综合演练

按照提示符号,有感情地进行诵读练习。

都江堰(节选)

余秋雨

我以为,中国历史上最激动人心的工程|不是长城,而是|都江堰。↘

长城当然也非常伟大,不管孟姜女们如何痛哭流涕,站远了看,这个苦难的民族|竟用人力在野山荒漠间|修了一条万里屏障,为我们生存的星球|留下了一种|人类意志力的骄傲。长城到了八达岭一带已经没有什么味道,而在甘肃、陕西、山西、内蒙古一带,劲厉的寒风在时断时续的颓壁残垣间呼啸,淡淡的夕照,荒凉的旷野溶成一气,让人全身心地投入对历史、对岁月、对民族的巨大惊悸,感觉|就深厚得多了。↘

但是，就在秦始皇下令修长城的数十年前，四川平原上｜已经完成了一个了不起的工程。↗它的规模｜从表面上看｜远不如长城宏大，却注定要｜稳稳当当地造福千年。↗如果说，长城占据了辽阔的空间，那么，它却实实在在地占据了｜邈远的时间。↘长城的社会功用｜早已废弛，而它至今还在为无数民众输送｜汩汩清流。有了它，旱涝无常的四川平原成了天府之国，每当我们民族有了重大灾难，天府之国｜总是沉着地提供庇护和濡养。因此，可以毫不夸张地说，它永久性地灌溉了｜中华民族。∨

有了它，才有诸葛亮、刘备的雄才大略，才有李白、杜甫、陆游的川行华章。说得近一点，有了它，抗日战争中的中国｜才有一个比较安定的后方。∨

它的水流不像万里长城那样｜突兀在外，而是细细浸润、节节延伸，延伸的距离并不比｜长城短。↗长城的文明是一种僵硬的雕塑，它的文明是一种灵动的生活。↗长城｜摆出一副老资格｜等待人们的修缮，它｜却卑处一隅，像一位｜绝不炫耀、毫无所求的乡间母亲，只知奉献。一查履历，长城｜还只是它的后辈。↘

它，就是｜都江堰。

评价反馈

诵读模块考核评价表

项 目	具 体 要 求	分值	评分
主题内容	1. 参选"中华经典诵读比赛"指定篇目，或"普通话水平测试"诵读诗文作品 2. 自选篇目：题材不限，内容健康向上，充实生动，有真情实意。主题寓意深刻，富有感召力或警世作用	10分	
普通话语音	发音（15分）：诵读时气息均衡平稳，语音准确规范，吐字清晰。每读错一次扣0.1分	50分	
	语调（5分）：声调高低变化、错落有致，能根据需要正确使用升调、降调、平直调和曲折调。判断错误或表达错误每次扣0.5分		
	停连（10分）：能根据诵读内容或情感表达需要停连得当，轻重音处理正确。停连不当或轻重音处理错误的每次扣0.5分		
	语速（10分）：语速恰当，快慢把握准确，声音洪亮，表达自然流畅。因不熟练，每停顿一次扣1分		
	节奏（5分）：轻重缓急、抑扬顿挫切合诵读内容。其中，节奏优美，富有感情5分；节奏鲜明，基本有感情3分		
	语气（5分）：能运用声音的高低、轻重、快慢、虚实、明暗、刚柔等形式恰当表达诵读内容及情感要求		
表达技巧	情感表达（10分）：能运用颤音、泣诉、拖腔、拟声等情感表达手段恰当处理思想情感。表达自然得体，处理恰当，10分；表达较为自然大方7分；表达基本自然4分	40分	

续上表

项　目	具 体 要 求	分值	评分
表达技巧	语流音变（5分）：注意诵读过程中轻声、儿化、变调等语流音变的有意识的正确运用		
	辅助语言（15分）：恰当使用肢体语言辅助语音表达，神情体态自然大方，动作表情能准确、直观地表达诵读内容和思想感情。表情较自然大方，动作设计合理12分；表情基本自然，动作较少8分		
	感情色彩（5分）：情感真挚、丰富、细腻。其中，情感处理得当5分；处理一般3分；无情感色彩0分		
	感召力（5分）：诵读语音处理富有创意，引人入胜5分；有创意，有一定感召力3分；平淡无奇1分		
总　分			

模 块 小 结

语音是语言表达的第一大要素，通常被人们称为语言表达的第一张王牌。诵读的基本要求就是用标准的普通话富有感情地将书面语言转换成口头语言，它要求语音准确流利，吐字清晰，语调流畅，抑扬顿挫。练习诵读，重点要训练诵读的基本表达技巧：停连、重音、句调、语气、语速和节奏。

诵读还是诵读者的一种再创作活动。这种再创作，不是脱离诵读的材料去另行一套，也不是照字读音的简单活动，而是要求诵读者通过原作的字句，用有声语言传达出原作的主要精神和艺术美感。不仅要让听众领会诵读的内容，而且要使其在感情上受到感染。

多听优秀的诵读，多揣摩，多练习是不二法门。

拓 展 训 练

1．深吸一口气。数数，看能数到多少。

2．跑20米左右，然后朗读一段文章，尽量避免喘气声。

3．按字正腔圆的要求读下列成语。

英雄好汉　　兵强马壮　　争先恐后　　光明磊落　　深谋远虑　　果实累累

五彩缤纷　　心明眼亮　　海市蜃楼　　优柔寡断　　源远流长　　山清水秀

4．诵读练习绕口令《洪小波和白小果》。

拿着箩筐收萝卜，

洪小波收了一筐白萝卜，

白小果收了一筐红萝卜。

不知是洪小波收的白萝卜多，

还是白小果收的红萝卜多。

5．以学习小组为单位，按照速读法要求练习下面这段话，并相互之间找出优点和需要改进的地方。

谎言，也就是假话；说谎，也就是说假话。这似乎是小学生都明白的道理。但真正明白谎言的内涵与外延、谎言为什么会产生、谎言在社会生活中的作用，就不是小学生能够做到的了。

有人对谎言下了这样的定义：

谎言是指有意冒充真实而提出的虚假陈述或信息，任何意在欺骗或给人错误印象的事物。

这个解释应该说是比较科学的。下面我们对谎言和说谎的分析、探讨，将主要依据这一定义来进行。

先看一看这样的两则小故事，也许你就会更加留意身边的谎言了。

有一次，一位语文老师对小学三年级的同学说："一个人从小就要养成勤俭朴素、吃苦耐劳的品质。你们现在这样就不行，生活在大都市，吃得太好了。我们上小学时，每天早晨也就是吃点山芋，这对锻炼人有好处。同学们不妨回去也吃点山芋，试试看。"

第二天语文课上，语文老师刚上课就问："今天早晨同学们都吃山芋了吗？吃了的请举手。"结果，很多同学都举起了手。"看来，你们的品质真不行。"语文老师说，"现在刚刚过完六一节，就是农村也难找到山芋，况且是我们这个几百万人口的大城市呢？"

另一则故事讲的则是一位神父在弥撒结束时对众教徒说，下个礼拜日他将作一次关于撒谎者的讲道，请众教徒先回去预读一下《圣经》律法书第6卷，以便更好地接受下次讲道。到了下个礼拜日，神父在讲道前说："读过《圣经》律法书第6卷的教徒举手。"很多人举起手来。有些人看看别人，也举起手来。最后所有人都举起手来。神父看到这么多人举手，眉头一皱，在胸前连连画起十字："主啊，宽恕他们。"众教徒愣住了，神父睁开眼，看着他们说："你们正是我要讲的人。《圣经》律法书里根本没有第6卷，你们到什么地方去看？"

从这两个随意列举的例子中可以看出，我们生活的这个世界上，只要有人类存在，其实就会不停地出现谎言。随意地说谎、谨慎地说谎、为自尊说谎、为自强说谎、为自信说谎、为自爱说谎、为自卑说谎、为虚荣说谎、为掩饰羞愧说谎、为掩饰失败说谎、为谋私利说谎、为满足自己的欲望说谎，还有为女人说谎、为男人说谎、为金钱说谎、为地位说谎、为名声说谎，等等，不胜枚举。书刊、报纸、广播、电视、电影、书信等都成为人们说谎的工具。人们不但要对别人说谎，由于种种特殊原因，人们还要对自己说谎。

6. 按照讲故事法，从《伊索寓言》或是《三言二拍》中选取故事来进行诵读练习。
7. 请使用不同语调诵读诗歌《我爱我的祖国》。
我爱我的祖国/她像一座大山/站在山顶，放眼远眺/
江山如此多娇/风景处处都好
我爱我的祖国/她像一片海洋/辽阔无边，激情澎湃/
人才济济，英雄辈出/仿佛后浪推前浪
我爱我的祖国/她像一片田野/充满希望，硕果累累

稻花飘香，麦田金黄/全是一片丰收景象

我爱我的祖国/她像一个巨人/吐纳乾坤，叱咤风云

迈着矫健的步伐/向远方奔去

8. 结合倾听和诵读两类技巧方法，每两组为一队，每组派出一位同学讲一个故事（字数控制在800以内），另一组记录并进行复述。讲故事和复述俱优的组获胜。

模块四

思 维 素质训练

 导学 看台

> 俄国哲学家别林斯基说：当人受思想支配时，能清晰地表达；而当人支配思想时，就会表达得更好。
>
> 正是如此，人的思维活动是与语言紧密相连的。思维是口才的基础和核心，口才是思维的表现形式和能力，思维能力的高低实质上决定了口才的优劣，扎实的思维训练是口才训练的基础。

任务一　解读"口才树"

 学习目标

1. 解读"口才树"，认识思维能力训练的重要性。
2. 掌握思维训练方法，有意识地培养和训练口才思维能力。

 **任务情境设定**

有一次，著名相声演员马季和赵炎在山东潍坊市演出相声《吹牛》。正当两人"吹"得不可开交，礼堂天花棚上有一盏大灯突然炸碎，眼看一场精彩的演出就要告吹了。面对此景，马季镇定自如，灵机一动，把这情景巧妙地转化为相声内容。只见他用手一指天花棚，装作洋洋得意的样子对赵炎说："你能吹？瞧我的，我能把灯泡吹碎！"顿时，全场爆发出雷鸣般的掌声和欢呼声。

思考讨论

为什么马季先生的话会赢得满堂喝彩？你知道这是什么思维方式吗？

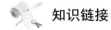 知识链接

一、从"口才树"认识思维能力训练的重要性

在口才训练与提高的过程中，常常会出现"瓶颈"效应，即人们的口语表达能力在经过一个阶段的快速提升后，出现提高缓慢甚至停滞不前的现象。为什么会出现这种情况呢？让我们以一棵树来呈现语言表达应具备的基本素养，如图。

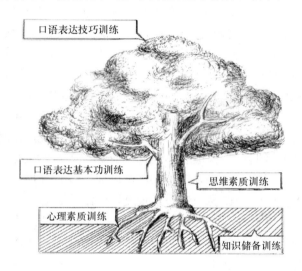

"口才树"的"树根"是心理素质训练，这一环节的训练，可以使大家突破自我，克服对讲话（尤其是当众讲话）的恐惧，产生对口语表达的渴望，这就如同我们的"口才树"有了发达茂盛的根系，从而能更好地吸收养分，茁壮成长。

"口才树"的树干是思维素质训练，即脑的训练，这一环节从思维入手，重思考、重创新，可以使我们在口语交际中灵活机变、游刃有余，就如同我们的"口才树"有了挺拔的树干，傲然立着将大地的养分源源不断地进行传输。

"口才树"的树枝是口语表达基本功训练，这一环节的训练，可以使大家熟练掌握科学的发音、倾听、态势语言、沟通礼仪等口语表达的基础知识和方法，它重规范、重基础，就如同我们的"口才树"长出了许许多多的枝条，能够支撑起满树冠生机盎然的绿叶。

"口才树"的树叶是口语表达技巧训练，这一环节的训练可以使我们舌灿莲花、妙语连珠，它重技巧、重方法，就如同我们的"口才树"吐出了蓬勃的绿叶，生机盎然。

那么，我们将口才知识储备训练比作什么呢？有道是"腹有诗书气自华"，口才知识储备训练，就是我们口才之"树"植根的沃土，是我们口才之"树"的生命之源。

综上可见，口训练提高的基础是口语表达的基本素养训练。其中，作为"口才树"树干的思维素质训练即脑的训练是口才训练的核心。要想提高口才训练的效果，一方面

要掌握口才训练的方法和技巧，同时又要注重提升内在的思维能力。这就好比我们在前面读到的案例里，马季先生的随机应变，他结合相声的内容，把本有不同的涵义天花棚的"灯碎"与吹牛的"灯碎"二者融为一体，实现了言语交际的特定目的，其机智应变的能力令人拍案叫绝。

二、思维能力训练

口语语境中的思维能力训练，除了常规思维能力训练中的整体性训练、深刻性训练以及创造性训练之外，根据口语交际中所涉及到的思维模式和特点，从提高口语表达能力的需要出发，还应重点加强思维的敏捷性训练，能够对口语交际过程中出现的情况及时做出反应与灵活应对。

思维的敏捷性是指思维在一定时间内向外"发射"出来的数量和对外界刺激物做出反应的速度，即能够对外界刺激迅速做出反应，迅速意识到问题的症结所在并找到解决问题的方法。在口语交际中，思维的敏捷性具体表现在表述者对新出现的话题或观点在事先未作任何准备的情况下，能够把握住新话题的关键与实质，迅速做出判断和即时反应，快速组织适当的语言明白无误地表述自己的立场、观点及依据。

思维的敏捷性是良好口才的重要保障，它可以通过训练来提高，最有效的方法就是限时反应训练。要求在时间上设置一定的紧张度，以激发表述者的思维，促成其急中生智。美国曾在大学生中进行"头脑风暴法"训练，其实质就是训练学生的思维以极快的速度对事物做出反应，以激发新颖独特的构思。具体做法是：在教师出题后，学生把快速构思时涌现出的想法一一记载下来，要求数量多，想法好，最后再对这些构思进行分析判断。经过训练，思维的敏捷度可以得到较大提高，思维会更加活跃。

 技能演练

【演练名称】限词组话

【演练内容】

教师将 100 个左右的词逐个做成小卡片，装进一个小盒子里搅乱。此时请学生从中随意抽取三张，要求学生拿到卡片后，不超过 10 秒即说出包含有这三个词的一句或几句话。

例如：某学生抽到的三个词分别是：倒闭　快乐　明天

参考回答：虽然经营多年的公司倒闭了是件令人沮丧的事情，但请相信明天的太阳升起的时候，快乐的生活又将重新开始。

【演练说明】

1. 由于是随机抽取的组合，可以有多种答案，意在训练学生在短时间内的快速反应能力。

2. 同样一组词，可以有不同的答案，只要语句通顺，具有逻辑性且包含有抽中的三个词语。

3. 从时间角度考虑，可以以组为单位进行。对在规定时间内不能完成的组要及时督促或予以适当的鼓励。

4. 可以循序渐进地进行，逐渐增加训练的难度，如将卡片的抽取数量从三张增加到五张，或者由两位学生同时抽取卡片，要求各自组成的句子能够形成合乎逻辑的对话。

任务二 "魔术公式"训练

学习目标

1. 掌握叙事的结构和对事件艺术加工的方法，培养号召具体行为的习惯，增强说服力、号召力和鼓动性，创造感召听众的有效表达新途径。

2. 能够运用"魔术公式"思维模式迅速组织语言并熟练、流畅地进行口语表达。

任务情境设定

"我但愿自己再也不会目睹这样的情景。一个孩子和死亡之间只差一颗花生米，还有比这更悲伤的吗？如果哪一天，在雅典被炸得千疮百孔的工人区里，成群衣衫褴褛、面黄肌瘦的孩子把我团团围住，疯狂地伸出他们的双手。更有大批的母亲，怀抱婴儿推挤争抢，她们都把婴儿举向我。只剩皮包骨头的小手抽搐地伸张着。在他们疯狂拥挤之下，我几乎被他们撞倒。我眼前只有数百只手：乞求的手、抓握的手、绝望的手、全是瘦小可怜的手。我这里分一颗花生米，那里分一颗花生米，数以百计的手在我面前伸张着，祈求着，数以百计的眼睛闪出希望的光芒。

我无助地站在那里，手中只剩下一个蓝色的空罐子。……我拥有的只不过是半斤重的一罐花生米而已，我尽量想使每颗花生米都发挥出大的作用，我希望我能给以他们更大的能量。

哎呀，我希望这种悲惨永远不会发生在你的身上。"

思考讨论

1. 请讨论分析上述这段发言里所蕴含的组织语言方面的思维规律。

2. 随机请 2 组（每组 2 人）学生在全班面前模拟任务情境角色进行情境再现演示，注意观察发言者表达的内容，然后请同学们就发言者的言论效果进行评议。

知识链接

在进行口语表达时，如何才能迅速、快捷地将内在的思维内容转换为外在的口语表述，做到既能"精于思"又能"美于言"，我们不妨学习和借鉴演说家和脱口秀主持人的演说经验。有经验的演讲者一般都有自己的演讲风格，他们非常善于总结适于自己的演讲"套路"，往往将自己要表达的意思纳入一个思路框架，有了这一依傍，组织语言既迅捷，表述内容也从容。在此，我们给大家推荐两套体现思路框架的"魔术公式"。

一、卡耐基的"三步法模式"

美国著名的演说专家和演说理论家卡耐基,通过博采众家之长,寻找到一种新的话语组织方法,即"三步法"的模式。其要点为"事件—号召—理由",具体如下:

第一,演说核心内容之前,先举一个具体的实例,把你想让听众知道的事透露出来。

第二,再用明确的语言,叙述主旨、要点,将你让听众去做的事,明白地讲出来。

第三,说明理由,进行分析,采取集中攻破的方式来处理。

本训练"任务情境"的案例所蕴含的组织语言方面的思维规律正是这样的。

我们再以一位同学的发言为例,说明"三步法"的应用。

案 例

> 前年冬天,我在广州打工,下班后我在厂门口拿手机给同学发短信,这时一辆黑色的奥迪轿车停在我的旁边,车窗打开后,里面一个看上去挺面善的中年男人对我说,"小兄弟,你看我的手机没电了,急着给朋友说事说了一半断了,让我用你一下电话好吗?"
>
> 看我有点犹豫,他又说,"你看,我开着车,像是骗你手机的人吗?"这句话正说中我的心事,就把手机递了过去,结果车一溜烟似地跑了。
>
> 号召:
> 千万不能轻易相信看上去有钱人的话;
> 理由:
> 以貌取人,容易受骗上当。

实践证明,这"先举例,再叙主旨要点,三说理由"的方法,的确是一种适应学习说话的模式,同样也适应演说。这被称为卡耐基的"魔术公式"。

二、理查德的"四步曲模式"

美国公共演讲专家理查德归纳的"四步曲模式"也比较实用,值得推荐。理查德认为,即兴发言应当记住四句话。这四句话是表述过程中四个步骤的提示信号,即:

第一,喂,请注意!(开头就调动起听众的兴趣)

第二,为什么要费这个口舌?(表达中心观点,强调听演讲的重要性)

第三,举例子。(形象化地将一个个论点印入听众脑海中)

第四,怎么办?(具体地讲清听众该做些什么或怎么做)

理查德在介绍他的即兴发言四步曲模式时,是以"保障生命安全,减少交通事故"为例进行说明的。见下表。

理查德的即兴发言四步曲模式

讲法	喂，请注意	为什么要费这个口舌	举例子	怎么办
错误	今天我要讲的是保障行人生命安全，减少交通事故	交通安全很重要，这不是一个可讲可不讲的问题	造成交通事故的原因有如下几点	下面提几点原则性意见供参考：1、2、3
正确	上星期四，特地购买的450具晶莹发亮的棺材已经运到了我们的城市，放在仓库里	不讲交通安全，却说订购的450具棺材也许等着我，等着你，等待着我们的亲人	通过一个个的事例讲清随时会使我们送命的潜在交通隐患	下面我想告诉大家：当……时，我们应当……当……时，我们应当……

在表上中，正确的讲法以"耸人听闻"的悬念开头，吸引听众的注意，并用鲜明警醒的议论"勾"住听众的感知兴趣，几个部分衔接十分紧凑，表述通俗生动，虽然讲题并不新颖，但句句切中要害，打动人心。错误的讲法则给人以"老生常谈"之感，很难收到好的效果。

第一步"喂，请注意！"意思是说即兴发言必须首先唤起听众的兴趣。

即兴发言首先涉及开头的设计。无论是利用媒介开头还是用"耸人听闻"的内容开头，好的开头具有一种先声夺人的气势，同时也能激起听众的好奇心，使大家很想知道问题的答案，看看发言者的葫芦里究竟卖的是什么药，这样就自然而然地抓住了听众的注意力。

第二步"为什么要费这个口舌"，意思是说接下来，发言者应向听众讲明为何应当听你发言，也就是发言的必要性。

开头激发听众继续听发言的兴趣以后，应顺理成章地切入发言的主题，使听众明确你所讲述的主题跟他们的关系，你所讲的内容对他们的重要意义。当吸引听众的关键问题"浮出水面"时，听众自然就会聚精会神地听下去了。

第三步"举例子"，就是发言者用活生生的事例来说明自己的观点，效果远比干巴巴的论述要好得多。

在即兴发言中，要想做到言之有物，除了需要有生动的语言以外，更重要的是引入实例。很多人把即兴发言总结为三个"一"，即"一个主题，一个实例，一个希望"。因为实例既生动形象，又能够吸引住听众，会给人留下深刻的印象。有实例佐证自己的观点，自然让发言的主题更易打动人心。

第四步"怎么办"，意思是发言者一定要告诉听众你想让大家做什么，要讲得具体而实际。

从根本上说，"怎么办"是即兴发言的目的所在，如果发言者忘记了这一步，或者在这一步处理不好，就会给听众留下无的放矢或不知所云的感觉。所以，发言者一般在结尾处提出希望或发出号召，使听众容易与发言者在心理上产生共鸣。

需要特别指出的是，四步曲模式在即兴发言的应用中是有技巧的。第一步如果用故事法引入（目的是吸引听众，引出主题），那么在叙述时就不应太长，同时注意不能与第三步的实例重复；第二步只是一个衔接的部分，不可以赘述。第三步的实例则需要详细叙述，叙述时要注重细节描述。第四步的收尾要明确、具体。

以下就是一位同学用"四步曲模式"做的一次即兴发言。

 案 例

> 班主任宣布陈燕在市里的英语演讲竞赛中获得了特等奖,同学们听了纷纷赞叹,班主任见此,就让陈燕给大家讲一下英语学习。于是陈燕运用演讲"四步曲模式"进行了一次即兴发言。

大家好!大家都知道,昨天,奥运会的火炬手经过我们这里,这个城市立刻陷入了欢乐的海洋。大家都知道北京奥运会的口号吧?(同学们七嘴八舌地回答)对!是 One World,One Dream,同一个世界,同一个梦想。(简评:第一步"喂,请注意"。用"奥运会的火炬手"新闻及"北京奥运会的口号"激起听众的好奇心,一开头即巧妙地抓住了听众的注意力。)

大家说,我们如何来实现"同一个梦想"呢?要在同一个世界实现同一个梦想,只有靠团结协作,而要团结协作,就必须要用语言进行沟通。英语,则正是一门世界性的语言。(简评:第二步"为什么要费这个口舌"。将如何实现"同一个梦想"这一北京奥运会口号与演讲主题"英语是世界性的语言"巧妙联系,迅速切入到即兴发言的主题。)

有些人可能说,学习英语真的那么重要吗?先给大家讲个有趣的小故事:一只小老鼠被一只大花猫发现了,眼看要被大花猫抓住了,就在这危险时刻,鼠妈妈冲着大花猫学起了狗叫,大花猫马上就被吓跑了。事后,鼠妈妈对孩子说:"看到了吗,关键时刻,懂一门外语是多么的重要!"同学们,听了这则寓言,你们还认为英语——这门应用最广泛的世界性语言不重要吗?

明白英语的重要性,只是具备了学好英语的前提。下面,我把自己学英语的一点心得与大家分享。我认为:学习英语要少而精,慢慢地泛而广之。毛泽东曾说过一句话:"瞄准一个,守住一个,吃掉一个。"这是说要集中兵力一个一个地消灭敌人,这在我们学英语上也是适用的。贪多求全,平均使用精力,就把东西都弄成了"夹生饭",并不能收到好效果。

例如,有三百个英语句子,它们涵盖了英语的各种语法和句型,你要把全部英语句子翻译成汉语,再把汉语句子翻译成英语,最后达到一看到汉语就能一字不错地把汉语翻译成英语的水平,那么你就学会了"英语思维",这就是"少而精",在这个基础上你就可以广泛地英语阅读了。这个方法是新东方英语学校校长俞敏洪先生总结的,我照这个方法去做,效果确实十分明显,大家也不妨尝试一下。

我们可以每天都练习十个句子,别贪多,关键是坚持!事情永远都是从一点一滴做起的,每天比别人多做一点,多勤奋一点,效果一天看不出,一个月看不出,一年两年后肯定可以看得清清楚楚。学英语是这样,学习别的东西也是这样。(简评:第三步"举

例子"。介绍自己学习英语的经验,现身说法既能用实例佐证观点,同时也能让发言主题更具有说服力和感召力。)

一位名人曾这样说:一个人身体的全部只是他的一半,他的另一半是他的表达。在此,我也希望同学们都能重视语言表达,切实掌握英语这个"表达"工具。(简评:第四步"怎么办"。表明发言的目的,即希望同学们重视语言表达,切实掌握英语这个"表达"工具,使听众与发言者在心理上产生共鸣并促使其行动。)

技能演练

一、运用"魔术公式"演练

【演练内容】

参考下面的选题,选择其中一题,运用卡耐基"魔术公式"发表演讲。

参考题目:

1. "60分万岁"所想到的……
2. 由同学吃零食想到的……
3. 从学生打工谈起……
4. 关于大学毕业生就业难现象的思考。
5. 对网络语言热的思考。

【演练要求】

1. 训练要求按照卡耐基的"三步法"模式,即"事件——号召——理由"进行深入思考,明确主旨,不可漫无边际地瞎谈,也不可只停留于表面现象,就事论事。
2. 以学习小组为单位,每组任选一题,下次课就这一选题当众作阐述。

二、运用"四步曲模式"演练

【演练内容】

参考下面的选题,选择其中一题,运用理查德"四步曲模式"发表演讲。

1. 毕业即失业现象探析。
2. 对大学生恋爱现象的思考。
3. 应试教育的利与弊。
4. 对学非所用现象的思考。
5. 学生应具备什么样的"素质"。

【演练要求】

以学习小组为单位,每组任选一题,分析讨论后就这一选题当众阐述。

任务三 "散点聚拢"训练

学习目标

1. 能够根据确定的主题，将零散的思维点进行聚合，按照一定的表达结构整合起来。
2. 能够较好地运用"散点聚拢法"进行即兴发言。

任务情境设定

著名学者景克宁先生在其八十寿辰座谈会上发表了自己的感想，他说道："我的一生有三幸。第一幸，我是中国人，是中华民族的一个成员。中华民族是世界上文化最为悠久的民族，对世界文明做出了巨大贡献。第二幸，我身处当代，经历了新、旧两个中国，又跨越了两个世纪，是中国动荡、发展、迈进的目击者和参与者，而且始终是社会进步力量的成员。第三幸，我是一名教师。教师是阳光下最灿烂、最神圣的职业。在这个岗位上，我结识到了尊敬的师友，这是我的幸运。"

这番即兴发言，可谓语重心长、言简意赅而又浑然天成。

思考讨论

1. 请讨论分析景克宁先生所说的"三幸"之间的关联。
2. 随机请2组（每组1人）学生在全班面前模拟任务情境角色进行情境再现演示。

知识链接

所谓"散点连缀"，就是通过联想，把已经选好的材料——那些看似孤立的人、事、物——有机地联系起来，并将这些联想上升到某种高度，以表达必要的主题。这种连缀，绝不是点与点的简单罗列、相互关系的简单陈述、华丽词句的简单堆砌，而是通过严密的构思、有机的联想，创造性地把材料组织在一起，最终把它们组合成和谐统一的整体。最常用的"散点连缀"方法有连点法、联想法和三点法。

一、连点法

所谓"连点法"，是指将头脑中出现的人、事、物的散点按照一定的顺序和结构连缀成篇的讲话方法。

在著名表演艺术家常香玉舞台生活50周年庆祝宴会上，著名演员谢添要考考作家李准是不是称得上"语言大师"，他要求李准用三句话说哭常香玉。在这样的喜庆场合，几句话就要把喜笑颜开的老演员说哭，确实是高难度的即兴讲话。李准摆摆手，皱皱眉，显得很为难。但是，包括常香玉在内的众多来宾不依不饶。最后在大家穷追猛逼之下，李准缓缓地站起来，开口说道：香玉，咱们能有今天，不容易啊！论起来，您还是我的救命恩人哩。我十来岁那年，一家人跟着逃荒的难民跑到西安，没吃没喝，头晕眼花，眼看快要饿死了，忽然听有人喊："大唱家常香玉放饭了，河南人都去吃吧！"大伙儿一下子都拥了过去。我捧着一大碗粥，眼泪直往心里流。心想，日后若见了这个救命大恩人，我得给她叩个头……唉！哪里想得到，文化大革命，您蒙冤挨整，看到您被押在大卡车上游街，造反派让您"坐飞机"。我站在街边，心里在落泪、在滴血——我真想喊一句："让我替换她站吧，她是好人，是我的救命恩人哪！"

李准还没说完，常香玉已捂着脸、转过身，潸然泪下了。显然，在这个即兴讲话中，李准选择了使自己"泪往心里流"的两个情节片段，用形象化的语言呈现出一幅幅感人的画面，既赞美了常香玉的人品，又为她的蒙冤受屈不平。这个强烈的对比性连缀，打动了常香玉，立即收到了强烈的现场效果。

二、联想法

如果说话题是灵感的闪光点，那么联想就是思维的线。有效地运用它，就能串起转瞬即逝的闪念，组合出构思精巧的演讲。

联想法是指由某一事物联想到另一事物的讲话方法。它可以是由当前的事物回忆起有关的另一事物，或由想起的某一事物又想到另一事物。善于联想的人在口语表达时可以充分利用发散性思维的特点，闻一知十，触类旁通，使口语表达具有流畅性和变通性。

例如："我们大家都来看看摆在讲台上的这一盆盆鲜花，它们颜色鲜艳、形态美丽，还发出诱人的香味，它们的美丽和芳香是土壤肥沃、阳光雨露滋润、花匠辛勤劳动共同造就的。虽然它们是优良品种，但如果失去土壤、阳光雨露和人们的精心呵护，它们会有怎样的命运呢？它们将没有机会绽放，它们将过早地枯萎，它们将无法奉献给这个世界美丽与芬芳。

现在在我们生活的这个地区，有一些学龄女童，她们聪明、美丽、渴望读书，她们就像这一盆盆鲜花一样可爱，但是贫困使她们失学。她们就像失去了土壤、阳光雨露的花儿一样，不能正常地成长，她们聪慧的大脑不能用于学习，她们不能学到谋生的技能和建设国家的知识……让我们奉献爱心，为她们做一点捐赠吧！我们的捐赠将使她们获得受教育的机会，获得正常成长的环境。"

这位发言者通过一盆盆鲜艳美丽的鲜花联想到可爱美丽的失学女童，很自然地发出了最后的呼吁，水到渠成，现场效果极佳。

三、三点法

所谓的三点法，是指我们在讲话的时候可以用一、二、三来对内容归类。据心理学家研究发现，三点给人们的印象最为深刻，如果只说一两点则显底气不足，说四五点又不免显得啰嗦，所以在当众讲话的过程中，分三个方面进行阐述效果是比较好的。

运用"三点法"要注意的问题：第一，要选好角度，每一点都要直奔主题，吸引听众；第二，要逻辑清晰，层层深入，使听众把握讲话的核心；第三，有所取舍，为了突出重点，要果断地删除和"主干"话题关系不大的枝枝蔓蔓，挑最主要的说。

下面是一位学员运用三点法发表的就职感言。

"……此时此刻，我百感交集，觉得有许多话要向大家倾诉。斟酌再三，我想用三个词来概括我此时的感受：第一个词，感谢。感谢领导和同志们对我的信任与支持；第二个词，责任。我深知担任财务部门领导意味着什么，那不是权力和荣誉的象征，而是一份沉甸甸的责任，是需要我倾全力投入的事业；第三个词，行动。如果集团领导通过对我的任命，我将认真依法履行职责、忠于职守、爱岗敬业、开拓创新、不辜负领导的选择和重托，不辜负同志们的信任。"

言简意赅的表述，浓缩了万千感慨，也表明了自己的态度和信念。

 技能演练

运用"散点聚拢"法做发言演练

【演练名称】即兴发言

【演练内容】

围绕下列论点全方位展开，进行"说句成段"或"说句成篇"的即兴发言练习。

1．大学生活一年间。
2．我对自己专业的理解。
3．简要谈谈我的职业规划。
4．社会是没有围墙的大学。
5．口才是现代社会人人必备之才。

【演练说明】

1．找到切入点，分层次展开，注意内容的扩充与组合。
2．不必面面俱到，但要做到言之有物，注意排比段的运用。
3．训练结束，参与者与听众交流体验或心得。

评 价 反 馈

思维素质训练模块考核评价表

序 号	考核评价项目	分 值	扣 分	实得分
1	卡耐基的"三步法模式"	30分		
2	理查德的"四步曲模式"	40分		
3	"散点聚拢"法训练	30分		
	合　计	100分		

模 块 小 结

基于思维素质训练是口才训练的核心，我们在口才学习活动的整个过程中，要有意识地加强思维能力训练，尤其要重点加强思维的敏捷性训练，注意认真总结适于自己的演讲"套路"，努力探索出一套组织语言迅捷、表述内容从容，能够充分体现个人演讲思路框架的"魔术公式"。

拓 展 训 练

1. 限时反应训练

（1）两个大小一样的瓶子，里面装一样多的水，一个瓶子斜着向外倒水，另一个瓶子竖着向外倒水，哪个瓶子里的水先倒光？为什么？

要求：限时半分钟，口述结果和原因。

（2）从身边的实物中随意举出几件，然后用这些实物的名称编一个故事。

要求：限时五分钟，可以自由发挥想象力，编织一个美妙的故事。

（3）假设你是一名教师，在新生报到的第一天，当你点名时，突然发现一个学生的名字中有一个不认识的字，你将怎样办？

要求：限时一分钟，找出最好的方法，知道了这个字的读音，又不失老师的面子。

（4）平时空闲时间与同学一起训练脑筋急转弯的题目。

2. "拈连"接词练习

首字拈：春光明媚→春花秋实……
首字顺序拈：一锤定音→二泉映月……
首字成句拈：学习→学海无涯苦作舟……
末字拈：田园风光→光彩夺目……

3. 妙对成趣

方式：可以两人在一起，互接互对对偶句；也可以几个人在一起，一人提出上句，其余的人抢接下句，看谁接得最快，答得最好。例如：

山河壮丽→岁月峥嵘；
万水千山→五湖四海；
虎不怕山高→鱼不怕水深；
有眼不识泰山→百闻不如一见；
嘻嘻哈哈喝茶→叽叽咕咕谈心。

4. 发散思维基本训练

（1）说出回形针的用途。
（2）怎样达到照明的目的？
（3）尽可能多地说出含圆形结构的东西。

（4）利用红色可做什么？

（5）说出用"吹"的方法能做的事或解决的问题。

（6）尽可能多地说出钥匙圈可以同哪些东西组合在一起。

（7）推测"玻璃碎了"的原因。

（8）以一个词为基础连接或组成更多的词或句子。如学生→生活→活力→力量→量表→表扬……

5. 其他一些训练方法

（1）西方思想家有两句名言：

第一句，"太阳每天都是新的。"

第二句，"太阳底下没有新事物。"

这两句话都没有错，相互之间也不存在矛盾，因为他们看世界的角度不同，谈谈你的感想。

（2）"曲高和寡"正反说。从正反两方面进行论证，分析"曲高和寡"的现象，也就是正确对待普及与提高的问题。

（3）假如天空出现两个太阳。如果这个"假如"成立，地球上将出现什么新情况？太阳的辐射热量增加一倍，气温剧增，你可以想象它对地球运动、气象、生态、生物、人类、海洋等等各个方面的巨大影响，请你设想几条重大的兴利除弊的对策，造福人类。

（4）两辆自行车在街头相撞，车上的年货鸡鸭鱼肉、时鲜水果散落一地……

请你发挥想象，续说发生在两位骑车人之间的生活小故事，要求结果富有意味，出人意料却又合情合理。不要出现一味相互指责或一方毫无根据的"高姿态"的俗套。

（5）用肯定和否定两种视角，思索下列事物和观念，找出它们的好处和坏处，积极因素和消极因素。找出的项目越多越奇特越好。

① 全球性气候变冷。

② 撤除所有国家的国界。

③ 每个人都可以挑选任何一种职业。

④ 废除所有的死刑。

⑤ 全国范围普降大雪。

⑥ 你获得了一种魔力：想要什么就有什么。

⑦ 学校给小学生发工资。

⑧ 各级官员抽签产生。

模块五

演 讲 训 练

演讲是口才的基本表现形式和主要表现形式。演讲还是一门集语言、体态、声音于一体的综合艺术。它的主要表现形式是"讲",即运用有声语言表达并追求言辞的表现力和声音的感染力;同时还要辅之以"演",即运用面部表情、手势动作、身体姿态乃至一切可以理解的态势语言演示,使讲话"艺术"起来,从而产生一种特殊的艺术魅力。

任务一　即兴演讲训练

 学习目标

1. 能运用即兴演讲技巧快速构思演讲内容并有效地表达思想。
2. 增强即兴演讲的吸引力和逻辑性,达到敢讲、会讲、讲得好的目的。

任务情境设定

芮成钢:……老实也就是我们的信任力,这其实不是缺点,是最大的优点,是我们作为一个优秀的创业者,一个优秀的企业家最大的优点。接下来我们就有请小帮的导师马云给我们做一个一分钟的演讲。

马云:创业十年了,很多人问我创业到底为了什么,我经常也问自己这个问题,十年以来,我最怕失去的是什么?我最得意获得的是什么,别人说你今天很有钱了,今天阿里巴巴从十年前的一家公司变成了五家公司,从十八个人变成一万四千多人,从几个客户到全世界四千多万的中小企业。但问这些东西到底是不是我要的,我最需要的是什么,什么东西失去以后我最难过?我想清楚了一个问题,也就在阿里巴巴十周年的时候,我觉得,商道的根本在于诚信的积累,我一切的目的是为了获得信任，获得社会对我们的信任，客户对我们的信任，员工对我们的信任，股东对我们的信任。这些信任取得非常之难，点点滴滴，我自己跟自己这么讲过，假如阿里巴巴有一天倒下，由于什么原因经营失败，天灾人祸。但是我相信只要我有这些信任，我随时都可以拿到钱，因为股东对我的信任，只要我再想起来我的员工还会跟着我说，我们再来过。

今天我相信上千万的中小创业者和企业家们，也会认为只要你们再做这么一个网站我们还会使用你，这就是信用的力量。很多人说信用可不可以变钱？但是信用它不是钱，但是它比钱更为尊贵。信用在商业里面，就像爱情在婚姻里面是一样的，婚姻没有爱情是走不久的，但是爱情是不能用钱去买的。所以我希望在座所有今天开始创业的人，阿里巴巴人花了十年时间想清楚的问题，今天你从第一天起珍惜你的每一个客户，珍惜每一个加入你团队的员工，珍惜所有支持你信任你的股东。因为只有客户、员工、股东他们对你的信任，你才会越走越远，越走越快乐，谢谢大家！

——摘自央视《青年创业中国强（下）》

思考讨论

1. 请各组讨论分析马云这一分钟即兴演讲的核心是什么？
2. 每组派出一名代表，以本组讨论出来的核心为题做一分钟即兴演讲。

知识链接

马云即兴演讲的魅力

1. 充满向上的精神。说话的声调，举止动作，流汗。
2. 引用名句。上百万的名句在脑海中。
3. 即兴演讲有节奏感，注意语速和声音的韵律，让听众觉得演讲就像是和他们在讨论而非一味地自己在表达。
4. 讲述故事。选取围绕在身边发生的故事，这样更有说服力，并且与要传递的信息、观点相辅相成。
5. 熟能生巧。只有熟能生巧才能保证演讲的质量。

即兴演讲又称即席演讲，它是说话者在事先没有准备的情况下，对眼前的事物、场面、情景有所感触、生情动意、兴致勃发而当场发表的演讲。

一、即兴演讲的主题

即兴演讲要寻找触点，临场发挥，及时提炼新颖而典型的主题。下面介绍几种提炼主题的方法。

（一）临场发挥

着眼于临场某一客观事物的特点和本质，进行主观联想，立即闪现出一种思想，然后把它言表于外。

（二）内心孕育

当开展调研或检查工作时，从别人讲话中得到启发，萌生一个新的观点，这时就成了孕育主题的素材。

（三）问题凝炼

问题是形成主题的摇篮。当你参加会议，大家都说了话，你自己正襟危坐，此时不说也不行，于是你就向自己提出了一串串问题，怎么办？说什么？怎么说？有价值的主题往往就形成于有价值的问题之中。

（四）角度更新

对同一个问题从不同角度进行表达，使之更加新颖，表达出众。如：以小草为题，有人说"小草默默无闻，造福人类"，有人却说"小草逆来顺受，软弱无能，不思反抗"。

二、即兴演讲的难点——思维的敏捷性

知识、思维、语言（口语）是演讲成功的三大要素。即兴演讲最需要的是优良的思维素养。

优良思维素养的训练一般有三种方法。

（一）定向思维训练法

这是按常规恒定思维的模式。这种思维可以培养我们深入思考的能力，有助于养成深入分析问题，透过现象看本质的良好习惯。

（二）逆向思维训练法

就是反过来想一想，变肯定为否定，变否定为肯定，变正面为反面，变反面为正面。这种思维方式具有独立发表见解的特点。

（三）联想思维训练法

指由一事物想到他事物的训练方法。其特点是闻一知十，触类旁通，使即兴讲话具有流畅性与变通性。

三、即兴演讲的障碍

即兴演讲最大的障碍不是听众，而是自己。缺乏自信心是即兴演讲的最大障碍。为

此，要从以下三个方面做好清障工作。

（一）积累知识，提高文化素养

"知识就是力量"，只有用知识武装自己，讲起话来才能镇定自如，侃侃而谈。

（二）大胆交往，学习他人语言

要大胆地与周围人、社会人、各阶层人接触，并主动地进行对话，从中汲取口才营养，学习讲话技巧。

（三）自我调节，增强自信心理

凡是有发言的机会，首先要调节好心理，要敢于说话，不要怕，不要躲躲闪闪，更不要说一些"我不会说，说得不好"等"丧气"话，越是这样，越不敢说话。这样容易给人留下哼哼唧唧，唯唯诺诺的印象。

四、即兴演讲的技巧

即兴演讲就要向白居易《琵琶行》一诗中"大弦嘈嘈如急语，小弦切切如丝语，嘈嘈切切错杂弹，大珠小珠落玉盘"写得这么形象，抑扬顿挫，错落有致，发音响亮，平仄相间，轻重得体，高低有度。

（一）吸引人的开场白

演讲的开场白，是向听众抛出的第一条彩带，听众往往通过开场白判断演讲者的优劣。

1. 直入式

著名诗人学者、民主同盟党中央委员闻一多的《最后一次讲演》中说道："这几天，大家晓得，在昆明出现了历史上最无耻的事情！李先生究竟犯了什么罪，竟遭如此毒手？他只不过是用笔写写文章，用嘴说说话。而他所写的、所说的，都无非是一个没有失掉良心的中国人的话！大家都有一支笔，有一张嘴，有什么理由拿出来讲啊！为什么要打要杀，而且不敢光明正大的来打来杀，而是偷偷摸摸地来暗杀，这成什么话！"

点评 《最后一次讲演》的开头语，闻一多几乎没有做任何铺垫，一开始就一连串激昂的感叹句把演讲直接引入正题，给听众一种畅快淋漓的印象。

2. 引用式

吕元礼的《祖国——母亲》中说道："人们常说，第一次把美人比作花的是天才；第二次把美人比作花的是庸材；第三次把美人比作花的是蠢才。不错，如果人云亦云，鹦鹉学舌，那么，就是再美妙的比喻也会失去光彩。但是在生活中却有这样一个比喻，即使你用它一百次、一千次、一万次，也同样具有强大的感染力。大家或许会问，这是个什么样的比喻呢？那就是，当你怀着赤子之心，想到我们祖国的时候，你一定会把祖国比作母亲。"

点评 吕元礼的演讲引用了一个讽刺的言语，说明对重复比喻的厌烦，然后话锋一转，强调另一种比喻可以不厌其烦地运用，引出了演讲的主题《祖国——母亲》。这样的开头方式，既因比喻言语的引用铺垫使结论水到渠成，又因比喻言语的使用而使结论贴近生活。

3. 提问式

蔡畅的《一个女人能干什么》中说道："今天，我讲一个问题，一个女人能干什么？一个女人能干什么呢？我的回答是：能干，什么也能干；不干，什么也不能干。能干又不能干，不能干又能干。为什么这样说呢？要确定女人能干不能干，有两个条件。一个是要看环境，另一个是要看个人的努力。如果环境好，自己不去努力，只靠人家那就什么也不能干。如果自己努力干下去，就可以得到好的结果。如果努力干，就是从那些小的具体工作到管理国家大事都能够干，如果不干，就会变成社会的寄生虫。"

点评 蔡畅通过提问来引发听众的兴趣，再用自问自答的形式来阐发自己的观点。这样会给听众留下清晰的印象。

（二）充实的主体内容

即兴演讲的篇幅短小，而在短小的篇幅内要讲出充实的主体内容，实属不易。从方法上说，要抓住三点：一是要注重交代演讲与听众之间的利害关系。二是运用生动形象的事例。三是要有感而发，情真意切。

1. 如何表现自信心

法国历史上传奇总统戴高乐的《谁说败局已定》中说道："那些身居军界要职的将领们已经组成了一个政府。这个政府以我们的军队吃了败仗为由。毫无疑问，我们确是吃了败仗，我们陷于包围之中。我们之所以受挫，不仅是因为德军人数众多，更重要的是他们的飞机、坦克和战略。正是这些，使我们的军队不知所措。但是难道已经一锤定音，胜利无望，败局已定吗？不，绝不如此！请相信我，因为我对自己说话胸有成竹。我告诉你们，法兰西并没有失败。我们完全可以以其人之道，还治其人之身，并有朝一日扭转乾坤，取得胜利。"

点评 戴高乐在分析了敌我双方的形势后，以领袖所具有的宏大气魄，断然否定了暂时的失败，表现出了对困难的极大蔑视和对胜利的坚定信心。

2. 如何增强说服力

有一篇不知姓名的演讲者，他说："'嘴上无毛'就一定'办事不牢'吗？古今中外有许多军事家，恰恰都是风华正茂的时候，建立了不朽的功勋。民族英雄岳飞，20多岁带兵抗金，任节度大使时才31岁。其儿子12岁从军，14岁打随州率先登城，20岁就当上了将军。率大军席卷欧洲的拿破仑，24岁就是上将。周恩来26岁就任黄埔军校政治部主任。叶挺 17 岁当了军长。刘志丹 24 岁任红十五军团政委。由此可见，'嘴上无毛'与'办事不牢'并无关系。关键是有才无才，俗话说，有才不在年高，无才空活百岁。"

点评 这位演讲者用充分的事实，论证了"嘴上无毛"未必"办事不牢"这样一个观点，说明了年龄与才能之间没有必然的联系，以增强对听众的说服力。

3. 如何巧用数字

有位演讲者是这么用数字的，"是啊！谁也不可否认，大国不等于强国，我们的综合国力不强，我们的装备还很落后，我们的技术还不先进，尤其可怕的是'人均'二字，长期约束着我国的国民经济。据有关专家预测，我国土地资源最多能载 9.5 亿人，如今已有 12 亿，这 12 亿张嘴并在一起就有 3 平方多公里；一年喝掉的酒能装满一个半杭州西湖；一天抽的烟排列起来相当于我国东西长 3 个来回；一天吃的粮食能装 7 万辆大卡车。"

点评 这位演讲者为了说明 12 亿人口的消耗，用了 4 组数字给听众留下了难忘的印象，深感我国人口的压力。

(三) 有力度的结尾

一次智力竞赛，主持人问"三纲"是什么？一位参赛者抢答道："臣为君纲、子为父纲、妻为夫纲。"因他完全答反了，所以惹得大家哄堂大笑。这位参赛者却巧辩道："笑什么，我说的是新'三纲'，现在是人民当家做主，领导是公仆，岂不是臣为君纲吗？一对夫妇只生一个孩子，成了小皇帝，岂不是子为父纲吗？如今许多家庭妻子掌权，岂不是妻为夫纲吗？"大家听后掌声四起。

五、即席演讲的常用模式

(一) "昨天、今天、明天"模式

亦称"过去、现在、未来"模式。其具体表现形式为：先回首一下"昨天"发生的过程，存在的困难或现象，再陈述"今天"的发展或改革情况，最后展望"未来"的前景。

中国的脊梁

登上昆仑，才知道什么叫高峻；来到虎门，才懂得什么叫雄伟。

翻开近代史这幅长长的画卷，几多哀愁、几多屈辱、几多痛苦！比黄河还要曲折，比大河还要苦涩……难忘的民族耻辱啊！去看看湖北沙市的那根刺柱吧！赫然醒目的大字告诉人们：当年，日本鬼子把中国人绑在这根柱子上练刺杀。听见了吗？

虎踞龙盘的南京，30万生命，无论是风烛残年，白发苍苍的老人，还是母亲怀抱中嗷嗷待哺的婴儿，统统被杀，无一幸存。"处处扼咽喉，天涯何处是神州？"堂堂中华在侵略者的铁蹄下呻吟。

"凄凄读尽支那史，几个男儿非马牛？"面对山河破碎，国将不国，灾民流离，哀鸿遍野的现实，多少爱国志士"梦寐不安，行将坐叹"或"大声疾呼，以期上下一心，开创中华"或表示"一息尚存，尚思报国。"然而为什么中华民族的"强国梦"难以实现？为什么志士仁人的种种求索却总以失败告终？林则徐、龚自珍的无限憧憬却只能是一场空梦，戊戌变法犹如雷鸣，最后变法者只落得个"引颈受戮"的下场，资产阶级革命家成立的资产阶级共和国推翻了帝制，仅仅3个月就夭折了。痛心疾首之余，我们需要认真想一想，这是为什么？

中国的出路在哪里？人民的希望在哪里？人们在漫漫长夜盼望着，等待着，这一天终于来了。

1921年，一个杨柳轻拂的季节，从碧波荡漾的嘉兴南湖上传来了一个振奋人心的消息，中国共产党成立了！从此，在黑暗的大海上竖起了一座明亮的灯塔；从此，中国有了坚强而有力的舵手。

"砍头不要紧，只要主义真。杀了夏明翰，还有后来人。"忘不了，革命烈士夏明翰面对敌人的屠刀，用满腔热血谱写了一曲英雄赞歌；忘不了，铡刀的底已被鲜血染红，党的女儿刘胡兰"生的伟大，死的光荣"；忘不了，桥上碉堡喷射着敌人的火焰，人民的儿子董存瑞毅然地拉响了导火索……

无数的共产党员用血肉之躯把我们多难的民族抱出了地狱，送上了幸福大道。无数的革命先烈用拳拳赤子之心，抹去了祖国母亲凄苦的眼泪，换来了她幸福的微笑。他们不愧为中国的脊梁，坚如磐石，顶天立地！

沧海桑田，神州巨变，请看，我们以有限的土地，解决了13亿人口吃饭的问题；冲天而现的蘑菇云，打破了美苏的核垄断。今天，透过熊熊燃烧的奥运圣火，世界又一次认识了中国。

鲁迅说过："我们自古以来，就有埋头苦干的人，有拼命硬干的人，有为民请命的人，有舍身求法的人……这就是中国的脊梁。"一切仁人志士是中国的脊梁，中国共产党是脊梁的核心，是祖国大厦的擎天柱！

(二)"祝贺、感谢、希望"模式

1. 借引媒介、引出话题。注意四看：一看宗旨，二看听众，三看需要，四看自己。
2. 展开联想、搜集材料。主要方式有两种：一种是接近联想，另一种是自由联想。
3. 紧扣主题，有感而发。适当引申，注意升华。
4. 点题结尾，见好就收。

 案 例

牵着梦想上路

同学们：

在这里我想说的第一句话是："一个人如果没有梦想，注定只会平庸。"我想问问大家："你们希望自己的一生平庸而过吗？"

同生一片土地，同沐一片阳光，同在蓝天下成长，何以乔木参天，小草铺地呢？其实，我认为：只是想法上的差距，只是追求的差距。

有这么一个人，不知各位听说过没有，他是一位热心慈善事业的富翁，他经常把自己建在牧马场院旁边的一座豪宅无偿转借给慈善协会使用，用来作为募捐活动的场所。有一次，扶助残疾青少年的计划筹备会上，协会的负责人一起推选这位心地善良的富翁为本次活动致开幕词，然而，他却十分动情地给众人讲了一个小故事。从前，有一个小男孩，他刚出生不久，母亲便病故了。他的父亲是一个马术师，经常是一个马厩接着一个马厩，一个牧场接一个牧场地训练马匹。因此，小男孩只能跟父亲四处奔波，居无定所，使他无法像正常孩子一样读书。从那时起，小男孩便强烈渴望着，有一个属于自己的牧场和居室。后来，他的父亲因一次意外摔断了腿。无奈，只有在一个地方停下来，小男孩也终于可以和其他的孩子一样去上学了。那晚他高兴得睡不着觉。在上中学的时候，他曾遇到一件这样的事。一堂社会实践课，任课老师让全班同学写一份志愿报告，主题是："长大后的志愿。"那天，小男孩洋洋洒洒地写下了数页纸，描述自己的宏大志愿，他想拥有一座占地600亩并且属于自己的牧马场，里面要有马厩和跑道，还要在牧马场的旁边建造一栋占地500平方米的豪华住宅。并且，他花了很多心思设计了一张牧马场院和住宅的草图。可当他交给老师的时候，老师却在第一页上画了一个大大的问号，而且给他打了50分。小男孩很不解。课后，就悄悄地去问老师："为什么不及格？"老师用轻蔑的口吻对他说："你年纪轻轻的，不要老做白日梦。你家既没有钱也没有背景，要让你的梦想变为现实，是需要巨额投资的，如果你肯重新设计一个比较不离谱的志愿，我会重新给你打分的"。小男孩回家想了一夜。第二天，他还是交上了原稿。他神色坚定地说："即使您评价我是一个疯子，我也不愿放弃自己的梦想。"

故事说到这，人们仍不解富翁的用意。这时富翁沉吟了一会儿说："我提到这个故事，是因为诸位现在就坐在占地600亩的牧马场旁边，而这栋楼也正是占地500平方米。"

这个故事讲到这里就该结束了，不用再说，我想大家也清楚了，那个小男孩就是富翁本人。

同学们，生活不就是这么一个道理吗，不要轻易放弃执著追求的梦想，不要熄灭心头的希望之灯。人的时间太有限，梦想是你追求成功的原动力。在通往成功的

路途上，如果你的心中没有梦想，我想问：有谁还会在那样困苦的情形下爬起来，继续前进呢？

追求和梦想是不可分割的连体兄弟，有了梦想才能谈得上追求。比尔·盖茨对记者说过："自始至终，我是带着梦想上路的。倘使当初我没有那个狂妄的梦想，要让世界上每户人家拥有一台电脑，我早在成功之前的之前就放弃了。因为我有这个梦想，才促使我在众多的艰难险阻中走过来。"

如果说成功是河的彼岸，那梦想就是小舟，载你驶向成功。如果说成功是生米，那梦想就是清水，没有水，生米什么时候也是煮不熟的。

梦想会永不分高低贵贱地降临于我们的身上。20岁了！我们的年龄正是人生的黄金分割点。同学们，牵着你们的梦想，并满怀热情地去努力争取吧。也许终有一天，命运之神会把一枚甜美幸福的果实，抛到你的眼前。

愿在座的每一位同学都能牵着梦想走向成功！

 技能演练

【演练内容】

第一轮　随意发表演讲。以身边物品为题，随意发表30秒即兴演讲。

第二轮　预设情绪，1分钟即兴演讲。

情景物品：破球鞋，预设情绪：喜悦。

情景物品：地球仪，预设情绪：痛苦。

情景物品：圆珠笔，预设情绪：愤怒。

情景物品：一笼包子，预设情绪：惊奇。

情景物品：地球仪，预设情绪：恐惧。

第三轮　主题表达，3分钟即兴演讲。

情景物品：梳子。

情景物品：扑克牌。

情景物品：尺子。

情景物品：钥匙串。

情景物品：挂历。

【演练说明】

每轮训练依次递进，在每一轮中每组可选一至两种情景物品完成。

任务二　命题演讲训练

学习目标

1. 经过比较，能为命题演讲设计最恰当的开头和结尾。

2. 能运用命题演讲的基本技能，发表三分钟以上的演说。

任务情境设定

1992年，张明、刘亮和胡嘉三位高材生同时从某高校毕业，张明毕业后进入了当地一政府部门，成为一位颇让人羡慕的公务员，刘亮到深圳进了一家外企，工资高一些，但竞争压力大，总是感叹：累，真想停下来歇一歇；胡嘉在浙江一家民营企业当了一名技术员，工资低不说，还感到没有保障，因为这家民企创业的时间不长，给职工交社会保险金的钱都拿不出来。

十年后，张明提了一个副科级，工资加奖金只有一千多元，而且当地机构改革已拉开序幕，如果要裁员，严重超编的政府机关肯定是改革的重点。刘亮好不容易爬上了部门经理的位置，每月工资上万元，但自感已摸到了"天花板"，没有升职的可能。再看胡嘉，从普通的技术员干起，现在已干到了企业副总的职位上，别墅、私车都有了，而且"野心勃勃"等待更大的发展。不是胡嘉有特别的能耐，主要是这家民企原来一直不被人看好，几乎没有什么大学生问津，企业老板特别重视胡嘉，当宝贝似地培养，工资越给越高，职位越提越高，因为有一个项目取得突破，他还获得技术股，他个人股票市值已过千万元，他骄傲地说，我现在既为老板打工，也为自己打工。

如果说他们三个人选择的偶然因素较大，那么让我们来看看选择余地较大的美国人是如何择业的吧。

美国有个规矩，见习工的工资不受最低工资额保障，收入远远低于一般工作的工资水平。

在美国，很多人不看重眼前能拿多少工资，而关注职业选择是否对自己的人生设计有益的人不在少数。对他们来说合适是第一位的，收益是第二位的。而且，在美国人的择业观中，还有"先就业再择业"的思想，他们反对"一择业定终身"，认为"骑马找马"更好。因此，美国人才的流动性大，人首先要认识到自身的价值，然后找合适的职业来体现自身的价值。

思考讨论

通过以上材料分析"大学生求职是选贵的还是选对的"，确立命题进行演讲。

知识链接

所谓命题演讲，是指根据设定的题目或限定的主题，事先做了充分准备的演讲。一般都是预先写好了演讲稿并经过精心设计和反复演练的，因而命题演讲都很严谨、很稳定，针对性也很强，要求自然也就比较严格。

那么，命题演讲的基本技巧有哪些？进行命题演讲训练有什么要求，需要注意什么问题呢？

一、起草演讲稿时设置兴奋点

演讲稿是演讲的前提与基础,而演讲中最能赢得听众情感共鸣的是思想的火花。所谓兴奋点,是指散落在演讲稿中那些富有激情,容易对听众产生较强刺激或引起其高度重视、能产生强烈共鸣的词句。

在演讲稿中设置兴奋点,不但能有效地引发演讲者的深入联想,有利于增强演讲者的自信心,使演讲更加生动感人,而且会让听众时刻跟着演讲者的思维转。这样,台上台下就会同呼吸、共悲欢,形成讲与听的整体效应。

(一)酝酿浓厚情感,留出掌声空间

朱镕基总理在就任伊始的记者招待会上说:"不管前面是地雷阵还是万丈深渊,我都将一往无前,义无反顾,鞠躬尽瘁,死而后已!"铿锵的话语赢得了满堂的掌声。

(二)设置兴奋语言,满足听众心理

所有能够引起听众兴趣和热切关注的事例、名言、佳句和精辟独到的见解都属兴奋点的范畴。在演讲稿中,按照演讲内容需要,有计划、有目的地选取一些兴奋语言,绵延不断地"埋设"。

(三)敢于打破定势,善于标新立异

外交场合的演讲大多平和有度,但1972年尼克松来华时,在一次演讲中却说:"长城已不再是一道把中国和世界其他地区隔开的城墙。但是,它使人们想起,世界上仍然存在着许多把各个国家和人民隔开的城墙。长城还使人们想起,在几乎一代人的岁月里,中国和美国之间存在着一道城墙。"听到这里人们不知来意是善是恶,自然细心聆听下文:"四天以来,我们已经开始了拆除我们之间这座城墙的长期过程。"一句话让人轻轻放下提起来的心。

(四)抓住命题的重点,展开适当的联想,发散思维

二、如何构思命题演讲

(一)凤头,演讲的开场白

一个演讲者,如果在开头的两分钟不能吸引听众的注意,那么,他就失败一半了。即使后面还有精彩的部分,也很难把听众的注意力拉回来。设计一个好的开场白有一定的难度,但是,也有规律可循。

1. 提问式开场白

提问式开场白以问题引路,演讲者一上台就向听众提出一个精心设计的问题。使听众参与思考,引起听众的注意力,同时,也让听众留神演讲者对提出的问题的回答。

"同志们,首先请允许我提一个问题,各位在任何时间和地点都说的是真话吗?"

《愿我们都说真话》

"当今中国最流行、最时髦的字眼是什么?"

《由富想到的一、二、三》

"朋友们,不知你们想过没有,为什么我们总要赞美五月的灿烂,歌唱五月的辉煌,为什么关于五月的诗,五月的歌是那么多?是因为,五月的鲜花特别芬芳,阳光分外明媚吗?"

《劳动是神圣的》

2. 悬念式开场白

悬念式开场白也叫故事式开场白,演讲者一上场就讲述一个内容生动精彩,情节扣人心弦的小故事,或举一个触目惊心的事实来制造悬念,使听众对故事的发展和人物命运深表关切,从而愿意仔细听下去。

美国成人教育家卡耐基的演讲培训班有一位联合国难民救援署的官员在第二次世界大战结束去进行一次募捐演讲。他是这样开头的:"我祈祷自己再不要这样做,一个孩子和死亡之间只差一颗花生米,还有比这更悲伤的吗?那一天,在雅典被炸得千疮百孔的工人区里,成群衣衫褴褛,面黄肌瘦的孩子把我团团围住,疯狂地伸出他们的双手,更有大批的母亲,怀抱婴儿推挤争抢,他们都把婴儿举向我,只剩皮包骨头的小手抽搐的伸张着,而我拥有的只不过半斤重的一罐花生米而已,我尽量使每颗花生米都发挥大的作用,举目只见数百只小手,乞求的手,抓握的手,绝望的手,全是幼小的手。我这里分一颗花生米,那里分一颗花生米,数以百计的手在我面前伸张着,请求着,数以百计的眼睛闪出希望的光芒,我无助地站在那里,手中只剩下一个蓝色的空罐子。"

这段话,感情充沛,没有一句请求募捐的话,但是这比空喊"女士们、先生们,请你们每人都捐一些钱"要好得多。在故事描绘中要出现详尽的细节。故事必须包含5个W,即:who、when、what、where、why。

3. 道具式开场白

演讲者开讲之前,先展示某件实物,给听众以新鲜、形象的感觉,从而引起听众的注意,能够一下子抓住听众的注意力,收到意想不到的效果。请注意:道具坚决不能用活的动物。

一位同学在开场时拿出三张百元人民币,一边挥舞一边询问在场观众:"钱是生活之源吗?钱是最重要的吗?"

《生命中什么最可贵?》

4. 新闻式和引用式开场白

演讲者一上讲台就发布一条引人注目的新闻,以引起全场听众的高度注意。或是一上场就引用别人有影响的言论、对话、歇后语、资料、影视材料等。

"4月22日上午,一架飞机越过了台湾海峡,那是他,李大维驾机起义,飞向祖国大陆。可是,时间仅间隔三天,却有歹徒劫持中国民航飞机,强迫使其改变航向,蓝色的天空,划出两道不同的航线,我突然觉得,这航线不正是人生的航线吗?"

这两件事,在当时的国际和国内都是引人注目的重大新闻,听众自然急切地想知道演讲者的观点。

《人生的航线》

 小贴士

新闻必须真实，不可虚构。
事件要新，特别是观点要新。

5. 渲染式开场白

渲染式开场白就是运用充满情感的语言，创造环境气氛，引发听众相应的感情，从而吸引听众，用语言创设气氛。

 案例

在一个国庆节的夜晚，我们十几个同学点起蜡烛围坐在一起，在国歌声中缓缓地转动一只很大的地球仪，寻找中国，突然，大家都沉默了，所有的目光都凝聚在一个图案上，久久的沉默，只有国歌声在耳旁悲壮地回荡……

《历史的使命和我们的选择》

上述演讲的开头只有短短的两句话便把听众引进了一个庄严、肃穆而沉痛的气氛中。主要是运用时间，很小的时间单位。三个事物，蜡烛、地球仪、国歌，便让人感到了沉重的使命感，以及油然而生的对祖国的敬爱之情，那么纯洁、那么神圣。

6. 套近乎式开场白

演讲者联系听众的兴趣爱好、社会时事、思想感情等方面的内容，联系自己的亲身经历，描述自己的一段生活经历或学习中遇到的各种问题，讲自己的烦恼、自己的喜乐，容易给听众一种亲切感，他们会自然而然地把你当成自己人，从而乐于听你的演讲。

 案例

前几天，我对几位年轻的同事说，我要演讲伟大的中国人，立即遭到他们强烈的反对，他们认为台湾作家柏杨说的丑陋的中国人是千真万确的。中华民族就是不及法兰西民族，不及日耳曼民族，不及俄罗斯民族，不及日本民族等。他们还对我说，要是你到大学生中去演讲这个题目，不出3分钟，你的脸上就会被吐满口水，被轰下台。所以，今天来演讲，我是担着风险的，但是无论有多大风险，我都要演讲这个题目。

《伟大的中国人》

《伟大的中国人》的演讲者的近乎套方式在于演讲者暗示了这些信息：我信得过大学生，大学生是爱国的，不是洋奴。不是自轻自贱的人。以爱国情怀沟通大学生的心。

7. 幽默式开场白

这是前面几种开场白的综合运用，幽默的用处很多，可以化干戈为玉帛，也可以让你解脱困境。演讲中的幽默开场白有两种使用方式：

① 作为一种清场的工具，维护演讲者的演讲环境而使用。会场比较嘈杂，听众情绪迟迟没有稳定，或者会场的气氛太严肃，跟演讲的内容不协调。

一天，张飞和关羽参加刘备召开的一个军事会议，当时大家交头接耳，刘备无法讲话。张飞说："大哥，看我的。"于是他用在长板坡喝退曹军的大嗓门吆喝了一声，结果大家没有安静下来。关羽说："小弟，你那手不行，还是看我的。"于是他坐到刘备的位置上，左手拿住胡须，右手拿了一本书，做出若有所思的样子。这下，大伙奇怪了，反倒安静下来了。其实，这只是一个笑话，刚才大家交头接耳，现在为什么安静下来了，这个问题留给大家思考，我今天要演讲的题目是……"

有位善于演讲的人总结了一条经验，要掌握会场的情绪，只要注意看两个人，一个是长得最漂亮的，看着这个人，可以使你讲话更有色彩。第二是要注视会场上最不安定的那个人，用目光镇住他，也可以使你讲得更有信心。

② 幽默的内容与演讲的内容密切相关。

某次演讲的开场白。相传北宋有一个裁缝，替人做衣服，除了量身高、肩宽、胸围、腰围之外，还要进行许多方面的调查研究。他不仅要仔细观察来人的相貌、神色，推测对方的脾性，问清来人的年龄、职业，连对方是否考科中举，近来有何喜事，祸事，都要摸个一清二楚。人们问他为什么要追查得这么仔细？他回答说，一般来说，体胖的腰要宽，体瘦的腰要细，性子急的人衣服宜短，性子慢的人衣服宜长。少年中举，趾高气扬，走路挺胸腆肚，衣服要做得前长后短，老年失意，万念俱灰，走路弯腰驼背，衣服就要做得前短后长。

总之，不管采用什么样的开场白，都要注意：

1. 力求形式新颖、别致、巧趣。一下子就紧紧抓住吸引听众。
2. 内容上要出其不意，出奇制胜。
3. 故事要有意境，要有内涵。

4. 要有声势，起调要高。

5. 忌讳稀松平常。

（二）豹尾，演讲的结尾

听演讲常常有这样的感觉，开场白吸引人，内容也丰富生动，可是结尾却落入俗套，枯燥无味。演讲结尾听众由于久坐而精疲力乏，如果听众的情绪没有被你有效地调动或吸引，如果你的结尾淡而无味，听众对你的回答就是早早退场，从而使你的演讲在最后失败。

1. 总结式结尾

在演讲的结尾，简明扼要地对演讲者的观点进行总结，有助于听众加深印象。

2. 呼喊式结尾

利用一些感情激昂、动人心弦的话，对听众的理智和感情进行呼吁，激励斗志，达到演讲的目的。

1. 同志们，人民，是我们的上帝，是我们的事业从胜利走向胜利的根本，让我们在党中央的领导下，为人民的利益而尽心尽力吧！

2. 今天，我要在这里，在大庭广众之中，为中国人的伟大而高呼万岁，我也要在这里，在众目睽睽之下，为自己是个百分之百的中国人而高呼万岁！

3. 哲理式的结尾

就是面对宇宙以及人生的根本道理，做出通俗而生动的揭示和表述，能够给人以深刻的启迪。

生命是火，生命是光，生命是探索和创造，生命是奋斗和拼搏。生命可能腐朽，也可能燃烧，腐朽是弱者的表现，燃烧才是强者的希望！让我们燃烧起来吧！燃烧吧！燃烧吧！

《人生的价值》

迈出你坚实的步伐吧，迈出你矫健的步伐吧，不积跬步，何以至千里，不走出生命的荒漠，怎么能够找到生活的绿荫，辍学别放弃对知识锲而不舍的求取，情场失意别放弃对美好未来的憧憬，知识的殿堂定能叩开，命运之神定会光临！

《倾听你的脚步声》

4. 引用式结尾

恰当的引用权威名言警句,既可深化主题,又显得典雅而富有魅力。

> 同学们,让我们记住孟德斯鸠的名言:在金钱和知识之间我选择知识,在财产和知识之间我选择知识,在吃喝玩乐和知识之间我还是选择知识。财产诚可贵,金银价更高,若为求知故,二者皆可抛!
>
> 《在金钱和知识之间我选择知识》

三、演讲中事例的选择及其阐述

(一)演讲事例的选择

1. 选择材料的途径

(1)直接材料。演讲者在日常的生活学习和各种生活中,观察、体验、感受、调查研究得到的第一手材料。

(2)间接材料。演讲者从各种书籍、报纸杂志上和各种声像媒体上得到的材料。

2. 选择材料的原则

(1)选择吸引大家注意力的及听众非常感兴趣的材料。

(2)选择反映主题的材料,能够支持主题、表现主题的材料。

(3)要针对不同的场所、不同的听众的特点使用不同的材料。例如给运动员演讲就不能使用哥德巴赫猜想的事例,而只能够使用与体育运动和运动员相关的事例。给医生演讲也不能使用爱因斯坦的事例,你就必须选择与医学和医生有关的事例。

(4)要把材料具体化、细节化,让材料充满具体的细节,具有画面感,让听众身临其境。

> 我也曾感到过渺小、庸俗甚至丑陋,那是在路上碰见老同学他们做生意发了财的时候,是因为5分钱的红辣椒和卖辣椒的争得脸像辣椒一样红的时候。但是,当我站上讲台,我就觉得我伟大了,我崇高了,我可以和阿凡提一起,和卖火柴的小女孩一起,从郑板桥的难得糊涂走向悠悠南山,走向荷塘月色,从杜甫的茅屋走向春江花月夜,走向天上的街市。
>
> 《为了共和国的高高站立》

（5）选择准确的材料。

（二）演讲事例的阐述

在演讲中，选择生动、典型的事例是必要的，对这些事例的阐述则更为必要。对事例进行归纳、分析和总结，从而使演讲者的观点突出，有理有据，理据统一，使演讲蕴涵丰富的气势和无可辩驳的理性力量。

1. 总结式议论法

演讲中，使用一系列的例证之后，对例证所包含的思想内涵进行归纳总结，借以揭示主题，抓住本质，保证对事例的叙述和观点的阐明相结合。

案例

贝多芬中年耳聋，这意味着他音乐生涯的终止，然而，他扼住命运的喉咙，谱写出一支支震撼全球永垂青史的迷人乐章；钢铁战士奥斯特洛夫斯基，在失明的冥冥黑暗之中，写下了光彩斑斓的巨著；青年先锋、时代的楷模张海迪，翻译一部部的著作，一次次显示出生命的张力。

当球王贝利踢进第一千个球的时候，有一位记者问他："哪一个球最精彩？"贝利回答："下一个"。我国乒乓球健儿在 37 届乒乓球锦标赛中荣获冠军的时候，他们说"当我们拿到奖杯的时候，想到的是下一届乒乓球锦标赛"。广州举重名将陈伟强打破了两项全国记录，但他还要努力追求下一个，要打破亚洲纪录，向世界纪录挺进。

2. 评述型议论法

举出事例后直接加以评论，以阐明列举此例的目的及其表现出来的思想观念和演讲者的看法。

3. 正向引申法

在列举事例的基础上，进行推导分析，以及合乎情理、合乎逻辑的构想，把简单的事例详细的分析。

案例

60 年代初期，苏联撕毁合同，撤走专家，国家面临巨大困难，欧阳海所在的部队奉命开赴一个战备施工工地，临行前，老政委来做动员报告，这位老军人站在吉普车上，寒风吹拂着他的白发，数千名战士听到他深沉而坚定的话"天是塌不下来的"。是的，天是塌不下来的。如果我们没有伟岸的身躯，没有出众的才能，我们不能"顶天"，那没有什么关系，但我们一定要立地，脚踏实地而又无所畏惧，这才是男子汉的必备品质。

《论男子汉》

4. 反向引申法

运用逻辑上的假设推理来进行阐述，叙述事例之后从反面入手。

鲁迅有一次在一家店里宴请几位作家。酒席间，鲁迅的独生子海婴连着把两颗丸子咬了一口，又吐掉了，说是变味了，而其他人吃都没有觉得。许广平便怪海婴调皮，客人们也觉得这孩子被惯坏了。鲁迅却不然，他夹起被海婴吐掉的丸子，尝了尝，果然是变了味的，他感慨地说"小孩总有小孩的道理。"

《论男子汉》

倘若那时，鲁迅先生不问青红皂白勃然大怒，左手按住海婴的小脑袋，右手在海婴的小脑袋上狠狠地来几下，或者是横眉冷对，吓得海婴有苦难言，或者是大声呵斥，要保姆把这小小的不法分子，押到一边去隔离审查，那我可就瞧不起了，要把他老人家在我心目中男子汉的座位上，从第一把交椅往后面挪一挪，挪多挪少，那就看情节轻重而定了。

5. 比较型议论法

列举具有对比性质的事例之后，可以运用比较的方法进行分析。

四、控场技巧

在演讲现场，由于种种原因，现场气氛、现场秩序以及听众的情绪、注意力等随时都可能发生变化。演讲者为使演讲活动取得预期的效果，要采取得力措施，有效地驾驭现场气氛，使听众始终保持饱满的热情，始终高度集中注意力，使演讲活动始终朝着有利的方向发展。演讲者这种对演讲现场进行有效控制的技能技巧，就是控场艺术。

（一）上场时大方得体，充满信心

控场应该从上场那一刻就开始。演讲者如果对自己的演讲胸有成竹的话，所散发出的那份自信会对听众产生一定的威慑作用。科学家法拉第分析自己的演讲诀窍时谈到："假设听众一无所知，所以我对自己的演讲充满自信。"

（二）演讲进程中，要做到动静结合，目光和肢体动作做到相兼相合

演讲是一种五位一体的工作，演讲者要把自己的主张和见解这种内部语言传输给听

众,就得把内部语言转化为外部语言,有时其中渗透着强烈的感情因素,这就需要透过语言、表情、眼神、动作、肢体行为等方式来协同强化外部语言。

(三)演讲中应适当变换节奏

演讲者应用抑扬顿挫的不同语调和疾缓快慢的不同语速进行演讲,可使听众将分散的注意力又转移到演讲者身上。重点之处不断重复也是变换节奏的方法。

(四)设置悬念

精心选择既能扣住演讲主题,又不为听众所共知的东西设置悬念,可以有效地激发听众的兴趣,调动听众的情绪,同时又要在听众听兴正浓时戛然而止,使悬念最大限度地发挥作用。

(五)有目的的提问

提问不但可以增进演讲者与听者之间的互动,还能促使听众产生积极的思考,演讲者也可以在没人回答准确时,用自己对问题的精准见解再次征服听众。在演讲过程中,演讲者控场的最高境界在于,营造一个让听众和自己完全融为一体的氛围,并确保将掌控这个氛围的总开关置于自己手中。

(六)举止仪表

仪表应该不是评判演讲好坏的决定性因素,但它的确能影响听众对你的印象。如果你想让听众相信你在说什么,那么你应该给他们留下干脆利落的第一印象。这意味着衣着要整洁洒脱,纽扣要扣好,领带和衣领要笔挺,头发要整齐,化妆要得体,鞋子必须擦干净等等。适当的目光交流——让听众席上的每一位听众都觉得你是在和他谈话,不时地用目光扫视一下大厅的各个角落。如果你太偏重某一部分的听众,其他人就会觉得不舒服,也就没有兴趣听你的演讲了。

技能演练

1. 将下列人物进行对比分析:①爱因斯坦和雷锋;②希特勒和拿破仑。
2. 请分别为命题《"柔"的力量》、《中国红》的演讲设计道具式开场。
3. 请分别为命题《人生的价值》、《为了我们的父亲》的演讲设计一个哲理式结尾。

评 价 反 馈

演讲训练模块考核评价表

项 目	要 求	分 值	得 分
演讲内容	主题鲜明,内容健康,积极向上,立足自我,联系实际,摒弃大话、空话、假话和漫无边际可有可无的话。不联系自身实际的,不能得高分	50	

续上表

项　目	要　求	分　值	得　分
演讲技巧	充满自信，富有激情；手势恰当，快慢适中；抑扬顿挫，节奏分明；感情投入，感染力强	15	
语言表达	用普通话，发音标准，吐字清晰；语言流畅，声音洪亮	15	
体态仪表	衣着得体，落落大方，表情自然，举止文雅，能充分展示当代大学生的良好形象	10	
熟练程度	脱稿演讲，一气呵成。宣读讲稿者扣3分，偶尔翻看或中间停顿过长者扣2分	5	
演讲时间	按规定完成5分（±10秒），超时或少于20秒（含20秒）以上酌情扣3~0分	5	
综合得分		100	

模 块 小 结

演讲表达的主要特点是"讲"，对演讲者来说，写好了演讲词，不一定就讲得好，正如作曲家不一定是演唱家一样。有文才，善于写出好的演讲词的人，不一定有口才，不一定能讲得娓娓动听。真正的演讲家，既要善写，还要会讲，即既要有文才又要有口才。从某种意义上说，口才比文才更为重要。如果演讲者讲话哼哼哈哈，拖泥带水，"这个""那个"的一大串，那么，即令有超凡脱俗的智慧，有深刻广博的思想内容，也无济于事。

俗语说，"冰冻三尺，非一日之寒"。想要成就一次精彩的演讲，一方面要注重平日里的锻炼和学习，另一方面要多多提升个人内涵及进行个人知识的积累。

拓 展 训 练

1. 戴尔·卡耐基在《口才训练妙诀》一书中介绍了一种即兴演讲的训练方法——口才连索技巧训练。"这是一种具有刺激性的方法。当一个学员被要求尽量以幻想的形式来说话时，他发表了如下的演说：'前几天，当我驾驶直升飞机时，发现了一群飞碟向我靠近。我正想降落时，一架最靠近我的飞碟对我开炮射击，但是我说……'铃声响了，时间已到，下一位学员接着这个话题往下说，如此循环下去。这种在毫无心理准备的状态下来训练演说的方法非常有效。经过这样的训练之后，在社会上你一旦遇到需要即席演讲的场合，你就能够将这种能力充分发挥，达到你所期望的甚至是意想不到的效果。"

按照这种方法，以小组为单位进行：

（1）准备若干题目，由学生抽签，抽到什么题目，就按照题目要求当即发表1~2分钟的即兴演讲，依次进行。

（2）组长领头说一段话，小组成员依次接着说下去，不得改变话题，每人不能超过2分钟。

2. 指出下面这段演讲存在的问题

……我们已近而立之年，倘不好自为之，且不说能否找到人生幸福的支点，就说如此颓废懈怠，消磨时日，现代化能指日可待吗？放眼世界，时代的洪流滚滚向前，神州大地一派生机，多少个陈景润在夜以继日地攻克科学难关，多少个柳传志在费尽心机使企业摆脱困境，多少海外学子回到祖国怀抱为国效力，多少条铁路公路向远方延伸，又有多少个楼群建筑巍然崛起！啊！在这样一派大好形势下，我辈岂能无动于衷作壁上观？让我们都扬起那理想的风帆，让信念的旗帜迎风飘扬，向那光辉的彼岸前进吧！

3. 命题演讲：《理想与现实》。

  要求：（1）每位演讲者的发言时间为3分钟。

     （2）普通话标准。

4. 举行一次演讲比赛，题目《成熟的标志》。

  要求：（1）每位演讲者的发言时间为3分钟。

     （2）普通话标准。

     （3）仪容仪表得体。

下篇

职场沟通实战演练

口才是人们在社会生活中用话语解决问题的一种能力，实用性是口才的鲜明特点。如何让"口才"成为真正的"实用口才"，其立足点基于应用语言学的交际性理论，在特定语境下通过口语进行交流沟通，是口才实用性的落脚点和归宿点。

沟通无处不在。社会生活、人际交往需要沟通，求职面试需要沟通，职场工作更离不开沟通。沟通以口才为基础突破，口才则需要依托社会生活、职场情境的人际交流沟通平台，通过实战演练，展示口才的实用性以及用话语解决问题的能力。

下篇"职场沟通实战演练"作为口才与沟通技巧训练的实战演练项目，主要由八个模块构成，重点进行团队沟通训练、社交沟通训练、求职沟通训练和职场中的校园情境、服务情境、办公室情境、接待情境和销售情境的沟通训练。

模块六

团 队 沟 通

 导学 看台

> 团队沟通是随着团队这一组织结构的诞生而应运而生的一种沟通形式。所谓团队沟通，是指按照一定的目的，有两个或两个以上的成员组成的团队中发生的所有形式的沟通。团队成员之间和谐的关系有利于团队任务的完成，而成员之间的沟通则有利于关系的建立和维持。

任务一　头脑风暴法

学习目标

1. 了解团队和团队合作的内涵。
2. 头脑风暴法如何在团队沟通中开展。

任务情境设定

迷 失 荒 岛

你是一名飞行员，但你驾驶的飞机在飞越大洋洲上空时飞机突然失事，这时你必须跳伞。与你一起降落在荒岛上的还有14样物品，它们分别是：热水瓶、药箱、收音机、打火机、大砍刀、七个环保垃圾袋、拖鞋、手枪、指南针、三支高尔夫球杆、一瓶驱虫剂（500ml）、防水毛毯、蜡烛、500米细麻绳。

思考讨论

25分钟小组讨论，为生存做出决定。以小组形式把14样物品按重要顺序由高到低进行排列，并给出理由。

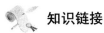 **知识链接**

一、团队与团队合作

1. 团队（Team），又称为工作团队（Work Team），通常是指为了一个共同的目标而由在一起工作的一些人组成的协作单位。

2. 团队合作，指的是一群有能力、有信念的人在特定的团队中，为了一个共同的目标相互支持、合作奋斗的过程。

3. 团队成员的角色分担。每个团队都由若干个成员组成，这些成员在团队成立一直到团队解体之前都扮演着不同的角色。按照团队成员扮演的角色是否能对团队工作起到积极的作用，我们可将角色分成两大类：积极角色和消极角色。

第一，积极的角色

领导者——能确定团队目标任务并激励下属完成的成员。同时还应是能为团队工作设想出最初方案的成员。其行为包括明确问题，为解决问题提出新思想和新建议。

信息搜寻者——能为团队工作不断澄清事实、证据提供相关信息的成员。

协调员——能协调团队活动、整合团队成员不同思想或建议并能减轻工作压力、解决团队内分歧的成员。

评估者——分析方案、计划的成员。

激励者——起到保持团队凝聚力作用的成员。

追随者——按计划实施的成员。

旁观者——能以局外人的眼光评判团队工作并给出建设性意见的成员。

第二，消极的角色

绊脚石——固执己见，办事消极的成员。

自我标榜者——总想通过自吹自擂、夸大其词寻求他人认可的成员。

支配者——试图操纵团队，干扰他人工作以便提高自己地位的成员。

二、头脑风暴法

头脑风暴法又称智力激励法、BS法、自由思考法，是由美国创造学家A·F·奥斯本于1939年首次提出、1953年正式发表的一种激发思维的方法。在群体决策中，由于群体成员心理相互作用影响，易屈从于权威或大多数人意见，形成所谓的"群体思维"，而头脑风暴法的开展只提供方案、不形成决策的做法，能较好地解决了此问题。

头脑风暴法应遵守如下原则：

1. 庭外判决原则。对各种意见、方案的评判必须放到最后阶段，此前不能对别人的意见提出批评和评价。认真对待任何一种设想，而不管其是否适当和可行。

2. 欢迎各抒己见，自由鸣放。创造一种自由的气氛，激发参加者提出各种荒诞的想法。

3. 追求数量。意见越多，产生好意见的可能性越大。

4. 探索取长补短和改进办法。除提出自己的意见外,鼓励参加者对他人已经提出的设想进行补充、改进和综合。

参与头脑风暴的好处很多。首先,它非常具体地体现了集思广益,体现团队合作的智慧。其次,每一个人的思维都能得到最大限度的开拓,能有效开阔思路,激发灵感。第三,头脑风暴法创造的良好沟通氛围,有利于增加团队凝聚力,增强团队精神。

总之,头脑风暴能就特定主题提供了一种有效的集中注意力与思想进行创造性沟通的方式,无论是对于学术主题的探讨或是日常事务的解决,它都不失为一种可资借鉴的途径。

技能演练

【演练内容】分小组针对任务情境采用头脑风暴法,得出方案,组长归纳形成结论和理由。

【演练要求】

各小组成员在"头脑风暴法"活动后填写以下表格:

思　考	情　况　记　录
反思自己在团队中扮演了何种角色?	
所在小组整体表现如何? (优、良、一般、差)	
小组内个人发言时间控制如何?	
存在问题	

任务二　团队沟通

学习目标

1. 学习和掌握团队沟通的方法。
2. 培养良好的团队合作精神。

任务情境设定

任务1:设计团队的队徽和口号,确定一首歌曲代表团队精神。

任务2:串名字游戏

游戏方法:小组成员围成一圈,任意提名一位成员自我介绍姓名,第二名学员轮流介绍,但是要说:我是xxx旁边的xxx,第三名学员说:我是xxx旁边的xxx的旁边的xxx,依次下去……,最后介绍的一名成员要将前面所有成员的名字复述一遍。

思考讨论

以小组为单位总结分享游戏结果，体验团队沟通的重要意义。

 知识链接

一、团队沟通

1. 语言沟通：美国管理学家雷鲍夫说过，当您着手建立合作和信任时，要牢记我们语言中的重要字眼：

最重要的八个字是：我承认我犯过错误

最重要的七个字是：你干了一件好事

最重要的六个字是：你的看法如何

最重要的五个字是：咱们一起干

最重要的四个字是：不妨试试

最重要的三个字是：谢谢您

最重要的两个字是：咱们

最重要的一个字是：您

2. 运用肢体语言，促使团队成员参与沟通。你通过保持目光接触和用让他人感到舒服的姿势，为他人着想，面向说话人，往前靠这样的方式，对成员表示你的反应。表现出强烈的自信心，使同伴倾听于你。当你沟通时需要用你的脸、身体、声音、演讲能力的全力支持，使你传递的信息有趣、可信。

3. 倾听和提问

在团队沟通中，你倾听的时间可能会达 65%～90%。如此多的人在交流，倾听就会变得较为困难，而让别人倾听却较为容易，这就是为什么团队需要形成一些清楚的沟通惯例，以便让团队成员在交流时遵循。这些惯例包括轮流发言，倾听，提一些问题来帮助他人理清想法和信息，以及以支持的立场提问题等。遵循这些惯例，你就可以创造一个有益的沟通氛围。

语言沟通和非语言沟通都传递信息，只有倾听和提问才能提供一些必要的及时的反馈，使人理解别人传达的信息。倾听和提问可以为个人及团队进行成功的沟通引发对话，创造氛围，并互相合作进行分析。毫无疑问，作为团体，成员的倾听能力是保持团队有效沟通和旺盛生命力的必要条件。

二、团队精神

所谓团队精神，简单来说就是大局意识、协作精神和服务精神的集中体现。团队精神的基础是尊重个人的兴趣和成就。核心是协同合作，最高境界是全体成员的向心力、凝聚力，反映的是个体利益和整体利益的统一，并进而保证组织的高效率运转。挥洒个性、表现特长保证了成员共同完成任务目标，而明确的协作意愿和协作方式则产生了真正的内心动力。

1. 团队精神的基础——挥洒个性

团队业绩从根本上说，首先来自于团队成员个人的成果，其次来自于集体成果。团队所依赖的是个体成员的共同贡献而得到实实在在的集体成果。这里恰恰不要求团队成员都牺牲自我去完成同一件事情，而要求团队成员都发挥自我去做好这一件事情。就是说，团队效率的培养，团队精神的形成，其基础是尊重个人的兴趣和成就。设置不同的岗位，选拔不同的人才，给予不同的待遇、培养和肯定，让每一个成员都拥有特长，都表现特长。这样的氛围越浓厚越好。

2. 团队精神的核心——协同合作

社会学实验表明，两个人以团队的方式相互协作、优势互补，其工作绩效明显优于两个人单干时绩效的总和。团队精神强调的不仅仅是一般意义上的合作与齐心协力，它要求发挥团队的优势，其核心在于大家在工作中加强沟通，利用个性和能力差异，在团结协作中实现优势互补，发挥积极协同效应，带来"1加1大于2"的绩效。因此，共同完成目标任务的保证，就在于团队成员才能上的互补，在于发挥每个人的特长，并注重流程，使之产生协同效应。

3. 团队精神的最高境界——团结一致

全体成员的向心力、凝聚力是从松散的个人集合走向团队最重要的标志。在这里，有一个共同的目标并鼓励所有成员为之奋斗固然是重要的，但是，向心力、凝聚力来自于团队成员自觉的内心动力，来自于共同的价值观，很难想象在没有展示自我机会的团队里能形成真正的向心力；同样也很难想象，在没有明确的协作意愿和协作方式下能形成真正的凝聚力。

4. 团队精神的外在形式——奉献精神

团队总是有着明确的目标，实现这些目标不可能总是一帆风顺的。因此，具有团队精神的人，总是以一种强烈的责任感，充满活力和热情，为了确保完成团队赋予的使命，和同事一起，努力奋斗、积极进取、创造性地工作。在团队成员对团队事务的态度上，团队精神表现为团队成员在自己的岗位上"尽心尽力"，"主动"为了整体的和谐而甘当配角，"自愿"为团队的利益放弃自己的私利。

技能演练

【演练内容】分小组进行任务训练，每个任务训练时间控制为20分钟。

【演练要求】

任务1：运用队歌、队徽和口号增强团队凝聚力。

任务2：以游戏的方式活跃气氛，打破僵局，加速团队成员之间的了解。

【演练评价】

团队沟通演练考核评价表

问　　题	经常	有时	很少
1. 平时你是否会抽空和团队成员一道用餐？			
2. 同伴的性格、兴趣爱好了解多少？			
3. 对表现出色的成员，你是否会给予衷心的赞美？			
4. 是否鼓励自己设定挑战性目标，并达成？			
5. 是否与团队成员聊及个人事业发展的抱负？			
6. 是否会仔细聆听团队成员提出与你相反建议或意见的话？			
7. 是否会自掏腰包，找机会给团队打打气？			
8. 在团队意见分歧很大时，你是否起到调和作用？			
9. 在团队意见分歧很大时，你是否是一锤定音者？			

模 块 小 结

"世界上不存在完美的个人，但存在完美的团队。"卓越的领导和高绩效的团队都不是天生的，都是造就出来的。团队的业绩表现，离不开团队成员之间的相互信任、沟通、领导与协作，这就是团队沟通的意义所在。

拓 展 训 练

1. 训练名称：踩报纸

训练人数：40人左右，每组7-8人，分为4-6组

训练器材：4开报纸若干张

训练助教：每两组一名

训练说明：教师先将学员按每组7-8人(最好不要超过10人)分别组队，分别在不同角落（依组数而定）地上铺一张全开的报纸，请各组成员均进入报纸内，无论用任何方式都可以，但不允许脚踏报纸之外，全部人员进入报纸后保持平衡。

第一轮，各小组时间超过1分钟即为过关。

第二轮，各组完成后，教师请各组将报纸对折，再请各组成员进入报纸内。同第一轮的做法一样保持1分钟。若有同伴被挤出报纸外，或身体接触外界则该组被淘汰，不得再参加下一回合的活动。

上述活动进行直至淘汰到最后一组时结束，时间最长的团队获胜。

2. 训练名称：齐眉棍

训练人数：8-12人

场地要求：开阔的场地一块

训练器材：3米长的轻棍

训练时间：30分钟左右

训练说明：全体分为两队，相向站立，共同用手指将一根棍子放到地上，手离开棍子即失败，这是一个考察团队是否同心协力的体验。在所有队员手指上的同心杆将按照教师的要求，完成一个看似简单但却最容易出现失误的项目。此活动深刻揭示了团队内部的协调配合问题。

3. 训练名称：盲人方阵

训练人数：8-15人一组

训练器材：长绳一根

场地要求：空旷的大场地

训练规则：让所有队员蒙上眼睛，在四十分钟内，将一根绳子拉成一个最大的正方形，并且所有队员都要均分在四条边上。这个项目教会所有队员如何在信息不充分的条件下寻找出路，大家耗用时间最长、最混乱、所有人最焦虑的时候是在领导人选出和方案确定之前，当领导人产生并有序的组织活动开始运转的时候，大家虽然未有胜算，但心底已坦然了许多。而行动方案得到大家的认同并推进，使队员们在同心协力中初步品尝着胜利的喜悦。这个任务体现的是团队成员之间的配合和信任，一个有领导、有配合、有能动性的队伍才能称之为团队，本活动主要是锻炼团队成员的团队合作能力。

模块七

社 交 沟 通

在现代社会里,人与人之间要想圆满地合作,首先应该借助言谈来认识对方、了解对方,同时也要想方设法让对方了解自己。为了使我们所说的话令对方听起来更为准确,更为动听,更加有效地发挥每句话的作用,更加迅速地达到相互了解的目的,我们必须研究并掌握社交的语言艺术以及沟通的方法技巧。

任务一 自我介绍与他人介绍

学习目标

1. 学习给别人留下深刻印象的自我介绍与他人介绍。
2. 掌握介绍的方法和要点,通过练习能够恰当地进行一分钟以上的自我介绍。

任务情境设定

我是王景愚,表演《吃鸡》的那个王景愚。人称我是多愁善感的喜剧家,实在是愧不敢当,只不过是个"走火入魔"的哑剧迷罢了。你看我这40多公斤的瘦小身躯,却经常负荷许多忧虑与烦恼,而这些忧虑与烦恼,又多半是自找的。我不善于向自己敬爱的人表达敬与爱,却善于向自己所憎恶的人表达憎与恶,然而胆子并不大。我虽然很执拗,却又常常否定自己,否定自己既痛苦又快乐,我就生活在痛苦与欢乐的交织网里,总也冲不出去。在事业上人家说我是敢于拼搏的强者,而在复杂的人际关系面前,我又是一个心无灵犀,半点不通的弱者,因此,在生活中,我是交替扮演强者和弱者的角色。

思考讨论

王景愚先生的自我介绍有何特点?

知识链接

生活中，谁都会面对一些陌生的人或事，这种时候，介绍就成为必不可少的沟通手段。当别人不认识你的时候，你要做自我介绍；当别人不认识你的朋友或家人的时候，你要做他人介绍。没有这样的介绍，人和人之间是一种距离，一种障碍。而实际上，我们每个人又都希望有人了解自己，尤其是我们的长处和优点，更是希望别人发现和欣赏。只有互相介绍，才可以消除人和人的陌生感，让每个人感到自己的存在，他人的存在，让这个世界变成温馨的家园。因此，介绍既是一个展示自己的机会，也是为他人服务的一种礼仪行为。

根据对象的不同，介绍分为自我介绍与他人介绍。

一、自我介绍

（一）自我介绍的四要素法

自我介绍的技巧，常用的是四要素法，指姓名、什么字、有什么意义和一句祝福的话或与爱好特长、工作关联的几句话。

例如，"我叫李明真。木子李，明白的明，真理的真。整合这三个字，在借助谐音的基础上，我们应该能推出这样的意思：理所当然的、明明白白的、真真正正的。好了，李明真在此祝福各位身体健康、马到成功。"

自我介绍也可与工作关联：姓名、什么字、单位、特长或是与大家的关系等。

例如，"我是谁谁谁，来自×××（单位名称）。我的特长是演讲与口才方面的培训。此外，我还会形象设计，如果您需要，我就可以根据您的年龄、职业、身份、脸盘、身材等，把您打扮得得体而有魅力。"

 小贴士

第一印象亦称"首因效应"，它在人们心目中一旦形成，便定下了对这个人的认识的基调，成了以后交往的依据。有一对朋友谈论他俩都认识的一位医师老徐。可两人对老徐的看法截然相反。一位认为老徐很有教养，对病人关怀备至；另一位认为老徐脾气暴躁，对病人态度不好。究其原因，原来后一位第一次见到老徐时，他正在对一位病人发脾气，于是，就形成了难以改变的"第一印象"。因此，我们必须利用"首因效应"为结交朋友创造条件。为此，必须高度重视给人第一印象的自我介绍。

（二）自我介绍技巧的灵活运用

本节开头"任务设定"中，喜剧表演艺术家王景愚的自我介绍很有技巧，给人留下了良好的、难以忘怀的第一印象,而这正是个性式自我介绍要达到的目的。那么,个性式自我介绍的说话技巧有哪些呢?

1. 说好一个"我"字

自我介绍少不了说"我",如何说好这个"我"字关系到别人对你产生什么样的印象。有的人自我介绍时,左一个"我"怎样怎样,右一个"我"如何如何,听众满耳塞的都是"我"字,不反感才怪呢。还有的人"我"字说得特别重,而且有意拖长,仿佛要通过强调"我"来树立自己的高大形象。要给人良好的印象,就应在关键的地方以平和的语气说出"我"字,目光亲切,神态自然,才能使人从这个"我"字里,感受到一个自信、自立而又自谦的美好形象。

2. 独辟蹊径

自我介绍,人们往往是先报姓名,然后说工作单位、职业、文化、特长或兴趣等等,不免千篇一律。这样的介绍在人们心目中印象平平。而王景愚独辟蹊径,他运用对立统一的原则,一分为二的观点,联系自己职业特长,实事求是地评价自己,语言质朴、活泼,无哗众取宠之心,很容易为对方接受,所以给人留下的印象是良好而深刻的。

由此看来,自我介绍独辟蹊径,是指从独特的角度,选择使对方感到意外、又觉得顺其自然的内容,采用活泼的语言把自己"推销"给别人。而绝不是指那种借助别人威望给自己贴金的介绍,也不是指那种靠"吹"来取悦对方的介绍。有些人介绍自己时常说:"××副市长,是我的老朋友……""你知道省里著名的×××专家吗?我们曾住在一栋宿舍里……""我对××问题很有研究,昨天我收到了××杂志的约稿信……""我叫×××,厂先进工作者。别看是个小厂,可500人里选5个,也算是百里挑一吧!"这样的自我介绍给人的印象也许是深刻的,但绝不会是良好的。

3. 巧报"家门"

自我介绍少不了"自报家门",为了使对方听清自己的准确名字,往往要对"姓"和"名"加以注释,注释得越巧,人们得到的印象就越深刻。对姓名的注释不仅可以反映一个人的文化水平、性格修养,更能体现一个人的口才。

(三)自我介绍需要注意两个要点

第一个要点,如果需要名片辅助,最好是先递名片再介绍。一见面就把名片递过去,什么头衔、什么职务都不用说了,顶多把名字重复一下,省得你念错了,省很多事。所以有经验的人是先递名片再介绍。

第二个要点,倘若你的单位和部门头衔较长的话,一定要注意第一次介绍的时候使用全称,第二次才可以改简称。比如简称"南航"的这个词,恐怕大多数人就会想到南方航空公司，其实还有一个南航，南京航空航天大学。所以一定要注意，先讲全称，再讲简称，否则很麻烦，会在认知上南辕北辙。

二、他人介绍

他人介绍是经第三者为彼此不相识的双方引见、介绍的一种介绍方式。他人介绍通常是双向的，即将被介绍者双方均做一番介绍。

（一）他人介绍的时机

1．与家人外出，路遇家人不相识的同事或朋友。
2．本人的接待对象遇见了其不相识的人士，而对方又跟自己打了招呼。
3．在家中或办公地点，接待彼此不相识的客人或来访者。
4．打算推介某人加入某一方面的交际圈。
5．受到为他人做介绍的邀请。
6．陪同上司、长者、来宾时，遇见了其不相识者，而对方又跟自己打了招呼。
7．陪同亲友前去拜访亲友不相识者。

（二）他人介绍的礼仪规范

1．介绍人

由谁做介绍人是进行他人介绍的首要问题。一般在公务交往中，介绍人应由公关礼仪人员、秘书担任；在社交场合，介绍人则应由女主人或被介绍的双方均有一定交情者充任。

2．被介绍者的先后顺序

当面临他人介绍时，先对谁进行介绍，或者说谁是第一被介绍的人，对介绍人来讲，是一个重要的问题。礼仪规定，尊者有权先了解情况，因此应把男士介绍给女士、应把晚辈介绍给长辈、应把下级介绍给上级、应把客人介绍给主人、应把迟到者介绍给先到者，应把熟悉的人介绍给不熟悉的人，把未婚者介绍给已婚者，把家人介绍给同事、朋友。

3．介绍的内容

在进行他人介绍的时候，到底哪些内容是可以介绍的呢？大体与自我介绍的内容相仿，可酌情在三项要素（被介绍人的姓名、单位、职业）的基础上进行增减。但如果介绍人把被介绍人不希望被别人了解的内容介绍了出来，一定会令人反感，让人感到尴尬。因此，作为第三者介绍他人相识时，要先向双方打一声招呼，让被介绍的双方都有所准备。

（三）他人介绍的语言技巧

1. 内容的选择

① 选择双方感兴趣的内容。只有选择双方都感兴趣的内容进行介绍，才能引起重视，也才能促使双方相识。如果你把一位教师这样介绍给一位生意人："她叫×××，是位教学经验丰富的教师。"这位生意人一定会表现出冷淡，也引不出双方交谈的话题。但是你如果对这位生意人说："×××是位教师，她丈夫是××贸易公司的经理。"这样介绍选择了对方感兴趣的内容，便搭起了双方结识的桥梁。

② 介绍特长，促使了解。介绍的内容除姓名、工作单位等以外，还应根据被介绍人的情况有所侧重，千万别忘了介绍别人的特长。如："这是×××，我们单位的'歌坛新秀'。""×××曾是市里乒坛冠军，现在仍不减当年。有机会的话你俩可以比试比试。"这种介绍对促进双方了解、建立友谊是非常有益的。

③ 给予评价，促进合作。给被介绍的人作一个简单、中肯的评价，也是比较好的介绍方法。如："××在《楚辞》方面很有些见地，写过好几篇文章，希望你们能合作。""××同学乐于助人的美德尽人皆知，他会给予你热情帮助的。""你俩都是搞企业管理的。据我所知，王先生在这方面是个行家，外号'管理通'。你们一定会谈得很有收获的。"这种评价式的介绍，能使对方产生良好印象，从而奠定结识的基础。

2. 形式的选择

① 直接陈述。介绍他人往往只用三言两语就要画出一个人的轮廓，因此要避免拐弯抹角故弄玄虚，而宜用简明的语言直接陈述。如："这位是我的朋友老刘，搞建筑设计的。""这是××同学，很会讲笑话，同他交谈你会感到快乐的。"

② 征询引见。除了直接陈述外，介绍他人还可采用询问句。如："刘××同志，我可以介绍张××同你认识吗？""××同志，你想了解××产品的销售情况吗？这是××公司业务员小赵，他会给你满意的答案的。"采用先征询意见，得到同意后再引见的介绍方法，不仅能显示出你对他人的尊重，而且询问句的语调会给人一种亲切感，易于让对方接受。

③ 肯定推荐。介绍内容决定了我们在推荐对方时常常采用肯定句的形式。因为一个人的姓名、职业等是客观存在的，不容置疑。如果你在介绍别人时说话含糊其辞、模棱两可，甚至否定人家的某些优点，那是很不礼貌的。

技能演练

【演练内容】运用"四要素法"做自我介绍

【演练要求】

根据"说通顺、说完整、声音响亮、举止大方"这四个评价标准，小组内作自我介绍，并推选一位表现最棒的同学上台比赛。

职场沟通实战演练 117

【演练评价】

自我介绍演练考核评价表

序号	考核评价项目	分值	扣分	实得分
1	问好，报姓名	30分		
2	"解析"姓名	30分		
3	姓名"引申义"	20分		
4	祝福语	20分		
	合计	100分		

任务二　诚挚的赞美

 学习目标

1. 掌握赞美时常用的正确方法，培养乐于赞美的良好心态和善于赞美的技巧。
2. 能够正确运用赞美的方法恰当地赞美他人。

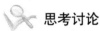 **任务情境设定**

有一次，新教师小秦拜访一位刚刚结识的同行刘老师。这位刘老师因自己的家窄小简陋而面有尴尬之色，连说"家里太简陋"、"招待不周"之类的话。小秦觉得他家虽不宽敞，但藏书颇丰，让人仿佛置身于浩瀚文海。窗台上那盆君子兰含苞待放，令人心旷神怡。小秦恳切地说道："您这可太谦虚了。当年陶渊明'采菊东篱下，悠然见南山'，刘兄是养兰窗台上，南山在心间啊，虽说起居简单，却别有一番清雅格调。您这儿还是藏书丰富的书香之家，'斯是陋室，唯吾德馨'，何陋之有呢？"刘老师非常高兴，两人愉快地交谈起来。

 **思考讨论**

小秦化解尴尬场景的"奥秘"是什么？

知识链接

赞美被称为语言的钻石，每个人一生都在寻找重要感，所以都希望得到别人的赞美。美国学者威廉·詹姆斯说："人性最深刻的原则就是恳求别人对自己加以赏识。"这一原则告诉我们：即使是最优秀、最有成绩、最自信的人，也希望得到适度、适时的赞扬，恰当而中肯的评价以及会心会意的赏识。

赞美是人际交往不可缺少的重要手段，几句适度的赞美会产以亲和力，为彼此沟通提供前提。马克·吐温说过："一句美好的赞语可以使我多活两个月。"人性的本源中有一种希望被人肯定、被人赞美的强烈愿望。所以,赞美也就成了人际交往的"润滑剂"。如果在交往中能适当地赞美对方,会使对方产生愉悦感、认同感,从而缩短心理距离,甚至改变人的态度,推动人的行为。

然而,生活中不乏这样的现象:由于缺乏技巧,原本的赞美之言变成了夸张的恭维,变成了大而不当的套话,无法传达出说话者的良好心意,对方会因此而尴尬,无法领情,说话者还常常被人误解。所以,赞美也要讲求正确的方法。

一、直接法

直接肯定他人是最简单而清晰的赞美方法,是给予别人最佳的嘉奖。在日常生活中,人们有非常显著成绩的时候并不多见。因此,交往中应从具体的事件入手,善于发现别人哪怕是最微小的长处,并不失时机地予以赞美。

案例

> 有一次,几位朋友到小林家聚会,有人带来了一位新朋友孙女士,作为主人的小林自然过来打招呼,与她坐在一起。初次见面,寒暄过后一时无语,但很快小林就发现孙女士的皮肤特别白嫩,光彩照人。于是,小林羡慕地说:"您的皮肤保养得真好!白里透着光泽,配上这套橘红色的裙子,衬托得脸色特别好。"话刚说完,孙女士眼睛一亮,原来她对皮肤保养颇有心得,两人便从保养皮肤谈起,谈得十分投机。
>
> 小林从别人忽略的细节上去挖掘孙女士的长处,从细微处去直接赞美对方,赞美之辞既别具一格又切合实际,让人感受到赞美者的诚恳。

二、含蓄法

含蓄法即含蓄地赞美他人,就是不直接表露赞美,而是把自己的赞赏之意隐含或寄托在某一事物或故事之中,曲折地表达意思。它朦胧含蓄,很有特色。例如:

邓亚萍获得奥运会乒乓球冠军以后,赢得了很多人的称赞。食堂的师傅说:"什么时候看见邓亚萍来吃饭了,就说明训练馆没人了。"

食堂师傅的夸奖里没有一个"最刻苦"之类的词语,却生动形象地让人明白了邓亚萍的勤奋、努力。他似乎在说"吃饭",又让人很快明白其意,达到了赞美的效果。

三、公众法

高明的称赞加上公众的语气、公众的目光、公众的感受、公众的反应,容易让人自然而然地接受,更有说服力。例如:

一次会议中,项目经理决定公开表扬一下在项目中做出好成绩的下属小罗。他这样说:"小罗同志一直很注意工作细节,每一次做完图纸后都会反复认真检查。在这次项目中，正是小罗在封标书前及时发现了问题，才为公司挽回了可能造成的大损失。小罗这样的态度就是我们每一个人都应该学习的态度：认真与负责！"

项目经理赞美小罗，先说出他以往工作中的优点，再叙述对公司做出的具体成绩，最后总结这是"认真负责"。领导以公众语气称赞，不仅可以避免同事的妒忌和非议，而且还把领导的看法传达给同事，可以赢得同事的尊重，同事们也会因此受到鼓舞。

小贴士

> 不断地赞美支持鼓励周围的朋友和同事是有效的办法。每一个人都有优点和深刻的独特性，所以要找到每个人的独特的优点去赞美他。比如一个成员取得了一些绩效，当你希望这种绩效再一次被延伸的时候，就要去赞美他，这种结果又再一次的发生，受赞美的行为会持续不断地出现。如果有一个销售人员刚刚签了一个很大的合同，团队当中的每一个成员都应去赞美他，都应该认为他是团队当中的英雄，因为只有当他受到了这种赞美和鼓励，才会愿意下一次再去采取同样的行为，为这个团队而付出。

四、展望法

展望法比较适于赞美有一定发展前途的人。一般情况下，起点高的人前途相对远大一些，一个人的前途是与他的努力程度、外部环境等各方面的主客观条件是分不开的。因而在赞美别人的前途时，应适当附加条件，或者适当抽象、模糊一些，让人觉得更实在、可行。

> 丰子恺考入浙江第一师范学校后，李叔同教他图画主课。在教木炭模型写生时，李叔同先给大家做示范，画好后，把画贴在黑板上，多数学生都照着黑板上的范画临摹起来，只有丰子恺和少数几个同学依照李叔同的做法直接从石膏上写生。李叔同注意到了丰子恺的聪颖和悟性。一次，李叔同以和气的口吻对丰子恺说："你的图画进步很快，我在南京和杭州两处教课，没有见过像你这样进步快速的学生。你以后，可以……"
>
> 李叔同没有接着说下去，此时，丰子恺意识到了老师的话语中包含着对他的前程的殷切希望。丰子恺后来说："这一晚，是我一生中的一个重要关口，因为从这晚起，我打定主意，专门学画，把一生奉献给艺术。"
>
> 李叔同对丰子恺的称赞相当有水平。他先对其进步大加赞赏，在论及其前途时，虽然没有具体说下去，其实通过他前面的几句话，已令人明白其用意。短短几句话，竟然影响了一个人的一生，其妙处值得细细体味。

技能演练

【演练内容】 赞美他人

【演练要求】

1. 讨论"任务情境设定"中,小秦化解尴尬场景的"奥秘"是什么?

2. 体会:有一个儿子对母亲讲:我去过四星级和五星级饭店并到过很多地方吃饭,可是母亲啊,我想告诉你一个很重要的消息,就是我虽然去过那么多的地方,可是我发现都没有你做的饭好吃,我还是最爱吃你给我做的饭啊。母亲听完这番话,非常高兴。为什么?

3. 从上述事例中体会赞美的重要性,并试着赞美你的同学,看看他们有什么反应,是不是比以前更喜欢你?

选定赞美的对象,写下赞美的话,在并对他(她)说出来。

_____
_____
_____

【演练说明】

做上述情景演练时必须注意三点:

1. 赞美的话是人人爱听的,但如果不是在适当的场合用恰当的语言说出赞美的话,很可能会弄巧成拙。赞美要用简洁、明了的语言,而不要用模棱两可的语言。

2. 赞美的语言应尽量平和、朴实,而不要用过于夸张的语言。用过于夸张、露骨的语言去赞美对方,很容易让对方觉得缺乏诚意,甚至虚伪。

3. 不要在众人面前赞美某个人。当你面对众人赞美其中某一个人时,很可能会伤害在场的其他人,即使你是无意的。只有当你确认你对某一个人的赞美不会伤害在场的其他人时,你才可以当着众人的面去赞美一个人。

【演练评价】

演练评价反馈表

评 价 内 容	情况反馈、分析
本任务学习心得 包含学习收获、改进措施、疑惑等(40分)	
所在小组任务实施情况(30分)	
完成任务过程中个人表现(30分)	
自我综合测评(0~100分)	
教师意见反馈	

任务三　与陌生人说话

学习目标

1. 学习借助言谈来认识对方、了解对方，同时也设法使对方了解自己的方法。
2. 能够运用交谈的艺术及技巧，通过交谈达到较为迅速地相互了解的目的。

任务情境设定

一家旅店里，先生甲悠闲地躺在床上欣赏电视节目，另一个苏南先生乙进来，放下旅行包，稍拭风尘，冲了一杯浓茶，边品茶边研究起那位先生甲：

"师傅来了好久呢？"

"比这位客人先来一刻。"甲边指着旁边正在看书的另一位客人边说。

"听口音不是苏北人啊？"

"噢，山东枣庄人！"

"啊，枣庄是个好地方啊！我在读小学时就在《铁道游击队》连环画上知道了。三年前去了一趟枣庄，还颇有兴致地玩了一遭呢。"听了这话，那位枣庄客人（甲）马上来了兴趣，二人从枣庄和铁道游击队谈开了，那亲热，不知底细的人恐怕要以为他们是一道来的呢。

接着就是互赠名片，一起进餐，睡觉前双方居然还在各自身边带来的合同上签了字：枣庄客人（甲）订了苏南某造革厂的一批风筒；苏南客人（乙）从枣庄客人那里弄到一批价格比较合理的议价煤。

思考讨论

这个案例中甲乙两人的相识、交谈与成功，具有什么样的规律？

知识链接

在这里，我们主要通过"三步法"来学习和掌握社交沟通中的语言艺术和交谈技巧。

第一步：打招呼，寒暄应对

这是一种使自己处于有利地位的交谈技巧。首先不要进入实质性的问题，可先谈谈天气，问问主人小孩的学习情况，说说趣闻，关心关心他家老人的健康……待交谈气氛融洽时，也就是双方心理相容时，再慢慢说明来意。这样，定能使你乘兴而来，满载而归。所以说，要想稳操胜券，寒暄是不可少的。

第二步：话题切入

本节开头部分的"任务设定"表明，与人交谈，如果双方感到无话可说，那么交谈也就无法进行，寻找话题，是至关重要的事。因为交谈是双方的，所谈话题就不能一厢情愿，要顾及对方的兴趣，要善于体察对方话中的微妙感情，弄清其真实含义，注意把话题引到对方最感兴趣的问题上来。

案例中甲乙两人的相识、交谈与成功，就在于他们找到了"枣庄"、"铁道游击队"这些双方都熟悉的共同点。

具体来说，寻找话题可以采用以下几种方法：

（一）察言观色，寻找共同点

一个人的心理状态、精神追求、生活爱好等等，都或多或少地要在他们的表情、服饰、谈吐、举止等方面有所表现，只要你善于观察，就会发现你与他人的共同点。例如：

一退伍军人乘客与一陌生人相遇，位置正好在驾驶员后面。汽车上路后不久就抛锚了，驾驶员车上车下忙了一通还没有修好。这位陌生人建议驾驶员把油路再查一遍，驾驶员将信将疑地去查了一遍果然找到了病因。这位退伍军人感到他的这绝活可能是从部队学来的，于是试探道："你在部队呆过吧？""嗯，呆了六七年。""噢，算来咱俩还应算是战友呢。你当兵时部队在哪里？"于是这一对陌生人就谈了起来，据说后来他们还成了朋友。

这就是在观察对方以后，发现了都当过兵这个共同点。当然，这察言观色发现的东西，还要同自己的情趣爱好相结合，自己对此也有兴趣，打破沉寂的气氛才有可能。否则，即使发现了共同点，也还会无话可讲，或讲一两句就"卡壳"。

（二）以话试探，侦察共同点

两个陌生人相遇，为了打破沉默的局面，开口讲话是首要的，有人以招呼开场，询问对方籍贯，身份，从中获取信息；有人通过听说话口音，言辞，侦察对方情况；有的以动作开场，边帮对方做某些急需帮助的事，边以话试探；有的甚至借火吸烟，也可以发现对方特点，打开口语交际的局面。

两个年青人从某县城上车，坐在一条长椅上。其中一人问对方"在什么地方下车"？"到底，你呢"？"我也是，你到南京什么地方"？"我到南京山西路一亲戚家有事，你就是此地人吧"？"不是的，我是从南京来走亲戚的。"经过双方的"火力侦察"，双方对县城熟悉，对南京了解，都是找亲戚的共同点就清楚了。两个人发现对方共同点后谈得很投机，下车后还互邀对方做客。

这种融洽的效果看上去是偶然的，实际上也是有其必然性的："火力侦察"，发现共同点，向深处掘进而产生的效应。

（三）听人介绍，揣摩共同点

你去朋友家串门，遇到有生人在座，作为对于二者都很熟悉的主人，会马上出面为双方介绍，说明双方与主人的关系，各自的身份，工作单位，甚至个性特点，爱好等等，细心人从介绍中马上就可发现对方与自己有什么共同之处。

一位是县物价局的股长和一位县中的教师,在一个朋友家见面了,主人把这对陌生人做了介绍,他们马上发现都是主人的同学这个共同点,就围绕"同学"这个突破口进行交谈,相互认识和了解,以至变得亲热起来。

这当中重要的是在听介绍时要仔细地分析认识对方,发现共同点后再在交谈中延伸,不断地发现新的共同关心的话题。

(四)揣摩谈话,探索共同点

为了发现陌生人同自己的共同点,可以在需要交际的人同别人谈话时留心分析,揣摩,也可以在对方和自己交谈时揣摩对方的话语,从中发现共同点。

在上海的某百货商店里,一位在南海舰队服役的军人对服务员说:"请你把那个东西拿给我看看。"还把"我"说成字典里查不到的道地的广西桂北土语。另一位在上海某陆军部队服役的桂北人,听了前者这句话,也用手指着货架上的某一商品对营业员说了一句相同的话,两句字里行间都渗透桂北乡土气息的话,使两位陌生人相视一笑,买了各自要买的东西,出了店门就谈了起来,从老家问到部队,从眼下任务谈到几年来走过的路,介绍着将来的打算。身在异乡的一对老乡的亲热劲,不知情的人怎么也不会相信是因为揣摩对方一句家乡话而造成的结果。

可见细心揣摩对方的谈话确实是可以通过找出双方的共同点,使陌生的路人变为熟人,发展成为朋友的。

(五)步步深入,挖掘共同点

发现共同点是不太难的,但这只能是谈话的初级阶段所需要的。寻找共同点的方法还很多,譬如面临的共同的生活环境,共同的工作任务,共同的行路方向,共同的生活习惯等等,只要仔细发现,与人交谈无话可讲的局面是不难打破的。

第三步:深入交谈

随着交谈内容的深入,共同点会越来越多。为了使交谈更有益于对方,必须一步步地挖掘深一层的共同点,才能如愿以偿。

 **技能演练**

【演练内容】结识与交谈

【演练要求】

1. 讨论:"任务情境设定"中,甲乙两人的相识、交谈与成功,具有什么样的规律?

2. 情景模拟角色扮演训练:

(1)暑假乘车回家,坐在你对面的是一位同你年龄相仿的异性。

(2)经过观察,你发现对方正和你一样:既疲惫得很想打个盹,又担心随身携带的行李出意外。你还发现对方对包括你在内的周围人存有戒心。

(3)你设法以"三步法"与其交谈,达到彼此帮助照管行李以轮流休息的目的。

【演练说明】

1. 每组推选或自荐 2 名同学参与,分别扮演情景要求的两位角色,其余同学做观察者并协助记录。

2. 训练结束,参与者与观察者交流体验或观察心得。

【演练评价】

结识与交谈演练考核评价表

序号	考核评价项目	分值	扣分	实得分
1	打招呼,寒暄应对	30 分		
2	话题切入	40 分		
3	深入交谈	30 分		
	合计	100 分		

模块小结

沟通在我们生活当中无处不在,从某种意义上说,沟通已经不再是一种职业技能,而是一种生存的方式。美国著名成功学大师戴尔·卡耐基说:"一个人的成功,只有 15% 归结于他的专业知识,而 85% 则是靠人际关系和他的处事能力。"由此可见有效沟通的重要性,掌握说话的艺术已经成为现代人成功的必备条件。

21 世纪是一个信息的时代,沟通无处不在。良好的人际关系需要人为地创造,需要与人接触。那些人缘好的人向来都是开放自己,主动和更多人保持联系、打交道的。人缘的扩张需要与人接触,千万不要把自己陷入孤立的境地。广泛的社会交往可以让你在任何时候都不会缺少援助之手。所以,学会有效沟通,对于我们来说,是一项重要的课题。

拓展训练

1. 训练项目一

【训练内容】他人介绍

【训练要求】

(1) 你同父母一起逛街,与你班班长和他父母邂逅,你将如何进行他人介绍?

(2) 根据"说通顺、说完整、声音柔和、举止大方"这四个评价标准,小组内三人一行轮流角色扮演做他人介绍,并推选一个最棒的组合上台比赛。

2. 训练项目二

你可能会发现,与某些人沟通起来很容易。这些人可能是你的朋友或者家庭成员,你和他们之间有着和谐融洽的关系，相互的尊重并有着共同的价值观。下列练习并不是为你和这一小群人之间的沟通而准备的，它们是为了你和生活、工作中那些难以相处的人进行沟通而设计的。

你需要一个搭档来协助完成每一个练习。这个搭档也应该有志于建立良好的人际关系，希望提高他自己的沟通能力。这些练习都有难度，教你怎样应对最棘手的沟通问题。下列练习不仅能帮你建立解决难题的能力，还能帮你对付生活中那些所谓"好心的恶人"。

练习一：沉默的眼睛

"沉默的眼睛"的目的在于鼓励目光接触，让你全身心地关注对方，可以信赖的含义包括了全身心地关注某人。这并不像你想象的那样简单。

坐在搭档的对面，注意不要侵犯他的私密空间（大约保持0.5～1.2米的距离）。你们两个必须安静地对坐20分钟，将目光停留在搭档身上2分钟。如果你能够保持目光在2分钟内都不离开，那么就算完成了这个练习。搭档是否与你保持目光接触并不重要，关键是你必须注视对方。即使只是移开目光一瞬间，你都必须重新开始。完成"沉默的眼睛"之后，请继续下一个练习。

练习二：放弃自我

"放弃自我"练习提供给我们一些关于沟通的重要信息。在沟通中，我们必须学会引导和跟随。我们必须能够给与别人全身心的关注，必须暂时地"放弃自我"。换言之，当别人要求我们做什么事情时，我们应该不假思索就能够去做，而不是先要考虑我们被要求做的是什么。

"放弃自我"还告诉我们及时结束各自的沟通循环是重要的。当一个人善良到舍弃自己的利益来成就别人时，我们应该为他的存在而感到由衷的感激。"放弃自我"教给我们所有这些，以及更多，看起来似乎非常简单，但若做得得当，便会带来难以置信的力量。

坐在搭档的对面，像上个练习中那样保持一定的距离。你将要求搭档浏览房间中的各种物品，直至个数达到20个。每当对方看到一个物品时，你都要说"谢谢你"。当你的搭档浏览过20件物品后，他会告诉你已经成功地完成了这个练习。

练习三：理性的沉默

下面的练习将为我们展示如何与暴戾者进行沟通。傲慢的人经常会抱着伤害的动机进行沟通。担当这种沟通的接收者是一件非常困难的事情，这个练习能帮助你为最坏的情况做好准备。很多人会有意或无意地对你说一些刺耳的话，但我们没有为处理这种敌意而准备就绪。保持沉默会为你抵抗别人的负面行为打好防御针。

坐在搭档的对面，仍然像上面的练习中那样保持一定的距离。但是，将你的椅子向左或向右移动大约0.3米，从而为这次练习创造一种不一样的氛围。在本练习中，你必须允许搭档充满敌意地对待你2分钟，他要在2分钟内保持对你的不友好。他可以通过言语和行为来伤害你的感情，有2分钟的时间对你进行恶意的攻击。只要他愿意，他什么都可以说。他的最终目标是引起你的反驳、反对或者辩解。他在挑起一场争吵，如果能在 2 分钟里保持沉默并且始终和他四目相对，你就成功了。如果在中途你忍不住发笑或讲话了，就必须重新开始。

在 2 分钟结束后，记得感谢你的搭档，记住，这只是你的练习，并非有意的伤害。拥抱你的搭档，消除一切可能存在的负面感情。这个练习可以帮助你在别人的不友善面前保持平静的心态。

练习四：回答我的问题

该练习告诉你怎样紧紧抓住沟通的重点，当对方有意忽略或岔开话题的时候怎样才能就同一个问题再次提问。在我们的社交沟通中，常常会出现这种情况，为了增进关系的深度，我们不得不涉及一些比较敏感的话题。很多时候，人们，尤其是男人们，总是会在尚未真正回答或解决问题前就转移主题。本次练习能令你获得坚守目标的技巧。

首先，将椅子从原来的位置移开，但仍面对着你的搭档。

现在，你要提出 4 个特殊的问题，第一个是"狗会猫叫吗"，你的搭档可以以他喜欢的任何方式做出回答。如果他说"不会"，那么你要说"谢谢"。但是，一般情况下，他应该会选择暂时不回应，然后转移到其他主题上或者反过来问这个问题，反正就是不说"不会"。无论如何，当你第五次问"狗会猫叫吗"的时候，他一定会给出"不会"的回答。

只有在收到非正确的回答或忽视之后都说"狗会猫叫吗"，你才算是成功了。接下来的 3 个问题是：

"所有的邮递员都是女性吗？"

"鸟吃鲨鱼吗？"

"你能在水上行走吗？"

以上问题的正确答案当然都是"不"，你必须在第五次提问时或之前得到这个反馈。虽然不必要限制速度，但你在每个问题上花费的时间不应该超过 2 分钟。当对方无视你的提问时，你必须重复已提出的问题，否则不能算是成功。

完成这个练习后，将椅子移动到搭档的正对面。下一个练习叫做""真实和善意的感觉"。其目的在于完成一系列令你受益的沟通练习后，也能提升搭档的自我价值。

练习五：真实和善意的感觉

这个练习的时间必须限制在 30 秒到 2 分钟之间。现在，你的搭档必须告诉你他对你的真实且善意的感觉。你身上具备哪些令他欣赏的素质，当然必须是真实存在的。在搭档完成之后，你也必须做出同样的告白。

这些练习告诉你在窘境中如何沟通。完成了这些不简单的练习，你便做好了与任何人、涉及任何内容的沟通的准备。

模块八

求 职 沟 通

求职应聘是一项系统工程，想要打好面试这第一仗，不能迷信所谓的技巧和秘诀，而必须是个人良好的专业基础和职业道德，再加上临场的个人表现才能顺利通关。

任务一　面试基本礼仪

 学习目标

1. 掌握面试中必须做到的基本礼仪，培养重视面试礼仪的意识。
2. 通过实训，能熟练运用面试的基本礼节、表情礼仪、举止礼仪和服饰礼仪。

任务情境设定

"哎！问一下，你们要计算机专业的吗？"某次招聘会上，一名男学生手捧简历，挤到一家银行招聘单位的摊位前，向正在面试的招聘人员大声询问。没等招聘人员抬头回话，这名学生就将简历放到摊位桌上。招聘人员抬起头，看了他一眼，笑着说："计算机专业的，我们要很多，可是不敢要你，对不起。""为什么？你还没看过我的简历啊？"这名学生面露疑惑。"自己想想吧。"招聘人员拿起他的简历，退还给他。该学生满脸通红，离开了摊位。

 思考讨论

这位男生求职遭拒的原因是什么？

知识链接

面试是一种经过组织者精心设计，在特定场景下，以考官对考生的面对面交谈与观察为主要手段，由表及里测评考生的知识、能力、经验等有关素质的一种考试活动。面试是公司挑选职工的一种重要方法。面试给招聘者和应聘者提供了进行双向交流的机会，能使招聘者和应聘者之间相互了解，便于双方准确做出聘用与否、受聘与否的决定。

面试是成功求职的临门一脚。求职者能否实现求职目标，关键的一步是与用人单位见面，与人事主管进行信息交流，以便使人事主管确信求职者就是用人单位所需要的人才。面试是其他求职形式永远无法代替的，因为在人与人的信息交流形式中，面谈是最有效的。在面谈中，面试官对求职者的了解，语言交流只占了30%的比例，眼神交流和求职者的气质、形象、身体语言占了绝大部分，所以求职者在面试时不仅要注意自己的谈吐，还要讲究礼仪。

求职礼仪又往往是一个职场新人（特别是毕业生朋友们）不太注意的地方。一般新人们把精力都放在准备简历、成绩单、面试提问等方面，而忽视了一个基本事实：求职面试是一个人和人交流的过程。这里的硬件部分，如学历、资质、经历等，确实非常重要，但是这些绝非求职面试成功的保证。而软件部分，如个人外表、谈吐、气质等，对招聘者的心理有巨大的影响作用。如果招聘者喜欢你这个人，哪怕在硬件方面你可能稍微欠缺，他们也会愿意给你机会；如果你的某个细节动作让招聘者产生反感，在今天的买方市场下，他们尽可以去选择其他人。

那么，参加面试时，都应注意遵守哪些方面的礼仪呢？

一、基本礼节

讲究礼节是一个人素质的反映、人格的象征，因此，面试时必须注意以下关于基本礼节的十二个方面。

1．按时到达面试地点。在开始面试之前如果有一段等候的时间，切忌在等待面试时到处走动，更不能擅自到考场外面向里观望。

2．求职者一定要先轻轻敲门，切忌贸然闯入面试室，得到主考官的许可后方可入室。入室时不要先把头探进去张望，而应整个身体一同进去。

3．走进室内之后，背对考官，将房门轻轻关上，然后缓慢转身面对主考官。

4．向主考人员微笑致意，并说"您好"、"你们好"等的招呼语，在主考人员和你之间创造和谐的气氛。若非主考人员先伸手，你切勿伸手向前欲和对方握手；如果主考人主动伸出手来，就报以坚定而温和的握手。

5．在主考人员没有请你坐下时切勿急于坐下。请你坐下时，也切勿噤若寒蝉，诚惶诚恐，而应说声"谢谢"后，大方坐下。

6．面谈时要真诚地注视对方，表示对他的话感兴趣，绝不可东张西望，心不在焉，不要不停地看手表，要注意和考官的目光接触。尽可能记住每位主考者的姓名和称呼，不要弄错。

7．回答问题要口齿清晰，声音大小适度，口中不要含东西，更不要吸烟。回答不要太突然，答句要完整，不可犹豫，不可用口头禅。

应试者之间的交谈应尽可能地降低音量，避免影响他人应试或思考。

8．说话时目光要与主考人员接触。若主考人有几位，要看首席或中间的那一位，同时也要兼顾其他主考人员。

9．注意用敬语，如"您"、"请"等，市井街头常用的俗语要尽量避免，以免被认为油腔滑调。

10．不要随便打断主考人的说话，或就某一个问题与主考人争辩，除非有极重要的理由。不要在主考人结束面试前表现浮躁不安，急欲离去的样子。

11．主考人示意面试结束时，微笑、起立、道谢，说声"再见"，无需主动伸出手来握手。如果在你进入面试房间之前，有秘书或接待员接待你，在离去时也应向他或她致谢告辞。

12．出去推门或拉门时，要转身正面面对主考人，说声"谢谢，再见"，然后再出门，并轻轻关上门。

二、表情礼仪

面试成功与否与表情关系很大。求职者在面试过程中，应轻松自然、镇定自若，给人以和悦、清爽的感觉。因此需要注意如下的细节。

1．进门时要表现得自然，不要紧张或慌张。

2．面试时要始终面带笑容，谦恭和气。表现出热情、开朗、大方、乐观的精神状态。

3．不要无缘无故皱眉头或毫无表情；在说话时也切不可面露媚态、低声下气，企图以鄙薄自己来取悦于对方，这样做只能降低自己的人格。只有抱不卑不亢的态度才能获得对方的信任。

4．不要直盯对方，也不要以眼瞟人、漫不经心，眼光宜落在主考人的鼻子上为佳，这样既保持了接触又避免了不礼貌的直盯。

5．对方提问时，不要左顾右盼，否则主考人会误认为你缺乏诚心和兴趣。

6．切忌面带疲倦，哈欠连天，考试前一天一定要保持睡眠充足。

7．不要窥视主考人员的桌子、稿纸和笔记。

8．面试顺利时，不要喜出望外，拍手叫好。

9．作为求职者，不仅要时时注意着主考人员在说什么，而且也要注意着主考人员的表情有哪些变化，以便能准确地把握住说话者的思想感情。

10．为了吸引主考人员的注意力，增强话语的感染力，在说话中可以适当加进一些手势，但动作不要过大，更不要手舞足蹈。

三、举止礼仪

举止体现着一个人的修养和风度，粗俗的行为举止会使一个人失去亲和力，而稳重大方则会受到人们的普遍欢迎。在陌生的主考官面前，坐、立、行等动作姿势正确雅观、成熟庄重，不仅可以反映出青年人特有的气质，而且能给人以有教养、有知识、有礼貌的印象，从而获得别人的喜爱。具体说来，以下几点值得注意：

1．走路姿势。走动时应当身体直立，两眼平视前方，两腿有节奏地交替向前迈步，并大致走在一条等宽的直线上。两臂在身体两侧自然摆动，摆动幅度不要过大。脚步声应控制，不要两脚擦地拖行。如果走路时身体有前俯、后仰或左右摇晃的习惯，或者两个脚尖同时向里侧或外侧呈八字形走步，是不规范、不雅观的举止。

2．站立姿势。站立时身形应当正直，头、颈、身躯和双腿应与地面垂直，两肩相平，两臂和手在身体两侧自然下垂，两眼平视正前方，嘴自然闭合。双脚对齐，脚尖分开的距离以不超过一脚为宜，如果叉得太开是不雅观的。不应把手插在裤袋里或交叉在胸前。

3．坐姿。坐姿要端正，坐在主考人员指定的座位上，不要挪动已经安排好的椅子的位置。在身后没有任何依靠时上身应正直稍向前倾（这样既可发声响亮、中气足，令人觉得你有朝气，又可表现出你对主考人感兴趣、尊敬），头平正，目光平视。两膝并拢，两臂贴身自然下垂，两手随意放在自己腿上，两脚自然着地。背后有依靠时，也不能随意地把头向后仰靠，显得很懒散的样子。就座以后，不能两边摇晃，或者一条腿放在另一条腿上。双腿要自然并拢，不宜把腿分得很开，女性尤其要注意。

面试时的坐姿，有两种极不可取。一是全身瘫倒在椅背上，二是战战兢兢地只坐椅边。正如花有花语一样，坐也有坐意：仰坐表明轻视、无关紧要；少坐意味着紧张、如坐针毡；端坐，意味着重视、聚精会神。

面试时，轻易不要紧贴着椅背坐，也不要坐满，坐下后身体要略向前倾。一来表明你坐得很稳，自信满满。二来证明你没有过于放松地全身靠到椅背上，没把办公室当成茶楼酒馆。但也不宜坐得太少，只坐椅子的五分之一，意味着你几乎要靠自己的双腿支撑住自己的体重，稍向前倾就失去重心。这是一种极度紧张的表现，也会把面试官的注意力吸引过去，他可不希望你把椅子坐翻，被椅背砸出脑震荡来。

一般以坐满椅子的2/3为宜。既可以让你腾出精力轻松应对考官的提问，也不至让你过于放松，因乐不思蜀而忘了自己的来意。建议你多多接触社会，观察沉稳人士的坐姿，并稍加练习，改善坐姿，别让椅子拖了后腿。

4．手势。"手势宜少不宜多"，多余的手势，会给人留下装腔作势、缺乏涵养的感觉。反复摆弄自己的手指、活动关节，要么捻响、要么攥着拳头，或是手指动来动去，往往会给人一种无聊的感觉，让人难以接受，让人反感，都将严重影响形象。

5．避免一些不必要的小动作。身体各部分的小动作往往令主考人分心，甚至令其反感。下面这些动作都是要不得的：当众搔头皮、掏耳朵、抠鼻子、咬指甲、玩手指头、跷起二郎腿乱抖、用脚敲踏地面、双手托下巴、说话时用手掩着口、摇摆小腿、手指在桌上乱写乱画等，不要玩弄衣带、发辫、打火机、香烟盒、笔、纸片、手帕等物品。

四、服饰礼仪

面试时，符合自身形象的着装会给人以干净利落、有专业精神的印象，参加面试的服饰要求一切为了配合求职者的身份，男生应显得干练大方，女生应显得庄重俏丽。

（一）男生面试时的服饰礼仪

1．西装。男生应在平时就准备好一至两套得体的西装，不要到面试前才去匆匆购买，那样不容易选购到合身的西装。应注意选购整套的两件式的，颜色应当以主流颜色为主，如灰色或深蓝色，这样在各种场合穿着都不会显得失态，在价钱档次上应符合学生身份，不要盲目攀比，乱花钱买高级名牌西服。因为用人单位看到求职者的衣着太过讲究，不符合学生身份，对求职者的第一印象也会打折扣的。

2．衬衫。以白色或浅色为主，这样较好配领带和西裤。平时也应该注意选购一些较合身的衬衫，面试前应熨平整，不能给人"皱巴巴"的感觉。崭新的衬衣穿上去会显得不自然，太抢眼，以至于削弱了主考人员对求职者其他方面的注意。这里要提醒一点，面试时你所穿的西服、衬衫、裤子、皮鞋、袜子都不宜给人以崭新发亮的感觉，原因是主考人员会认为你的服饰都是匆匆凑齐的，那么你的其他材料是不是也加入了过多人工雕琢的痕迹呢？而且太多从没穿过的东西从头到脚包裹在你的身上，一定有某些东西会让你觉得别扭，从而分散你的精力，影响你的面试表现。

3．皮鞋。不要以为越贵越好，而要以舒适大方为度。皮鞋以黑色为宜，且面试前一天要擦亮。

4．领带。男生参加面试一定要在衬衣外打领带，领带以真丝的为好，上面不能有油污，不能皱巴巴，平时应准备好与西服颜色相衬的领带。

5．袜子。袜子的颜色也有讲究，穿西装革履时的袜子必须是深灰色、蓝色、黑色等深色，这样在任何场合都不失礼。

6．头发。尽量避免在面试前一天理发，以免看上去不够自然，最好在三天前理发。男生女生都应在面试前一天洗干净头发，避免头屑留在头发或衣服上，保持仪容整洁是取得用人单位良好第一印象的前提。

此外，男生要将胡须剃干净，并且在刮的时候不要刮伤皮肤，指甲应在面试前一天剪整齐。

（二）女生面试时的服饰礼仪

1．套装。每位女生应准备一至两套较正规的套服，以备去不同单位面试之需。女式套服的花样可谓层出不穷，每个人可根据自己的喜好来选择，但原则是必须与准上班族的身份相符，颜色鲜艳的服饰会使人显得活泼、有朝气，素色稳重的套装会使人显得大方干练。记住这个原则，针对不同背景的用人单位选择适合的套装吧。

2．衬衣。在挑选衬衣的时候，无论是颜色还是款式也以保守为宜。不要挑选那些透明材质的上衣，也不要蕾丝花边或者雪纺薄纱。在衬衣里面可以再穿一件小背心，以防走光。

3. 发型。头发在整个仪容中是十分重要的组成部分。保证头发是干净清洁的，仔细梳理。如果是长发，就把它盘起来，或者其他看起来专业舒服的发型，不要让自己看起来好像刚刚起床或者从派对回来。

4. 化妆。参加面试的女生可以适当地化点淡妆，包括口红，但不能浓妆艳抹，过于妖娆，不符合大学生的形象与身份。

5. 皮鞋。鞋跟不宜过高，过于前卫，夏日最好不要穿露出脚趾的凉鞋，更不宜将脚趾甲涂抹成红色或其他颜色，丝袜以肉色为雅致。

6. 皮包。女生的皮包要能背的，与装面试材料的公文包有所区别，可以只拿公文包而不背皮包，但不能把公文包里的文件全部塞在皮包里而不带公文包。

7. 手表。面试时不宜佩戴过于花哨的手表，会给人过于稚气的感觉。手表在面试前应调准时间，以免迟到或闹笑话。

8. 配饰。选择尽可能简单的饰品。面试属于正式交往场合，不应戴手链。一只手只戴一个戒指，且不要戴形状奇特的戒指，不然不方便握手，也会留下不好的印象。不要戴很大很长的耳环，也不要戴太多耳环，简洁的耳钉就可以带来不凡的效果。

小贴士

> 男女生都不能在面试时穿T恤、牛仔裤、运动鞋，一副随随便便的样子，百分之百是不受人事主管欢迎的一类。女生一定不要在服饰上给人错误的信号，例如过于花枝招展、性感暴露的打扮会让人有别的想法，只会惹来许多不必要的麻烦，对求职本身毫无益处。

近年来，由于毕业生越来越多，招聘单位挑选的余地越来越大，"挑剔"的地方也更多。现在越来越多的企业逐渐认识到，员工的礼仪对企业的影响很直接，不但关系到企业的形象，还可能进一步影响到公司业务的拓展。因此，不少企业在招聘员工时，开始把求职者的礼仪纳入了考察范畴。不少用人单位越来越注重求职者的礼仪细节。一家上市公司的人力资源部招聘主管介绍，每次招聘会他们都会去两个人，一人负责接待应聘者，另一人则到自己公司的招聘广告前转悠，听听应聘者在说什么，有时还上去跟他们聊聊天。通过这种"暗访"的形式侧面了解应聘者的素质和真实想法。"有的学生坐下来应聘时显得很有礼貌，可一离开就不是那么回事了，甚至满口脏话。考虑到公司的形象，这样的求职者即使成绩再优秀，我们也是不会录用的。"因此，求职者必须自觉提高自己的个人修养，高度关注面试礼仪的问题。

 技能演练

【演练名称】面试基本礼节

【演练内容】"任务情境设定"中的那位男生求职遭拒的原因就是不懂得面试时的基本礼节。请你按照面试基本礼节的十二步骤，进行一次模拟演练。

【演练说明】

1. 按照正确的面试举止礼仪进行训练，每组推选或自荐 1 名同学参与，其余同学协助和做观察者。

2. 演练结束，参与者与观察者交流体验或观察心得，感受面试礼仪的重要。

【演练评价】

面试礼仪演练考核评价表

序 号	考核评价项目	分 值	扣 分	实 得 分
1	按时到达面试地点	5分		
2	敲门、进门	5分		
3	门关、转身	10分		
4	微笑、问好	10分		
5	致谢、坐下	10分		
6	目光、眼神	10分		
7	答问的口齿、音量	10分		
8	目光兼顾	10分		
9	使用敬词	10分		
10	面部表情	10分		
11	结束致谢	5分		
12	出门、关门	5分		
	合 计	100分		

任务二　求职应聘自我介绍

学习目标

1. 了解在求职应聘面试场合如何介绍自己。
2. 注意把握求职应聘自我介绍中的内容和要点，并通过训练能够熟练表达。

任务情境设定

大家下午好！

我叫×××，来自××学院，专业学习的是市场营销管理。今天很高兴能够站在这里应聘中海石油"商务代表"这一职位。

正如我简历中所提到的：我在工作中善于发现问题、思考问题和解决问题，有着较强的组织协调能力与团队意识。

在读期间我担任过班长、系分团委组织部部长等职，参与过本系的党建、团建各项工作，成功策划组织举办过学院的"光荣与梦想"主题演讲比赛、环保主题的知识竞赛、管理系首次"团支部培训"活动及管理系首次"学生干部交流会"等系内外活动，均得到老师同学的好评。工作中，我积累了较为丰富的管理经验，我对活动的策划和组织开展，均有了较深的认识。

在此，我就浅显地谈谈我个人对中海石油"商务代表"一职的理解。我想，这个职位需要这样一个人：第一，他要了解并热爱石油行业。第二，他要形象端正，表达能力强，思维严谨。第三，作为应届毕业生，他必须具备良好的学习心态和踏踏实实的工作态度。对于这三点，我自信自己能够满足，我希望自己能够有机会进入下一轮面试，届时再详细地向您阐述。最后，再次表示我的感谢！（鞠躬）

 思考讨论

请分析说明这则自我介绍的成功之处。

 **知识链接**

个人自我介绍是面试实战非常关键的一步。因为众所周知的"首因效应"的影响，你这 1~3 分钟的自我介绍将在很大程度上决定你在各位考官心里的形象。有经验的面试人员会从中判断求职者的表达能力、学习能力、理解能力、沟通能力和团队合作精神等，观察到个人简历等书面材料以外的内容，例如描述与概括能力、自我综合评价以及精神风貌等。所以，这份介绍将是你所有工作成绩与为人处世的总结，也是你接下来面试的基调，考官将基于你的材料与介绍进行提问。

自我介绍在求职应聘中是很好的表现自己、推荐自己的机会，1~3 分钟的自我介绍可以"先声夺人"，很快给人留下良好的印象。那么，应该怎样做好自我介绍呢？

一、自我介绍的内容和要点

（一）报出自己的姓名和身份

可能求职者与面试考官打招呼时，已经将此告诉了对方，而且考官们完全可以从你的报名表、简历等材料中了解这些情况，但仍请你主动提及。这是礼貌的需要，还可以加深考官对你的印象。

（二）简单地介绍学历、工作经历等基本个人情况

请提供给考官关于你个人情况的基本的、完整的信息，如：学历、工作经历、家庭概况、兴趣爱好、理想与抱负等。这部分的陈述务必简明扼要、抓住要点。例如介绍自己的学历，一般只需谈本专科以上的学历。工作单位如果多，选几个有代

表性的或者你认为重要的介绍，就可以了，但这些内容一定要和面试及应聘职位有关系。请保证叙述的线索清晰，一个结构混乱、内容过长的开场自我介绍，会给考官们留下杂乱无章、个性不清晰的印象，并且让考官倦怠，削弱对继续进行面试的兴趣和注意力。

求职者还要注意这部分内容应与个人简历、报名材料上的有关内容相一致，不要有出入。在介绍这些内容时，应避免书面语言的严整与拘束，而使用灵活的口头语进行组织。这些个人基本情况的介绍没有对或错的问题，都属于中性问题，但如果因此而大意就不妥了。

（三）介绍自己的经验与能力

这是由个人基本情况，自然地过渡到一两个自己圆满完成的事件，以这一两个例子来形象地、明晰地说明自己的经验与能力，例如：在学校担任学生干部时成功组织的活动；或者如何投入到社会实践中，利用自己的专长为社会公众服务；或者自己在专业上取得的重要成绩以及出色的学术成就。

（四）着重结合自己职业理想，说明应聘目前职位的原因

这一点相当重要，你可以谈你对应聘企业或职务的认识了解，说明你选择这个企业或职务的强烈愿望。原先有工作单位的应聘者应解释清楚自己放弃原来的工作而做出新职业选择的原因。你还可以谈如果你被录取，那么你将怎样尽职尽责地工作，并不断根据需要完善和发展自己。当然这些都应密切联系你的价值观与职业观。不过，如果你将自己描述为不食人间烟火的、不计较个人利益的"圣人"，那么考官们对你求职动机的信任就要大打折扣了。

上述是一条比较清晰的线索，便于你组织你的自我介绍。为了保证结构明确，有条有理，你可以多用短句子以便于口语表述，并且在段与段之间使用过渡句子，口语也要注意思路、叙述语言的流畅，尽量避免颠三倒四，同一句话反复说几遍的失误。同时不要用过于随便的表述。

二、自我介绍的时间分配

一般情况下，自我介绍应该是 1～3 分钟较适宜。时间分配上，可根据情况灵活掌握。一般的，第一部分可以用约 30 秒～1 分钟，第二部分可以用约 1 分钟，第三部分用 1～1.5 分钟。

好的时间分配能突出重点，让人印象深刻，而这就取决于你面试准备工作做得好坏了。有些应聘者不了解自我介绍的重要性，只是简短地介绍一下自己的姓名、身份，然后补充一些有关自己的学历、工作经历等情况，大约半分钟左右就结束了自我介绍，然后望着考官，等待下面的提问。而如果你事先分析了自我介绍的主要内容，并分配了所需时间，抓住这 1～3 分钟，你就能简要、中肯、得体地描绘出你自己。

三、自我介绍时应注意避免的失误

（一）应聘者应充分利用各种个人资源

除了前面提到的面带微笑、目光交流、坐姿端正等表情、身体语言外，请以沉稳平静的声音、以中等语速、以清晰的吐字发音、以开朗响亮的声调给考官以愉悦的听觉享受。声音小而模糊、吞吞吐吐的人，一定是胆怯、紧张、不自信和缺乏活力与感染力的人。

（二）情绪也是一个需要控制的重要方面

情绪，作为个人的重要素养，如果在自我介绍中起伏波动，就会产生负面影响。例如在介绍自己的基本情况时面无表情、语调生硬；或在谈及自己的优点时眉飞色舞、兴奋不已，而在谈论自己的缺点时又无精打采、萎靡不振，这都是涵养欠缺的表现。

（三）其他应避免的失误

有的应聘者谈及自己的兴趣爱好时，说自己喜欢唱歌，便自做主张，一展歌喉，在面试考场上为考官们唱它一曲，直到被考官客气地打断后，才反应过来自己的行为有些出格。有的应聘者描述自己喜欢这样、爱好那样，如：文学、艺术、旅游、摄影等，由此考官进一步询问其拍摄过什么作品，而应聘者的回答却是她喜欢别人给她拍照，还说家里的几本影集都已经满了。这就是说话"牛头不对马嘴"了。

有的应聘者在介绍家庭关系时，似乎"漫不经心"地告诉考官们，自己的某位远房亲戚是应考单位的上司单位的某领导，这就很有"显摆"之意。

有的应聘者表示将来踏上工作岗位，将"一定要……"、"绝对……"诸如此类的保证，似乎在做就职演讲。

特别要指出的是，不能夸大自己。考官一方面从应聘者的综合素养表现，能够大体估计应聘者的能力；另一方面，如果考官进一步追问有关问题，将令"有水分"的应聘者下不了台。

小贴士

求职面试的自我介绍要把握以下要点：
1. 要突出个人的优点和特长，并要有相当的可信度。特别是具有实际工作、实践或实习经验的要突出自己在这些方面的优势，最好是通过自己做过什么项目这样的方式来验证。
2. 要展示个性，使个人形象鲜明，可以适当引用别人的言论，比如老师、朋友等的评论来支持自己的描述。
3. 不可夸张，坚持以事实说话，少用虚词、感叹词。
4. 要符合逻辑，介绍时应层次分明、重点突出，使自己的优势很自然地逐步显露，不要一上来就急于罗列自己的优点。

技能演练

【演练名称】求职面试自我介绍

【演练内容】

1. 请分析说明"任务情境设定"中应聘者自我介绍的成功之处。
2. 每人设计3分钟的"自我介绍",并作口头表达,要求把握好时间与内容的关系。

【演练评价】

求职面试自我介绍演练考核评价表

序 号	考核评价项目	分 值	扣 分	实 得 分
1	报出姓名、身份	20分		
2	介绍学历、工作经历	30分		
3	介绍工作经验、能力	30分		
4	应聘的原因	20分		
	合　　计	100分		

任务三　常见面试问题解答举要

 学习目标

1. 了解面试中提问回答环节的基本情况。
2. 学习和掌握面试问题回答应对的思路与策略,并通过训练获得实际感知。

任务情境设定

一位管理学院的应届毕业生去应聘某公司的市场部企划专员。面试官是由人力资源部经理和市场部经理组成的。这位毕业生可能遇到的面试提问有:

1. 请用3分钟时间做个简单的自我介绍。
2. 你大学里成绩在班上处于什么位置?
3. 你最喜欢什么课程,为什么?
4. 你参加过哪些社会活动,你认为达到了什么意义?
5. 举一个你参与策划组织活动的例子,你在这个活动中是什么角色,当时要完成什么任务,你采取了什么行动,最后的结果如何?
6. 你认为企划专员的主要工作内容是什么?
7. 你对我们公司了解多少?
8. 你对某行业一个市场竞争状况如何看?
9. 你希望自己3～5年之后做什么?

10. 你期望的收入是多少？
11. 请问你有没有什么问题要问？

另外，有关专业上的问题可能有：
1. 你认为什么是市场营销？什么是管理？
2. 列出一个案例请你分析，或请你做一个策划方案。

 思考讨论

面对方方面面、意料之中和意料之外的问题，如何做好面试准备，才能给面试人员展现出一个真实的你？

 知识链接

面试过程中，面试人员会向应聘者发问，而应聘者的回答将成为面试人员考虑是否接受他的重要依据。无论面试的形式有多少，问答都是围绕考核应聘者的素质是否符合所招聘岗位的要求而展开的，对此，不少学生都觉得它很难。其实面试问答关不是想象中的那么难，因为它是有规律可循的。

一、应届生常遇面试问题

（一）毕业生的基本情况：姓名，专业，学历等

提问的方式有：请你用 1 分钟时间简单介绍你自己；或者请你用 2～3 分钟时间介绍你的大学生活等。一般招聘应届毕业生时，安排的面试比较集中，很多时候面试人员问这样的问题是了解基本情况，或者趁应聘者介绍的时候快速浏览简历，以便根据应聘者的情况进一步提问，同时看看应聘者的表达能力。这部分内容可以提前准备好，针对应聘的岗位和自己的亮点要组织得有条理有重点。

（二）根据简历和介绍的基本情况进行深入提问

主要内容涉及学习成绩，社会活动，打工实习等内容。并且可能会要求举出实际的一个事例来说明应聘者谈到的活动或能力。面试人员主要希望从应聘者的过往经历和表达中发现应聘者的优缺点，考察应聘者的逻辑思维能力，团队合作等基本素质等。应聘者在回答时应该以事实为依据，前后一致，逻辑严密，表达清晰。

（三）求职目标及对所应聘公司和职位的了解情况

面试人员问这方面的问题主要是希望了解应聘者希望工作的岗位、地点，应聘原因，对所应聘公司和岗位熟悉程度。应聘者提前做好充分的准备是需要的，对所应聘的公司和职位了解得越多越深入越好，这样如果被录用的话对工作的适应性就越强。

（四）对个人未来职业发展的规划

一般公司到大学招聘应届毕业生是希望培养一些后备骨干，希望他们有比较长远工作和发展的打算。应聘者对自己三五年之后做什么应该有一个比较清晰的认识，有一个比较长远的职业规划。

（五）对薪酬的期望

在面试的后半部分或第二、三次面试时，很可能会问到这个问题。面试人员通过这个问题想了解应聘的薪酬期望是否与公司可提供的标准吻合，另一方面也想了解应聘者对自己的定位和对所应聘岗位的了解程度。应聘者没有什么不好意思，也不必过于谦虚，最好根据当地市场行情来回答，如果自己足够优秀，可以比市场行情略高一些。

除了上面谈到的内容外，在面试中还会涉及一些与应聘岗位有关的专业知识的面试，并且一般有直接主管来提问，这部分内容就看应聘者的基本功了。

二、十四个基本面试问题回答思路

（一）谈谈你的家庭情况

1．对于了解应聘者的性格、观念、心态等有一定的作用，这是招聘单位问该问题的主要原因。
2．简单地罗列家庭人口。
3．宜强调温馨和睦的家庭氛围。
4．宜强调父母对自己教育的重视。
5．宜强调各位家庭成员的良好状况。
6．宜强调家庭成员对自己工作的支持。
7．宜强调自己对家庭的责任感。

（二）你有什么业余爱好

1．业余爱好能在一定程度上反映应聘者的性格、观念、心态，这是招聘单位问该问题的主要原因。
2．最好不要说自己没有业余爱好。
3．不要说自己有那些庸俗的、令人感觉不好的爱好。
4．最好不要说自己仅限于读书、听音乐、上网，否则可能令面试官怀疑应聘者性格孤僻。
5．最好能有一些户外的业余爱好来"点缀"你的形象。

案例

问：你有什么爱好啊？有空的时候喜欢做什么？

问题分析：面试人员询问求职者的业余爱好，其一是为了制造和谐气氛，其二是想通过求职者的喜好判断一下他的个性。

普通回答：我特别喜欢打篮球，因为打篮球能够培养一种团队精神。

点评 这明显是一个"失真"的回答。一个人喜欢打篮球，绝对不是为了锻炼团队精神。如果对一个简单的问题进行"上纲上线"式的回答，面试人员会觉得这个求职者不够真诚。

回答示范1：我非常喜欢游泳，原来基本上每天都游，现在找工作时间比较紧，一个星期只能游几次了。

点评 这是一个非常真实的回答，求职者的口气也比较放松。不过，吹毛求疵地说，大家一定会更喜欢以下的两个示范性回答。

回答示范2：我的爱好还挺多的，小时候被爸妈逼着拉琴，过了八级，不过上大学以后不常拉琴了，喜欢群体活动，踢足球！我技术比较臭，只能打后卫，有时候连后卫都打不上，就去守大门。幸好大门的位置经常是为我敞开的，呵呵。

点评 这是一个听起来让人会心一笑的答案，很诚实，很可爱。求职者在准备面试的时候，不妨多设计一些此类略带幽默色彩的答案，它们会让面试官更加喜欢你。

回答示范3：说实话，我没有一个特别明显的爱好，有朋友来的时候去打打保龄球唱唱歌，一个人的时候看看电视、在网上聊聊天什么的。平时工作特别忙，很难发展一个特别的爱好，呵呵。

点评 真诚的沟通，能够迅速引起面试官的共鸣，很可能面试官也在过着一模一样的忙碌生活。而且，这样的回答也暗示了一些积极的因素：随和的个性、习惯于繁忙的工作。

（三）你最崇拜谁

1．最崇拜的人能在一定程度上反映应聘者的性格、观念、心态，这是面试官问该问题的主要原因。

2．不宜说自己谁都不崇拜。

3．不宜说崇拜自己。

4．不宜说崇拜一个虚幻的或是不知名的人。

5．不宜说崇拜一个明显具有负面形象的人。

6．所崇拜的人最好与自己所应聘的工作能"搭"上关系。

7．最好说出自己所崇拜的人的哪些品质、哪些思想感染着自己、鼓舞着自己。

（四）你的座右铭是什么

1. 座右铭能在一定程度上反映应聘者的性格、观念、心态，这是面试官问这个问题的主要原因。
2. 不宜说那些会引起不好联想的座右铭。
3. 不宜说那些太抽象的座右铭。
4. 不宜说太长的座右铭。
5. 座右铭最好能反映出自己某种优秀品质。
6. 参考答案："只为成功找方法，不为失败找借口"。

（五）谈谈你的缺点

1. 不宜说自己没缺点。
2. 不宜把那些明显的优点说成缺点。
3. 不宜说出严重影响所应聘工作的缺点。
4. 不宜说出令人不放心、不舒服的缺点。
5. 可以说出一些对于所应聘工作"无关紧要"的缺点，甚至是一些表面上看是缺点，从工作的角度看却是优点的缺点。

（六）谈一谈你的一次失败经历

1. 不宜说自己没有失败的经历。
2. 不宜把那些明显的成功说成是失败。
3. 不宜说出严重影响所应聘工作的失败经历。
4. 所谈经历的结果应是失败的。
5. 宜说明失败之前自己曾信心百倍、尽心尽力。
6. 说明仅仅是由于外在客观原因导致失败。
7. 说明失败后自己很快振作起来，以更加饱满的热情面对以后的工作。

（七）你为什么选择我们公司

1. 面试人员试图从中了解你求职的动机、愿望以及对此项工作的态度。
2. 建议从行业、企业和岗位这三个角度来回答。
3. 参考答案："我十分看好贵公司所在的行业，我认为贵公司十分重视人才，而且这项工作很适合我，相信自己一定能做好。"

（八）对这项工作，你有哪些可预见的困难

1. 不宜直接说出具体的困难，否则可能令对方怀疑应聘者不行。
2. 可以尝试迂回战术，说出应聘者对困难所持有的态度，如："工作中出现一些困难是正常的，也是难免的，但是只要有坚忍不拔的毅力、良好的合作精神以及事前周密而充分的准备，任何困难都是可以克服的。"

（九）如果我们录用你，你将怎样开展工作

1．如果应聘者对于应聘的职位缺乏足够的了解，最好不要直接说出自己开展工作的具体办法。

2．可以尝试采用迂回战术来回答，如："首先听取领导的指示和要求，然后就有关情况进行了解和熟悉，接下来制定一份近期的工作计划并报领导批准，最后根据计划开展工作。"

（十）与上级意见不一致，你将怎么办

1．一般可以这样回答"我会给上级以必要的解释和提醒，在这种情况下，我会服从上级的意见。"

2．如果面试你的是总经理，而你所应聘的职位另有一位经理，且这位经理当时不在场，可以这样回答："对于非原则性问题，我会服从上级的意见，对于涉及公司利益的重大问题，我希望能向更高层领导反映。"

（十一）我们为什么要录用你

1．应聘者最好站在招聘单位的角度来回答。

2．招聘单位一般会录用这样的应聘者：基本符合条件、对这份工作感兴趣、有足够的信心。

3．可做类似回答，如："我符合贵公司的招聘条件，凭我目前掌握的技能、高度的责任感和良好的适应能力及学习能力，完全能胜任这份工作。我十分希望能为贵公司服务，如果贵公司给我这个机会，我一定能成为贵公司的栋梁。"

（十二）你能为我们做什么

1．基本原则是"投其所好"。

2．回答这个问题前应聘者最好能"先发制人"，了解招聘单位期待这个职位所能发挥的作用。

3．应聘者可以根据自己的了解，结合自己在专业领域的优势来回答这个问题。

（十三）你是应届毕业生，缺乏经验，如何能胜任这份工作

1．如果招聘单位对应届毕业生的应聘者提出这个问题，说明招聘单位并不真正在乎"经验"，关键看应聘者怎样回答。

2．对这个问题的回答最好要体现出应聘者的诚恳、机智、果敢及敬业。

3．可做类似回答，如："作为应届毕业生，在工作经验方面的确会有所欠缺，因此在读书期间我一直利用各种机会在这个行业里做兼职。我也发现，实际工作远比书本知识丰富、复杂。但我有较强的责任心、适应能力和学习能力，而且比较勤奋，所以在兼

职中均能圆满完成各项工作，从中获取的经验也令我受益匪浅。请贵公司放心，学校所学及兼职的工作经验使我一定能胜任这个职位。"

（十四）你希望与什么样的上级共事

1. 通过应聘者对上级的"希望"可以判断出应聘者对自我要求的意识，这既是一个陷阱，又是一次机会。
2. 最好回避对上级具体的希望，多谈对自己的要求。
3. 如"作为刚步入社会新人，我应该多要求自己尽快熟悉环境、适应环境，而不应该对环境提出什么要求，只要能发挥我的专长就可以了。"

值得一提的是，同一个面试问题并非只有一个答案，而同一个答案并不是在任何面试场合都有效，关键在于应聘者掌握了规律后，对面试的具体情况进行把握。

三、面试语言应对训练策略十招

（一）第一招：把紧自己的嘴巴，三思而后答

面试场上，考官们经常采用的一个基本策略就是尽量让求职者多讲话，目的在于多了解一些求职者在书面材料中没有反映的情况。

有一位求职者在面试时，当考官问"你有什么缺点"时，他按事先准备好的答案做了回答。但他一看考官听了之后没有吱声，就以为是自己答得不好，又怕冷场，于是又讲了一个缺点。可是考官一直静静地听着还是不说话，就这样，求职者一个又一个地讲了不少，而且都是没有经过预先考虑过的。

俗话说："言多必失"。这样应答是不明智的，其结果吃亏的往往是求职者自己。

（二）第二招：留足进退余地，随机而应变

面试当中，对那些需要从几个方面来加以阐述，或者"圈套"式的问题，求职者要注意运用灵活的语言表达技巧，不要一开始就把话讲死。否则，很容易将自己置于尴尬境地或陷入"圈套"之中。

当考官提出"×××，你认为应抓住几个要点？"之类的问题时，你的应答最好这样开头："我认为这个问题应抓住以下'几个'要点。"在此用"几个"而不用具体的数字"三个"、"四个"或"五个"来回答，给自己预留了灵活发挥的空间，可以边回答边思考边丰富。反之，如果话一讲死，一旦出现卡壳，就会慌乱、紧张，本来完全可以应答的问题也就答不好了。

当考官提出"据说你对'××'问题很有研究，不妨谈些你的看法"这样一些诱导式的问题时，你的应答须特别谨慎。因为考官提出问题的时候，就把你界定在一个特定的背景下，实际上是为了对你作深入了解所设定的"圈套"。即使你真的对"××"问题很有研究，也切不可自以为是，否则你将面临难度更大的追踪性问题。你不妨这样回答："谈不上很有研究，只是略知一二，可以共同探讨一下。"这表面上是对考官的谦

恭，而实质在于给自己留下回旋的余地，以便随机应变。

（三）第三招：稳定自己的情绪，沉着而理智

有一家外贸进出口公司在一次人才交流会上招聘秘书，某女士过关斩将，各方面的条件都符合招聘单位的要求，正当招聘单位欲拍板录用她时，一名考官灵机一动，又提了一个问题："小姐，如果在将来的工作中，你接待的客人要你陪他跳舞，你不想跳，但不跳又不行，你会怎么办？"

没想到考官的语音刚落，那小姐当即涨红了脸，对着招聘人员愤怒地说："你们是什么鬼单位，在这里摆摊招舞女！"说完，连求职材料也未取回就气呼呼地扬长而去。

其实那家公司是一个很正派、很有声望的企业，那位考官提出的问题可以说是工作中常会碰到的问题，并没有什么不健康，也不难回答。如果是你，不妨这样回答："我们这个公司是一个正规企业，我想不会碰上不三不四的人，正常情况下跳跳舞也不是什么坏事。"

（四）第四招：不置可否地应答，模棱而两可

面试场上，考官时常会设置一些无论你作肯定的回答还是作否定的回答都不讨好的问题。比如，考官问："依你现在的水平，恐怕能找到比我们公司更好的单位吧？"如果你的回答是肯定的，则说明你这个人心高气傲，或者"身在曹营心在汉"。如果你的回答是否定的，不是说明你的能力有问题，就是自信心不足；如果你回答"我不知道"或"我不清楚"，则又有拒绝回答之嫌。真是左右为难。

别急，当你遇到这种任何一种答案都不是很理想的问题时，就要善于用模糊语言来应答。可以先用"不可一概而论"作为开头，接着从正反两方面来解释你的观点。不妨这样回答这个问题："或许我能找到比贵公司更好一点的企业，但别的企业在对人才培养方面或许不如贵公司重视，机会或许也不如贵公司多。我想，珍惜已有的是最为现实的"。这样回答，不仅能让自己置于一个有利的位置，而且会让考官领略到你的高明和厉害。

（五）第五招：圆好自己的说辞，滴水而不漏

在面试中，有时考官所提的一些问题并不一定要求有什么标准答案，只是要求应聘者能回答得滴水不漏、自圆其说而已。这就要求应聘者答题之前要尽可能考虑得周到一些，以免使自己陷于被动。

有一位商场的采购经理参加一次面试，当考官提出"请你举一个实例说明你的工作规范和流程"时，他回答："这有可能涉及我们的商业秘密。"考官说："那么好吧，请你把那些不属于商业秘密的内容告诉我。"这样一来，问题的难度更大了，他先得分清楚哪些是商业秘密，哪些不是，一旦说漏了嘴，则更显出其专业水平不够。因不能自圆其说，很可能会被逼入"死角"。

有两个典型的考题，在面试场上出现的频率最高。一是"你最大的优点是什么？"

二是"你最大的缺点是什么？"这两个考题貌似简单，其实很难答好。

因为接下来考官会追问："你的这些优点对我们的工作有什么帮助？""你的这些缺点会对我们的工作带来什么影响？"之后，还可以层层深入，"乘胜追击"，应聘者是很容易陷入不能"自圆其说"的尴尬境地的。面试在某种程度上就是一种斗智，你必须圆好自己的说辞，方能滴水不漏。

（六）第六招：不拘一格地思维，"歪打"而"正着"

面试中，如果考官提出近似于游戏或笑话式的过于简单的问题，你就应该多转一转脑子，想一想考官是否另有所指，是否在考察你的 IQ 或 EQ。如果是，那就得跳出常规思维的束缚，采用一种非常规思维或发散式思维的方式去应答问题，切不可机械地做就事论事的回答，以求收到"歪打正着"的奇效。

有一位学历并不高的女青年到一家大公司应聘管理人员的时候，一位考官突然提问："请问，一加一是多少？"女青年先是一愣，略一思索后，便出其不意地反问考官："请问，你是说的哪种场合下的一加一？如果是团队精神，那么一加一大于二；如果是单枪匹马，那么一加一小于二。所以，'一加一是多少？'这就要看你想要多少了。"由于女青年采取了非常规性应对方式，在众多应聘者中，她便脱颖而出了。

（七）第七招：摆平自己的心气，委婉而机敏

面试场上，考官往往会针对求职者的薄弱点提出一些带有挑战性的问题。比如，对年轻的求职者会设问："从你的年龄看，我们认为你担任经理这个职务太年轻了，你怎么看？"对年龄稍大的求职者又会设问："我们觉得你的年龄稍大了点，恐怕在精力方面不如年轻人，你怎么看？"等等，面对这样的考题，如果回答"不对"、"不会"、"不见得吧"、"我看未必"、"完全不是这么回事"，等等，虽然也能表达出自己的想法，但由于语气过于生硬，否定过于直接往往会引起考官的不悦。

比较好的回答应该是"这样的说法未必全对"，"这样的看法值得探讨"，"对这样的观点可以商榷"，"这样的说法是有一定的道理，但我恐怕不能完全接受"，等等。

（八）第八招：放飞想象的翅膀，言之而有物

面试中，偶尔也会出现一些近乎怪异的假想题，这类题目一般都具有不确定性和随意性，这也使应聘者在回答时有了发挥想象的空间和进行创造性思维的领域，你只要充分利用自己积累的知识，大胆地以"假设"对"假设"，就能够争得主动，稳操胜券了。

一位华裔小姐到一家美国公司面试，在"微软"众多稀奇古怪的问题中，她遇到了这样一道怪题："在没有天平的情况下，你该如何称出一架飞机的重量？"这是一个假设性的问题，刁钻怪异得近乎天方夜谭。这位华裔小姐来了个"以牙还牙"，也用假设法作了应答"这要看你用中国式还是美国式的方法了。假如是中国人，他会从古老的'曹冲称象'中得到启迪；假若是美国人，他或者现实一些，拆下零件来分别过磅就是，也可以浪漫一些，发明一种特大型吊秤也并必不可能。"这种颇有想象力且极富创意的应

答，令考官不得不为之惊叹，于是她顺理成章通过了面试关。

（九）第九招：守好自己的人格，含蓄而大度

一些女性应试者在应聘诸如公关小姐、秘书、演员等特殊岗位时，经常会遇到考官提出的比较敏感的问题，一般来说，应聘者可以采取较为模糊、含混而又大度的方式予以回答。因为这种情形下，考官的用意主要在于测试你的应变能力或智商，所以，模糊、含混一些非但无伤大雅，有时反而还能起到证实应聘者智力和应变力的作用。

一位少女到某影视传播公司应试，考官提出这样一个匪夷所思的问题："如果你被录用了，遇到这样一个剧本，其中有裸体的镜头，你该如何对待，是接，还是不接？"

面对这令人难以启齿的问题，少女脸一红，旋即答道："这要看哪种情形了。如果跟剧情关系不大，仅仅是为了招徕观众，取悦观众，我是不会主动接它的。当然，如果确实是因剧情需要，我想，我也会要求导演用其他方式来处理，比如，画面的朦胧感、镜头的调整，等等。"

这种既不肯定又不否定的应答，看似模棱两可，却在护卫自己人格的同时，又巧妙地避开了问题的实质。难怪，考官们被她的聪明所打动，使之顺利走向了银屏。

（十）第十招：面对"刁难"巧"较量"，针锋而相对

面试场上，若遇考官"刁难"，善于"较量"也是一个"杀手锏"。在一场公务员面试中，考官和应聘者的问答如下：

问："第二轮写作考试谈生产力的问题，我觉得你谈得并不是很理想，为什么？"

答："您说得对，我也认为没谈透，因为我是学中文的，有关经济方面的知识还不够，不过如果是工作需要，我会努力去学习的。"

问："如果你通过了考试，录用你了，你们单位不肯放你走怎么办？"

答："这的确是个重要问题，原单位重点培养了我三四年，而我却要'跳槽'，他们很可能不同意。"应聘者稍思索了一下，又答道："如果副部长认为我还能适合这里的要求的话，您也就能想办法帮助我解决这个难题。"听了这个回答，一直保持严肃的主考官微微地笑了。

四、面试案例分析

毕业生们经过初选、笔试后，进入面试阶段。此时，对于面试人员，用人单位基本上已经有意录用。但是，很多同学却在这一关卡住，甚至形成了"面试综合症"。下面，通过几个真实的面试案例，来看一下面试过程中应该注意些什么。

（一）紧张的克服和自信的树立

张同学求职意向首选是国际四大会计师事务所，经过层层筛选，他如愿进入普华永道和安永华明的最后一轮面试，也就是要去见事务所的合伙人。能在数千大军中杀到见合伙人已经实属不易。然而，在见合伙人的时候，他特别紧张。在见普华的合伙人时，

他叫错了合伙人的名字，并且临走时把包忘在了合伙人的办公室里。在见安永的合伙人时，由于是英文面试，他重复一个英文单词数遍，唯恐对方听不清楚，直至那位合伙人亲自打断并说明他已经明白了张同学的意思，他才明白该适可而止。结果是两家国际一流的会计公司都在最后面试时将他拒之门外。

李同学面试中信集团总部时，面试官问他对中信了解多少。他想了半分钟然后说道：我接到面试时还没来得及查看中信的资料，所以不太了解。面试官对他说："我们招人自然希望他能了解中信，你还是回去再多了解了解吧。"

赵同学在面试人民银行时，面试官问他为什么想来人民银行。赵同学心里想到：还不是因为你人民银行权力大。但是碍于不方便直白地说这样的话，他一时没了主意。吭哧吭哧中，和人民银行说了再见。

点评 从上面的案例中可以看出张同学精神紧张，缺乏自信，跌倒在自己最想去的公司前。赵同学和李同学对用人单位缺乏了解，回答不出常规问题。要想在面试中脱颖而出，给招聘人员留下深刻的印象，就要克服紧张，建立自信。要想自信，就必须知己知彼，对自己和用人单位都有客观的认识。求职应聘，是一个了解自己、了解用人单位，向用人单位展示自己能力与素质的面对面的接触。只有做好了充分的准备，才能用特色和真才实学为自己铺就成功之路。

（二）诚信建立和实话实说

刘同学在简历的著作栏里写下了曾发表过一篇关于汇率稳定的文章，以期在面试银行时会有作用。结果在面试中国银行时，当主考官问起她对汇率稳定的观点时，她结结巴巴，说不出个所以然。事实是身为会计专业的她对金融问题根本没有什么研究，只是托同学在所发表的文章后带了自己的名字。因此，她也和中国银行失之交臂。

王同学一心想进入国际性的咨询公司，在遭到拒绝后，转而将目标锁定于国际会计师事务所。最后，只有安永给了她面试邀请。原本此机会已是弥足珍贵，但面试中，考官问到她还投递了哪些单位时，王同学将她投递过的单位如数家珍般一股脑儿兜出，表现了极强的兴趣，但她就是没有表现出对安永的兴趣。此情此景下，考官也只能寒心地将她拒之门外。

张同学在面试毕马威时，一心向主考官强调她特别想进入该公司。在解释原因时，她指出毕马威的良好背景有利于她以后再次跳槽。最后，毕马威还是没有给她这个可以再次跳槽的机会。事后，张同学懊恼地表示她当时头脑发晕，但发晕的时候可以很多，面试时是绝不可以的。

点评 上面的三个小例子讲的是在面试中既保持诚实的态度，又不可过于说大实话。刘同学以他人的文章充数，面试中漏出破绽，失去诚信。王同学和张同学大讲实话，令用人单位寒心，一拒了之。诚信是用人单位在招聘新人时重视的品质之一，诚信也是社会交往赖以维系和发展的基础。古人云："一语为重万金轻"。在以人为本的时代背景下，人性化的选才用人，是用人单位的管理方式。在进行双向选择时，应当将自己真实的情况展现在用人单位面前,以自己的风采赢得用人单位的认同,进而与用人单位达成协议。求职者的费尽心机,总会有露馅的一天,到头来将是对自己最大的打击。然而,保持诚信和不讲大实话是不矛盾的。如果王同学在真实说出自己还投了那些单位后,不是谈自己对那些单位的兴趣,而是表明在这些选择之间她对安永情有独钟,并且能够用足够的理由说服对方认为她说的话是真实的,那么王同学今天很可能已经是安永的一员了。上面的张同学如果在面试时能保持清醒,可能不会说出跳槽之类的话,面试的效果应该会更好些。

（三）不断总结,成功在望

梁同学在求职之初,屡试屡败。一天下午,他走进就业指导中心寻求帮助。就业指导中心老师让他回忆前几次面试中感觉有何失误。想了一会儿后,他说在农业银行的面试中他过于紧张,说话没有条理;在光大集团面试中他没有说好为什么要加盟光大;在信息产业部的面试中,他没有回答好业余爱好是什么（他回答的是喜欢和朋友们喝酒聊天）。在反思以前面试中的不当之处后,老师让他在准备下一个面试时,除了专业知识的准备,还要做到:事前自己以正常说话口吻简短的两分钟自我介绍;对简历中的每一方面的内容,都要做到心中有数;对所应聘的公司要做到大致了解,并且一定要想"我为什么要来,我来了能做什么"这样的问题;面试时注意说话的语速和音调,以保证让面试官听清楚。一周后,他满脸欢欣地再次走入就业指导中心,对老师说他参加了某保险公司的面试,在11位主考官面前,神态自若,回答流利,有理有据,得到了面试官的一致好评。又一个星期后,老师接到了他的电话,他被保险公司录取了。

点评 从这个例子可以看出每一次经历都是一次成长的好机会。经历了失败能及时总结经验,在实力不断增强的基础上不断增强自信心,才能不断增加成功的砝码,达到成功的彼岸。另外,作为毕业生,有一个其他求职者无法比拟的优势,那就是在你身边有一群和你有一样经历、一样奋斗目标的同学,还有一直关注你成长的老师。他们足以成为你的援助组,足以在你困惑的时候指点迷津,在你斗志涣散时给予激励,在你胜利时送来喝彩。所以,在你为面临毕业、面临找工作而苦恼时,最好的办法是找人聊聊,及时疏导情绪,积累经验,以期以饱满的精神状态迎接下一次挑战。

 **技能演练**

【演练名称】模拟面试
【演练内容】
职位类别：市场营销
职位名称：市场调研专员
所属部门：市场部
直接上级：市场调研主管

岗位职责：

1．制定市场调研计划，组织策划市场调研项目，对市场上快速消费品/饮料类产品进行调查，收集各类市场情报及相关行业政策与信息。

2．通过问卷、网络等调查方式进行消费者消费心理及行为习惯调研，提供调研报告。

3．通过走访市场、调查问卷等方式对同类产品的销售动态进行调研。

4．根据市场调研结果，与产品专员沟通，支持、配合产品专员做好产品市场调研工作。

任职资格：

1．思维开放、积极主动、勤奋、有团队合作精神。

2．企业管理、市场营销及相关专业大专以上学历。

3．对快速消费品市场有较深刻认识。

4．两年以上相关产品的市场调研工作经验者优先。

面试性质：初试。

面试结构构成：招聘专员1人（主考）、部门经理1人、记录员1人。

面试时间安排：30分钟

【演练评价】

模拟面试演练评价反馈表

评价内容	情况反馈、分析
本任务学习心得 （包含学习收获、改进措施、疑惑等）（40分）	
所在小组任务实施情况（30分）	
完成任务过程中个人表现（30分）	
自我综合测评（0～100分）	
教师意见反馈	

模 块 小 结

毕业生求职的障碍主要表现在不能在面试过程中很好地表现和表达。如礼仪上的不周全，不能回答自己应聘某一岗位的理由，不能表达自己已有的成绩或经验，不能适时提问等。存在这种障碍的毕业生不仅反映出在语言表达方面的不足，也反映了他们综合素质方面有缺陷。

面试沟通素质必备的四要素是德、识、才、学，面试口才是一个人德、识、才、学的试金石。可见，这是一门综合性艺术，是毕业生对自身知识积累的综合调动，应当好好修炼培养。

拓 展 训 练

项目一

【训练名称】举止礼仪

【训练内容】模拟训练面试时的走路、站立姿势,还有坐姿、手势。

【训练说明】

(1)按照正确的面试举止礼仪进行训练,每组推选或自荐1名同学参与,其余同学协助和做观察者。

(2)训练结束,参与者与观察者交流体验或观察心得,感受面试礼仪的重要。

项目二

情境训练:以下是一些用人单位常问的问题,请你思索后回答。

第一类:工作动机、个人愿望

请给我们谈谈你自己的一些情况。

请谈一下你对公司的看法,为什么你想来工作?

你认为对你来说现在找一份工作是不是不太容易?

你完全可以到大公司任职,你怎么想到我们小企业?

如果公司录用你,你最希望在哪个部门工作?

你愿意被外派工作吗?你愿意经常出差吗?

我怎样相信对这个职位你是最好的人选呢?

如果我能给你任何你想要的工作,你会选择什么?

为什么你还没有找到工作?

你对我们公司有多少了解?你对公司有何印象?

你谈谈选择这份工作的动机?

你家在外地,单位无住宿条件,你如何看待呢?

第二类:兴趣、学业、优点、缺点

你现在最感兴趣的是什么?

空闲时喜欢什么消遣?

你在自我调节方面做何种努力?

学校学的课程对所应聘的工作有些什么帮助?

你有哪些兴趣爱好或具备什么资格证书?

你的学习成绩如何?

你认为自己最大的缺点是什么?

你所取得的最大成就是什么?

请你说说在以前的工作上成功与失败的地方？
你的好朋友怎样形容你？
你在大学里的学习成绩不敢恭维，你如何解释呢？

第三类：工作经验、工作态度

你有什么社会实践经验？
你为什么选择现在的学校和专业？
你比较喜欢独立工作还是集体工作？
你希望在本公司工作多长时间？
你如何看自己缺少工作经验这问题？
你没有营销方面的经验，不是吗？

第四类：能力表现

你谈恋爱了吗？你如何看待大学生谈恋爱？
你有能力胜任应聘的职位吗？
来面试的有十位候选人，如何证明你是最优秀的？
厨房里有蔬菜，能不能给我做几样拿手的好菜？
在工作中你怎样看待错误？
我们公司今年计划不招女学生。
你有三分钟来表现自己，使我感兴趣，就留下来。
假如接待的客人要你陪跳舞，你不想跳，怎么办？
你喜欢和何种人共事？
你对大学生就业市场的评价如何？
你喜欢什么样的上司？
你认为对员工的管理严厉好，还是宽松好？
谈一谈你在过去生活中遇到的问题，是如何解决的。
你喜欢你们学校吗？你的老师怎么样？
假如你可以拥有一本书，你会选择哪一本？
你的任务完成了，而同伴未完成，你怎么办？

第五类：其他问题

毕业后为何不马上工作？
你择业考虑的主要问题是什么？
你觉得干这项工作是大材小用还是小材大用？
薪水和工作，哪个对你更重要？
你希望待遇月薪大约是多少金额？
请谈一下你期望的月薪要求。

模块九

校园情境沟通

　　"感人心者，莫先乎情。"
　　师生之间的有效沟通是构建和谐师生关系最好的手段。构建和谐的师生关系就是要使师生之间在心理上互相容纳，即理解对方、接受对方，能互相信任、互相尊重。
　　同学之间朝夕相处，但良好的沟通仍然需要技巧，技巧能为沟通架起彩虹金桥。要使自己受同学们欢迎，相互交流中尊重对方，言语行动表现出友好的态度，对同学友善，同学自然也会报以友善。

任务一　师生沟通

 学习目标

1. 掌握师生沟通的方法，构建和谐师生关系。
2. 通过训练能够达成师生之间的有效沟通。

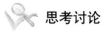 **任务情境设定**

1. 被老师冤枉了。
2. 不喜欢某一位老师，于是不愿意上那位老师的课，作业不爱做，勉强应付，结果师生关系恶化。

思考讨论

在以上两个任务中如何改善师生关系？

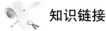 **知识链接**

学生在与教师的沟通中，常常处于心理上偏弱的一方，那么要如何才能得到比较好的沟通效果呢？主要诀窍有两个，第一是找出冲突的关键点或是事件的重点，就事论事。第二就是遵循尊师礼仪，以坦诚之心进行交流。

同样，教师在与学生的沟通中要适当放低姿态，多倾听学生的表述，不要急于表达。"换位思考"是师生沟通的有效途径。

一、构建和谐师生关系达成师生有效沟通

（一）导致师生关系不和谐的因素

师生之间的教育关系是教师和学生为完成一定的教育任务而产生的关系。这种关系具有工具性的目的，即它是以教育活动为纽带服务于一定的教学任务。师生之间良好的教育关系主要表现为教学活动中教师和学生在教学目标上的协调一致，师生相互配合。但是由于我国传统教育思想和教育方式的最主要特征就是教师在教育和教学过程中占据绝对的主导和权威地位，而且这种教育思想和教育方式的影响非常深远，虽然客观上对我国传统的教育发展有着非凡的历史意义，但是随着时代的变迁以及客观环境的变化，也显现出来一些消极作用。因此，在当前高校师生关系总体协调的同时，在局部范围之内也存在一些对师生关系产生消极影响的现象。

1. 陈旧观念制约师生沟通

这里的陈旧观念一方面指的是学生"混文凭"的想法和行为。认为"大学很好混"，谈谈恋爱、看看电影、复印笔记、考试及格万事足。认为寒窗苦读十几载，一朝成名天下知，不必再像中学生活那么苦读钻研，而是转为享受生活甚至放纵生活。班主任或是辅导员再不是学生时代的"关键人物"，无须沟通，而且好似一个学期也见不到一面，更加不关心是否需要沟通的问题。与任课教师的沟通只限于课堂，下课互不相识。

另一方面是传统"师道尊严"的观念造成的影响。由于传统的师道尊严观念在大部分教师中仍然存在，他们放不下架子，不能平等对待学生。面对生源质量不断下降的现状，对学生产生了厌烦情绪，导致师生关系紧张。同时部分教师在管理、沟通上缺乏艺术，以管代教、以堵代疏，以批评代替教育的做法挫伤学生的自尊心，使得他们的行为得不到理解，拉大了师生间的距离，并造成学生的封闭心理或逆反心理。学生受到排挤，个性心理受到压抑，找不到成功的阳光，于是烦学、厌学、逃学。一边是富有责任心的教师在强制学生学习，另一边是丧失选择自由被迫学习的学生把教师的行为看成是压制、侵犯，久而久之师生关系变得紧张、尖锐。

2. 教师教育观念缺乏时代性，学生学习的主动性降低

大多数学校仅三成左右的同学真正愿意参与课堂上的师生互动，大部分学生对课堂提问持消极态度，学生认为自己是被教育者或被管理者。师生消极教育关系还体现在，一些教师会经常维持课堂秩序，而只有少数学生认可教师维护课堂秩序的行为。

虽然大多数师生认同教师应该"传道、授业、解惑"，但现实中，教师做得更多的是"授业"，忽略了对学生进行思想引导、心理疏导等重要的教育内容。

教师的专业能力和教学组织能力、授课方式直接影响教师形象的树立，并直接影响到学生对教师的评价。现实中，部分教师忙于科研、应付各种社会兼职，疏于研究和创新，教学方法单调、教学内容陈旧，有的甚至把教师工作当作一种副业，应付了事，严重影响了师生关系。当前高校中师生的交流往往集中于专业学科与课程的理论知识和实践技能，人文、情感、文化等领域的交流明显太少，教师人格魅力不明显。

3. 尊师重教的优良传统没有充分发扬

从学生心理发展的特点来看，成长中的学生具有反抗权威的叛逆倾向，同时由于许多学生是独生子女，缺少人际交往的经验，在人际关系的处理中，容易产生抵触情绪，甚至蔑视教师的权威，这也是直接影响师生关系和谐的原因之一。

4. 新的影响因素

计算机网络时代的到来，使得学生接受信息的渠道拓宽，从学校教学渠道获取信息的比例减低。而教师由于繁忙的工作获取社会信息量相对不足，关注的网络知识侧重点又迥然不同，使得学生对教师的信任度和满意度降低。师生双方在交流时，兴趣侧重点、关注度的差异，导致无话可谈或是"话不投机半句多"。

（二）如何构建和谐师生关系，实现师生有效沟通

1. 了解自己（学生）——确定自己内心想要的

首先要明白自己的感受是什么，真正要什么。这些是向内寻找，比如询问自己一些问题：

用心体会自己的情绪，在控诉老师的背后，你的感受是什么？是愤怒，委屈，悲伤或是不平，内疚，挫败感……

你对自己的期待是什么？对教师、长辈的期待又是什么？希望老师道歉，答应你的要求或者只是他们能用心倾听你讲……

你内心真正想要的是什么？是不顾一切找人算账，还是找到改善与教师关系的途径？

2. 了解教师——理解师长为何如此

产生冲突的师生往往很难承认自己错，却都希望对方站在自己的角度理解自己，就

这样在心里打起一个个心结。作为晚辈，作为年轻的一代，可以先站在教师的立场上了解他们真正的想法。

3. 让老师了解自己——敞开心扉，把自己讲给对方听

首先要放下心中的护甲，打开心扉——这是最重要也是最困难的。有效沟通需要创造一个双方能自由表达的环境、打开心灵的氛围，而控诉时，前两步（了解自己、了解师长）往往会被忽视，心灵往往是关闭的，有厚厚的护甲，不能与他人联结。当我们开始理解自己、理解父母，融冰之旅往往就此打开；如果此时暂且放下护甲，呈现出善意，就会引起另一方心灵的打开，关系才会改善。

诚实的表达自己，而不是批评、指责，我们可以尝试"非暴力沟通模式"：

阐述事实、表达感受、内在寻求、发出请求。

比如可以这样说："当我看/听/想到……所以我感到……因为我需要/看重……你是否愿意……？"用不同的方式对教师说话，也会让教师用不同的方式听学生讲。用教师能听懂的语言表达，沟通中重要的不是你想讲什么，而是对方能接收到什么。

二、遵循尊师礼仪，开诚布公真心交流

（一）尊重教师

尊师是中华民族的传统美德，也是礼仪规范的一项传统内容。从礼仪规范的角度说，尊重教师主要体现在以下几个方面：

1. 尊重教师的劳动

教师的劳动是一种复杂的脑力劳动，其劳动对象是人，劳动工具是人，劳动"产品"也是人。抛开其劳动的目的、劳动的对象、劳动的手段不说，光其劳动过程就异常艰巨。从教师劳动过程的强度看，没有时间与场所的限制。在教师的作息时间表上，没有"八小时以外"或"上班"、"下班"的概念，八小时以内是教育培养学生，八小时以外还得从事教育培养学生的工作。即使是最单纯的过程：备课、上课、批改作业，也需付出艰辛的劳动。培养一个人的成长，需要一个漫长的劳动周期。俗话说：十年树木，百年树人。教师的劳动需要经历一个较长的周期。从劳动对象的知识掌握、品行形成的过程看，也往往要经历一个长期反复的艰巨过程。教育家赞可夫说："教师的劳动非常复杂，要求付出巨大的精力。"

2. 尊重教师的人格

学生对教师应有一种较为客观的认识，教师也是人，自然也就有缺点和毛病。学生在心中设计理想教师的形象并无不对，但不能以之作为评判教师现实形象的唯一尺度，更不能简单化地进行情感上的褒贬。自然，校园中也确实存在部分教学能力低、师德水准不尽如人意的教师，但绝大部分教师在专业上都比学生懂得多、钻得深，都有可学习

的地方。因此，一旦发现教师的不足，并不需要大惊小怪，也不用失望埋怨，更不应随便给取个不雅的绰号，而应以谅解的态度与人为善。千万不要在课堂内外，以言行损害教师的人格。当然，在机会、场合适当的情况下，可以向教师委婉指出。但尊重每位教师应是不变的前提，否则，易于造成对教师人格的伤害。

3. 关心教师的健康

在学校里，除了同学以外，师生关系可以说是最密切的了。对于师生关系有两个误区不要进入。一是把教和被教、管理和被管理的关系看成是对立的关系，对老师有戒意，和老师保持距离；二是只看到教师关心学生的一方面，而忽视老师也需要关心。因为教师为了搞好教学，往往没有更多的精力注意自己，这就需要学生的细心关照。有些细心的同学在秋冬开窗流通空气时，注意提前把讲台一侧的窗户先关上，免得冷风使教师着凉，有的教师病刚好便来上课，同学们就特别为他准备椅子并且倒一杯开水……这些看起来是小事，但带来的热情却能使教师感到暖融融的。

为教师创造良好的生活条件和工作环境，是学生关心老师的具体表现。学生对教师健康的关心，哪怕是最细微的表现，也能给教师极大的鼓励。不论生活上有多少困难，无论工作上有多大压力，只要教师能从学生那里得到关心，得到温暖，教师便能坚持下来，战胜一切艰难险阻。学生要懂得尊师重教的道理。在现代社会里，每个人的成长都离不开学校，离不开教师。正在学校学习的学生要关心他人，首先便应该关心自己的教师。

4. 体谅教师的困难

要体谅教师的困难，为他们做好工作尽可能地提供条件，这是学生应尽的义务。学生要学会生活，要想很好地生活，就要学会关心他人，在学校里学会关心教师。

5. 协助教师的工作

教师的工作是教育学生。学生在汲取知识、提高能力、锻炼身体、培养良好思想品德中发挥主动精神就是对老师工作最有力的支持。学习方面的主动精神表现在积极钻研、提出问题、广泛涉猎上。有的教师赞扬某一班学生"好教"，好教在哪里呢？在于学生自觉认真地预习，有发现问题、解决问题的强烈愿望和实际行动，学习兴趣浓厚，不管课内课外的知识都想了解，都想掌握，就像蜜蜂采蜜、海绵吸水，这样的学生自然"好教"。处处都等着教师去调动，有时还调而不动，结果教师、学生都累，学习质量受到很大影响。主动学能使教师觉得"好教"，也就是协助老师教好，同时也是自己学好的保证。何况关心他人、协助教师本来就是学生应具有的优秀品质。

"反映情况，提出意见"也是关心教师、协助教师工作的一个重要方面，有的同学不愿意提意见，觉得不同意见会使教师不高兴，也有的同学不善于提意见，原本是好心，但态度和用语不恰当，令人很难接受。其实，同学不满意的所在，往往正是教师工作的难点。只要注意方法，不同意见也会受到教师的欢迎。教师最苦恼的是知道学生不满意，又弄不清为什么不满意，找不到使学生满意的办法。这时候提出意见正是教师求之不得的，怎么会不高兴呢？

（二）课外尊师礼仪

学生要主动向教师行礼问好。学生和教师相遇，通常应由学生主动先向教师招呼，道声"老师早"或"老师好"。教师应面带微笑回答"早"或"好"。在进出门口、上下楼梯时和老师相遇，学生应主动招呼，请教师先行。不能见到教师便躲。在车站、码头遇见教师，即使客人多，人拥挤，学生也应让教师先上车、船。

我们不提倡学生恋爱，但大学生恋爱却已成普遍的现象。即使是恋人，在校园里必须注意自己的身份和形象，绝不可以表现得太亲热。绝不能说这是个人私事，别人无权干涉。否则，不仅与学生的身份不符，还有违学生行为规范，有伤校园纯净、质朴的风气。

技能演练

【演练名称】师生沟通

【演练内容】分小组进行情境演练，在任务1、2的基础上自拟其他情境，演示如何解决问题，师生如何沟通。每个任务演练时间控制为3～5分钟/组。

【演练设计】

1. 被老师冤枉，教师又没有承认自己的错误。教师教育、批评学生时，难免出现错误，人无完人；学生被冤枉了，产生委屈甚至怨恨情绪与教师感情疏远。化解的办法就是鼓起勇气及时沟通，不要将事情憋屈在心里，而是呈现在阳光下。"坦诚"是师生沟通的关键。如果学生缺乏直接与教师沟通的勇气，也可以选择口才较好的同学或班干部共同与教师沟通。

2. 端正认识，摆正心态。要认识到学习的目标不是对一位教师的喜恶情绪，而是自己能否掌握知识与专业技术。学生对某些学科的学习不感兴趣，主要源于个人感觉及喜恶心理。学生一般会自认为我学习不好老师不会喜欢我，于是对教师缺乏感情、缺少交流沟通；或者是因为纪律问题、小错不断受到教师过多严厉的批评，都因此在教师面前缺少成功、愉快的心理体验，造成感情上的隔阂。

【演练评价】

师生沟通演练评价反馈表

沟通项目	沟通实施情况 自我评价		存在的问题、原因分析 与改进措施
与辅导员沟通	好		
	良		
	还需努力		
	差		

续上表

沟通项目	沟通实施情况 自我评价		存在的问题、原因分析 与改进措施
与各位任课教师的沟通	好		
	良		
	还需努力		
	差		
是否主动为老师提供帮助	是		
	否		
个人在教师心中的综合印象	美好		
	一般		
	没印象		

任务二　同学间沟通

学习目标

1. 掌握同学间的沟通方法，认识到良好的同学关系对于自身学习及身心健康的重要意义。

2. 能运用所学知识正确处理同学之间的人际关系，并实现良好的互动沟通。

任务情境设定

1. 小梅有一些洁癖，在宿舍中对卫生要求挺高。不仅自己身体力行，而且还自封宿舍"卫生督导员"，由此引发了不少笑话，也挑起了她和舍友间的矛盾。请问该如何与小梅沟通，平复同学间的矛盾呢？

2. 秋高气爽，又是秋游好时节，同学提议选一个周末出行。作为班里的成员，你有何好建议？又如何综合建议，协调沟通？

思考讨论

在上述两种情境中，如何与同学沟通，达成一致？

知识链接

同学是大学生人际交往中最基本的对象。我们一生当中，最终留下来的、记得住的、保持联系的、最多的就是大学同学了。由于同处一个年龄段，经历相同，爱好和兴趣相近，处好了很好；但另一方面，又存在着个性的差异，相处的空间小，会发生很多矛盾和冲突。因此，同学之间的交往最普遍也最复杂。

一、如何处理与寝室同学的关系

寝室人际关系是一个值得关注的问题。由于生活习惯的不同和相互误解，会使生活在这一团体中的同学感觉特别别扭。有的同学因为被室友孤立而感到很苦恼。

那么，我们该如何处理与寝室同学的关系呢？

（一）要正视问题

多多寻找自己身上存在的问题以及对宿舍人际关系造成的影响。由于交往的频繁，同学个性和阅历的差异，都有可能造成各种摩擦和冲突。寝室矛盾突出地表现在各种各样的小事中，乱扔垃圾、制造噪音、借钱、随便吸烟、作息混乱、言论霸道和亲密过分等。若自己有不妥善的地方，要适当调整自己的生活习性，改变自己的说话方式，用他人可以接受和理解的方式相处。

> 王东学习成绩优秀名列专业前茅，为人乐观也很喜欢运动，运动后换下来的脏衣、脏裤、脏袜子经常就随手一扔，有时候长时间搁置不洗，搞得宿舍里经常异味阵阵，舍友们怨声载道。在期末评选奖学金的时候，王东居然没有得到任何一类奖学金，而且还被同学们非议说人品不好。他非常想不通，为此苦恼。

分析 换下的脏衣服、脏鞋袜等必须及时洗干净，以免时间长了影响宿舍里的空气质量。自己重要的书、衣服、日用品等物品不要乱丢乱放，要放在自己的橱柜内，这是作为在公共空间生活的基本礼仪。王东因为细节的疏忽而损害了自己的声誉及利益。

（二）争取多沟通交流

不要因为大家有些误解而回避交流沟通，而应主动与大家沟通，参与大家的讨论和活动。只有这样才能更好地了解自己和他人，消除彼此之间的误会，增加相互之间理解和信任。

（三）心胸宽广，对别人多加理解和包容

作为新时代的大学生应有海纳百川的胸怀，多吸收他人的优点，对他人的缺点，则应多加理解和包容。平时对一些生活中出现的鸡毛蒜皮的纠纷，不要太耿耿于怀，该忘的忘，该原谅的原谅，该理解的理解，不要太放在心上。所谓"大事聪明，小事糊涂"。

最后，发自内心地赞美他人，学会欣赏、赞美他人，每天至少说一句让他人感到舒服的话。比如："你太棒了！""你这个发型很好看！"这种赞美的话语会给对方带来快乐，

引起积极的情绪反应。情绪具有传染性，即也会传染给周围的人，给周围所有的人带来快乐。"快乐"会化解人际关系的僵局，使寝室关系变得融洽。

二、如何处理与其他同学的关系

（一）学会微笑

在校园里，随时随地都可能会碰到同学，遇上不太熟的，微笑面对，注视对方，点头而过。遇上比较熟的，还可以问候一两句。微笑是一个符号，一个表达"我喜欢你，我喜欢认识你，我喜欢和你接触"的符号。你怎么对别人，别人就怎么对你。

（二）面子不是最重要的

当遭遇不会、不懂、不知的事情时，我们要虚心为怀，敢于承认。任何掩饰、回避、隐瞒的态度与行为都是有损人际关系的，因为人际关系需要的是真诚。没人任何人知道世间所有的事，"无知"≠"丢脸"。

（三）不带情绪

当我们对某个同学或某件事情，某个要求有不同看法，心中不快时，要提醒自己，"外界是外界，我是我"，应当在情绪上独立于外界，不受外界的影响和干扰，保持镇定，这是极其重要的。很多由同学之间的矛盾引发的吵架、打架事件就是因为这些同学在面对事情时太过冲动，无法理智控制自己的情绪而引起的。因此，我们要对自己的所有情感负责，哪怕是对方看起来明显在使用激将法，也应保持冷静，慢慢练就一颗强大的内心。

（四）学会独立，勇于说"不"

这点很重要，只要我们不带情绪地说"不"，就是一种理性的决定。最忌讳的是，我们不快乐，同时又遵从他人，带上不开心的情绪去做违心的事，说违心的话，时间一长，我们就会迷失自己。不要把同学关系当成是救命稻草。遇到问题、困难，应当设法自己先解决，克服困难没有想象中那么难。如果把自我弱化了，总是渴求外界给予指示与帮助，那么，就永远只是一个害怕风险，没有创造力的孩子。同学之间的关系太过于亲密无间，太过于依赖对方，这样只会给双方带来压力，带来束缚，没有距离的相处只会让双方窒息，从而衍生出许多负面情绪。

（五）培养良好的个性特征

生活中大家都愿意与性格好的人交往，没有人愿意与虚伪、性情粗暴、心胸狭隘的人打交道。因此，要不断形成良好的个性特征，注意克服性格上的弱点。同学之间天天相处，难免会有一些磕磕撞撞的事或意见上的分歧，这时，要克制自己、尊重别人，要破除身上的"骄"、"娇"二气，心平气和地讲道理，不能使气任性，也不能用不文明的语言辱骂同学，更不能粗暴地动手打架。对同学如果有意见发表，以委婉口气为宜，不要随便在大庭广众之下议论同学的不是。

三、怎样让你的爱恋更美好

当我们还是单身时，要怎么面对我们的情感？守株待兔地等待爱情，一定会错失很多机会，但盲目抢夺爱情，则会损人不利己。以主动的姿态，自信地追求爱情，也不会让爱情因自己的追求失当而葬送。那么，如何才能让你的爱情更美好呢？

（一）相信爱情，但不迷信爱情

相信天长地久的爱情是存在的，但期望它会超越一切是不现实的。这样认识，可以使我们不迷信爱情，也就不容易受伤绝望。在青春偶像剧中，爱情似乎是可以战胜一切的，爱情都被渲染得浪漫至极。实际上，爱情只是生活的一部分。

（二）具有爱的能力

爱的能力不仅包括爱他人的能力，也包括爱惜自己的能力。爱他人的能力包括付出的能力、理解的能力、宽容的能力和自我承担的能力。不要指望爱人会为我们分担一切，很多东西我们仍然需要独自面对。付出比索取对爱情更有益，也使自己更快乐。宽容对爱情有出乎意料的效果，用要求、指责都达不到的目的，宽容也许可以奏效。爱自己的能力就是要相信自己、疼惜自己、善待自己。

（三）有一点心理弹性

享受爱情的亲密，接受爱人的疏离，松和紧都能悠然掌握。拥有的时候要珍惜，失去了就赶快转弯，不要没完没了地追忆过去。"两情若是长久时，又岂在朝朝暮暮"；"有缘千里来相会，无缘对面手难牵。"在爱情里，体会到那么多的痛苦，大多是因为太过强求。请记住：随缘自在，随遇而安。

似可得又不可得的状态，感情极易升温，利用这一点可以强化爱情气氛。爱人遇到挫折，最需安慰。爱情是一门学问，爱情也是一门艺术。体会爱，表达着爱，遥想爱是十分美好的境界。

（四）有一点经济基础

虽然物质和爱情不一定成正比，但有一点物质基础绝对有益于爱情的健康发展，不食人间烟火的爱情很难长久。经济并不决定爱情的长度，也不决定幸福的程度。当还处于饥饿状态时候，幸福随着金钱的增加提升。可当已经达到温饱水平之后，随着金钱的增多，幸福并没有相应地变多。所以适当的经济基础是推进爱情发展的必要。

总而言之，爱情不是一个人讨好另一个人，爱情亦不是一个人从另外一个人身上吸走能量，爱情是两个具有独立人格的个体之间的互动。

案例

　　在大学待了 6 年的小茜，对校园里的各色爱情见多识广，在她看来，校园爱情表面上琳琅满目，实质归纳起来不过四大类：甜点式、体验式、快餐式、饭卡式。

　　甜点式爱情，顾名思义，有甜蜜的味道，可以共同分享轻松与愉快，虽然诱人，但不过是生活的点缀、情绪的调剂，并非像正餐那样每日必需，也无需承担太多的责任。

　　"这类爱情一般还比较纯，源自对异性某些方面的好感，两人随缘而行，对未来有一定期冀，如果经营得好，有可能开花结果，但多数会以伤感分手告终。因为这类爱情经不起风浪，当双方意见发生严重分歧、一段时间内对对方疏于关心或包容，特别是当面临就业去向不一致等现实问题时，往往难以为继。"小茜把自己本科时的恋情划分到了这一类。

　　某工商学院的小张对甜点式爱情很认可："现在就业压力好大，将来两个人很难走到一起，不敢相信爱情比工作更可靠，所以不敢也不能给对方什么承诺。只要在一起时，两人都快乐开心就好。"

　　国内一家知名门户网站曾做过这样一个调查，"在校期间，你是抱着什么样的心态恋爱的？"受访大学生中，有 43.65% 的人回答"无过多考虑，走一步算一步"；14.64% 的人声称"玩玩而已，反正没啥损失"；还有 7.86% 的人表示"纯粹为了积累经验"。在小茜看来，前者可归纳为甜点类，而后两者均为体验式，即"练爱而已，并非真正的恋爱"。

　　"大二时，若没有牵手的男友或女友，会被很多人误以为有毛病。反正闲着也是闲着，不如找个'练爱'对象，既能充实课余生活、解除寂寞，又能丰富情感体验、积累恋爱经验，何乐而不为？"法学专业大三的小陈，不隐讳自己是体验式爱情的实践者。

　　"有人说，大学里不谈场恋爱，大学就白上了。谁都想尝试一下爱情的滋味，但大学生谈恋爱，成功的几率有多大？多数都是无言的结局。所以校园恋情重在参与，重在过程，玩的就是心跳，要的就是感觉。"某大学的小王，也是"恋爱实验论"的拥趸，他对校园爱情江湖中盛传的一句话津津乐道："爱情老手，通常不会轻易将恋爱谈出结果。"

　　快餐式爱情，被小茜定义为体验式爱情的衍生品种："当满足了对异性的好奇心，获得了与异性交往的经验，可以过把瘾就死，用不着'山无棱，天地合，乃敢与君绝'"。

　　"我一位师哥，一年内换了 3 个女友，有的从恋爱到分手只有两个月。他觉得这没什么不好，状态没了，缘分自然就尽了，现代社会生活频率这么快，谁还在乎天长地久，只要自己曾经拥有。"小王说。

快餐式爱情并非全以男生为主，女生中"换男友如换衣服"的也不乏其人。吉林动画学院一位二年级女生说得理直气壮："恋爱中有个著名的'麦穗理论'，在一片密密麻麻的麦地里，不多摘几株比较比较，怎能保证最后到手的是一粒硕大丰满的麦穗？再说了，女孩子的青春就这么几年，一晃即逝，现在不抓紧时间利用，以后机会越来越少。"

"饭卡式爱情"一词的灵感，则来自于小茜去年在水房门口听到的一段女生对话。甲女问："你现在每顿饭几乎都由男朋友埋单，合适吗"？乙女答："你没听说过'校园爱情12条黄金定理'吗？第6条是：做个智慧的女生，要懂得如何去爱一个男生和他的钱。"甲女惊讶："那他没意见吗？"乙女淡然："男生需要的是巧克力花生架，女生需要的是实实在在的饭票，各取所需嘛。"

"受环境影响，如今的大学生越来越现实，女生爱才亦爱财，男生重貌亦重对方家庭背景与实力，校园爱情已或多或少沾染了一些物质因素。"小茜认为，凡是功利色彩占上风的所谓爱情，都可划分到饭卡式这一类。"我本来就是专科生，不能找个穷男友，否则将来我们买不起房子，养不起孩子。"

某理工大学的小江，感慨万千："我室友交了个女朋友，人长得确实漂亮，就是太费钱，吃饭、零食、衣服……每个月都把他搞得精光。"

"现在男生谈恋爱，大多是要靠钱砸。女孩怎么追？出去玩啦、购物啦、浪漫啦，什么不花钱？"某财经大学的小赵如是叹息。

"四大常见校园爱情都不同程度患有碘缺乏症、钙缺乏症和恐高症，需要补充不同种类的维生素。"小茜颇认真地说："谁也不愿生活在一个没有真爱的悲惨世界里，所以，无论男生、女生，都应从自身做起，争取让每一份爱情都更坚韧，更真诚，更有钻石一般的质地。"

（节选自 http://www.chinanews.com.cn/sh/news/2010/05-21/2295935.shtml）

技能演练

【演练名称】同学间的沟通

【演练内容】分小组进行情景演练，在任务1、2的基础上自拟其他情景，演示如何解决问题，如何沟通。每个任务演练时间控制为：3～5分钟/组。

【演练设计】

1. 同学间的矛盾，主要体现了生活习惯上的差异。在沟通此类事件中，忌讳含糊，使用同理心沟通会受到较好效果。

2. 集体出行游玩的主要关键点：安全、实惠、集体成员参与度高、气氛热烈。

【演练评价】

同学间沟通能力自我评定表

问　题	经　常	有　时	很　少
1. 同学曾经误解你的意思吗			
2. 当与同学谈话时，你经常离开谈话的本意而跳到别的话题上去吗			
3. 有人曾经让你进一步确认你的意思吗			
4. 你嘲笑过别人吗			
5. 你总是尽量避免与同学面对面交流吗			
6. 你总是尽量表达你的意思，并以你认为是合适的方式与他人交谈吗			
7. 交谈时，你注视对方的眼睛吗			
8. 结束谈话时，你是否询问他明白了你的意思吗			
9. 你是否在一个合适的时间和地点与同学讨论分歧			
10. 你总是把事情的前因后果都澄清给同学吗			
11. 如果你要表达的意思很复杂，令人难以明白，你会事先考虑吗			
12. 你征求宿舍内同学的观点吗			

模 块 小 结

大家要记住，如果你在学校遇到了困难，遇到了烦心事，要学会求助，心理就像身体一样会感冒，也需要呵护，当你的心理感冒了，要懂得向家长、老师、同学求助。度过这场感冒，你心理的免疫能力就增强了，有了一个更坚强有力的心脏。懂得爱护自己，当自己不快乐时，被某种情绪困扰不能自制时，寻找办法改善、解决，然后坚定地做有意义的事。

对于师生之间客观存在的矛盾，只要有足够的认识，并且恰当地加以处理，矛盾就会转化为教育活动中的一种促进力量。这是建立良好的师生关系、促进学生健康发展的需要，提高教育的效果、获得教育成功的需要。学生要克服羞怯心理，积极主动地同老师交往，才能确保良好关系的建立。

拓 展 训 练

1. 师生间沟通案例分析

案例 A：

学生：我到学校来只是为了读书，并没有其他目的。我成绩不好你们可以惩罚我，但为什么一定要强迫我参加课外活动呢？真没道理。

你认为教师应用以下哪种回应较好？

教师1：学校注重学生的全面发展，鼓励学生不要读死书，你的话太过分了。

教师2：我知道你对学校的规定很不满，认为太不合理而感到气愤。

教师3：你很不满校方规定你们一定要参加课外活动，觉得这种做法很不合理。

教师4：你认为自己读书成绩好就够了，不必参加任何课外活动。

教师5：学校的每一项决定。都经过充分的考虑，你怎么可以如此偏激呢？

教师6：你看，就是因为你只管读书，完全没有课余的活动，所以你的身体才这样瘦弱。

案例 B：

学生：老师，我很烦。我的父母只关心我的考试成绩，一点也不关心我这个人。我做他们的儿子，好像只是为了给他们脸上贴金，而不能有半点其他的差错。

你认为教师应以下哪种回应较好？

教师1：你不喜欢你的父母。

教师2：你希望父母多关心你的其他事情。

教师3：你不喜欢你的父母给你的学习太大的压力，认为他们并没有在真正关心你，只是在为他们的面子考虑。

教师4：父母的期望和你的父母对你的期望不一致，导致你很矛盾。

教师5：你希望你的父母与你像朋友一样来相处。

教师6：你父母的话是对的，对一个学生说，最重要的事情是学习嘛！

案例 C：

学生：唉，我的成绩实在太差了，怎么办呢？我实在讨厌自己，一点用都没有。上天也太不公平了，怎么人家就那么聪明，不必用功，成绩就那么好，而我却一无是处，同学都讨厌我。如果我成绩好，他们早就来巴结我了。

你认为教师应以下哪种回应较好？

教师1：我很明白你的心境，你很不满意自己的成绩，也很难过。但是你想想，你这样难过有什么用呢？再想想这个世界上有谁是完美的呢？我虽然是你的老师，但我也不完美。你千万不要对自己的期望过高，相反的，应该好好地学习接纳自己，然后才可以活得快活一点。

教师2：我体会你内心的忧伤，也明白你的确担心自己的学业。不过，有一点我想提醒你的是，你只是理科不好，其他科目的成绩还不错，你不要以偏概全。至于你感到孤单，我相信成绩不好，只是其中的一个原因，你愿意我帮助你详细来探讨吗？

教师3：你的成绩差，是否就等于一无是处呢？因为成绩差就自卑，就怨天尤人，却不好好反省，真是令我失望。

教师4：你很担心自己的学业，同时也很不喜欢自己。不过，只是羡慕别人的聪明是没有用的，倒不如我们来彻底探讨一下你理科成绩差的原因，希望能够有所改进。至于同学不想和你交往，很可能与你性格上的弱点有关系，这是不容置疑的。我知道你不喜欢我提这点，但每次看到你孤单不快乐的样子，我就想鼓励你勇敢地面对自己。

教师5：你怎么可以证明人家不必读书就有好成绩？人家比你用功多了。

教师6：看到你为学业成绩差而担忧，同时因此厌恶自己，我感到不安。不过，只是羡慕别人是不够的，倒不如彻底看看自己理科成绩差的原因。其实，我不觉得同学有像你讲的那样势利，我担心的是你个性上的缺点会让同学害怕与你交往。既然你感到孤单不快乐，你为什么不勇敢地面对自己呢？

2. 同学间沟通案例分析

案例 A：胡斌在某大学读书，最近很苦恼，他认为班里男生很闹，总是喜欢打打闹闹，或是经常聚众吃吃喝喝。胡斌却比较内向，不喜欢和他们逗，但他们总是来招惹他，想摆脱，却摆脱不了，该怎么办？

案例 B：曾静最近很困惑，以下是她与团支书的一段谈话：

曾静："最近我发现我的普通朋友一直在我背后说我坏话和在很多人面前数落我，即使我很伤心她们也不会来安慰我，反而还嘲笑我。而且我跟她们做朋友半年呢，她们一直说我，我都没怎么放在心上，但她们反而还越说越多，我心里很烦，而且她们还跟别人一起来说我怎么那样，我真的不知道该怎么办？"

团支书："那你有没有找过问题的根源？"

曾静："我自身有点软弱，可能是因为我很胆小，她们就欺负我吧。因为我这个人也不怎么会说话，有点傻，我的另一些朋友就说她们都在一直利用我，而且我这个人也不会分辨事实。"

你若是团支书将如何帮助曾静？

案例 C：肖琳与莫蓉蓉是一对好朋友，肖琳与男朋友分手后情绪低落，经常找莫蓉蓉诉苦，有时候找不到莫，就找她的男友董刚聊天排解心中忧愁。一来二去，董刚也甚感为难，又担心肖琳和莫蓉蓉会产生误解，若你是莫蓉蓉或董刚该如何解决此问题？

3. 情景演练：根据提示自拟具体情景，主要体现如何通过沟通解决问题

情景 A：英语课上，小强不顾老师的几次提醒，仍旧在不停地讲话，老师要求小强坐到教室后面，小强就是不去，坐在那里一动不动。

这场冲突会如何发展，如何解决？请同学们分别进行表演。

情景 B：当老师讲错题时，你要不要跟老师说？怎么跟他说？

4. 用"空椅子技术"调节自己的心态

分析："空椅子技术"是心理咨询中常用来处理人际冲突的一个方法。

具体方法是：找一个安静的地方，放两把椅子，你先坐在一张椅子上，想象冲突的对方坐在另一张椅子上，然后将你对对方的各种不满、意见、情绪和指责等都向"对方"毫不隐讳地表达出来。当你发泄完了以后，你又坐到另一张椅子上，想象自己就是对方，对面的椅子上坐着自己，然后你再从对方的角度来一一回答你刚才提出的责难，并宣泄不满的情绪。

模块十

服 务 情 境 沟 通

  21世纪的服务行业已进入以顾客满意为导向，以客户服务为中心的国际化时代，企业决策若不能走在时代浪潮的顶峰，终将丧失企业的竞争力。后经济时代的成功企业早已将顾客满意度视为企业存在的最高价值。目前，国际化企业基本上都要定期对企业员工进行服务沟通技巧培训，其培训内容包含有表达能力、争辩能力、倾听能力和设计能力（形象设计、动作设计、环境设计）等。服务沟通技巧看起来是外在的东西，实际上是个人素质的重要体现，它联系着一个人的知识、能力和品德。遵循这一理念，本模块侧重训练如何提升服务人员的个人亲和力与客户达成同步沟通，以及如何在银行情境和酒店服务情境中的体现。

任务一 提升亲和力，达成同步沟通

 学习目标

1. 能通过对亲和力的培训，提升自己的亲和能力。
2. 能运用"同步沟通"方式初步学会如何与客户达成"同步沟通"。

任务情境设定

  冬日的某天，某五星级酒店内有一客人在大堂休息区域的沙发上睡着了，姿态非常不雅，整个人侧着睡占了两个座位，脱了鞋的脚搁在茶几上，很多想过去休息的客人"望而生畏"。这时大堂宾客经理小王也意识到了应该去处理一下这个问题。于是他走到客人面前轻轻地摇醒了客人，礼貌地跟客人说："先生，对不起，这里不能睡觉，这里是给客人稍作休整的区域。"客人睡眼惺忪地望了一眼小王，不满地说："为什么不能睡，你这里不是给客人休息的吗？我住你们酒店，为什么我不能在这里休息

一下，你这里又没写只能坐不能躺。"说完没有任何想起来的意思，似乎对小王搅了他的美梦非常不满。而一般五星级酒店最忌讳有客人在酒店的公共区域特别是大堂内做出不雅姿态，这会严重影响酒店的整体形象。

思考讨论

你若是小王该如何与客户沟通达成目标呢？

知识链接

一、亲和力意义与概念

客户沟通是与客户进行的一场心理互动过程，在这一过程中客户的心理感受是首要的，客户对服务员的心理好恶决定着沟通行为是否继续。服务产品质量的高低，取决于客户对服务的心理满意度，而服务一般内含着服务员的言行动作，所以客户的满意度取决于服务员的沟通行为。优秀的沟通行为使得客户产生开心、愉悦心理，继而欣赏、信任服务人员，从而接纳服务员的建议、配合服务员的服务工作，进而满意服务。

与客户培养亲和关系是客户沟通的首要环节，是与客户成功沟通的前提，这就是亲和力的价值意义。有研究者认为亲和力占有成功沟通40%的权重。

有一家奶制品专卖店，里面有三个服务人员，小李、大李和老李。

当您走近小李时，小李面带微笑，主动问长问短，一会儿与您寒暄天气，一会儿聊聊孩子的现状，总之聊一些与买奶无关的事情，小李的方式就是礼貌待客。

大李呢，采取另外一种方式。他说，我能帮您吗？您要哪种酸奶？我们对长期客户是有优惠的，如果气温高于30℃，您可以天天来这里喝一杯免费的酸奶。您想参加这次活动吗？大李的方式是技巧推广式。

老李的方式是和您谈谈日常饮食需要，问您喝什么奶，是含糖的还是不含糖的？也许您是一位糖尿病病人，也许您正在减肥，老李总会找到一种最适合您的奶制品，而且告诉您如何才能保持奶的营养成份。老李提供的是个性化的沟通模式。

分析 小李、大李和老李沟通的对象、内容、方式虽然不同，但是他们都是先让顾客体会到一种亲切感和同理心。

亲和关系是指与客户沟通过程中从内心到外在传递友善信息给客户，因此客户产生一种开心、愉悦继而欣赏、信任的心理感受，从而建立起与服务人员之间的亲切友好的人际关系。这种与客户亲和关系培养的能力或是这种让人感觉亲切和善的素养就是亲和力。

亲和力表现为积极的心态、服务意识、良好的服饰仪态、符合礼仪的见面礼与寒暄、询问、聆听、认同等等方面。

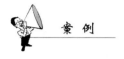

7月的杭州，天气炎热，但到这里来的旅游者仍络绎不绝。

某星级饭店里住满了来自各国的旅游者。其中一位孤僻的英国客人住在这里已有一周。他不善言笑，总是板着脸，就连服务员向他笑脸相迎他也视而不见。

此君每天总到自助餐厅吃早餐。每当吃过盘中自选的食品后，他总要在台上寻找一些什么东西。一连两天都是这样。第一天服务员笑着问他需要何物，没有得到答复。第二天服务员又耐心地询问，仍然没有回答，弄得服务人员好不尴尬。当这位英国客人正要走出餐厅时，服务员又笑着问他是否需要帮助，于是"Apple"一词终于从他的嘴中吐出。第三天当他出现在餐厅时，一盘新鲜的苹果呈现在英国客人面前，使他绷紧的脸第一次有了微笑。

在以后的几天内，此君每天早上都能享受到苹果。

一年后，这位英国客人再次光顾了这家饭店。次日早上他步入自助餐厅时，在一年前的位子上摆放着引人注目的苹果。餐厅服务员笑着告诉他，总台服务员昨晚已经通知了餐厅他入住饭店的消息。

"服务太好了！"这位英国客人的脸上不禁露出了感激之情。

二、亲和力培养图例

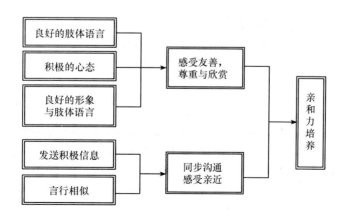

三、同步沟通的意义与内容

"人以类聚、物以群分",所以"酒逢知己千杯少,话不投机半句多"。

人们因为相似或相同而相互认同,视为同类,引为知己,于是心灵被拉近进而自然地亲近,心灵相通。

因为""亲和力=共同点",所以在实践中必须寻找与创造共同点来建设亲和力。共同点包括:①增加与他人的熟悉度;②扩大彼此的相似点(理念、价值观、兴趣、态度、人格、条件、背景)。

同步就是找共同点,在情绪、声音、语言、习惯、价值观、认识以及籍贯、方言、爱好等方面与他人保持相同或相似,从而取得较快的相互认同与亲近的关系。同步内容分为简单同步、情绪同步、语音语调同步、语言同步、价值观同步、共识同步等。

(一)简单同步

以喜欢对方的心境和肢体语言来表达,用所找到的共同点来寒暄"套磁",从而达成八同,即:同好、同乡、同(土)话、同校(母校)、同宗(姓)、同亲(戚)、同爱、同龄,这就是所谓的缘故法。

(二)情绪同步

进入对方的内心世界,从对方的感受与角度来认知同一件事情,让对方觉得被关心、了解、理解,于是感受"心有戚戚焉"、感慨"知我者××也"。这种方法也即前谓的"神入"或移情。

(三)语音语调同步

人类有视觉、听觉、味觉、嗅觉、触觉、直觉等信息知觉方式,其中最重要的是视觉、听觉、感觉。

不同的人,对外界信息的知觉方式各有偏差,各自的敏感度不同,据此可以分为三种类型的人,即:视觉型、听觉型、感觉型,他们各有特点。

1. 视觉型

通过眼睛、以画面的方式来处理外界信息,所以处理的信息量大,要求嘴巴急速表达、语不停顿、来不及则用手势来辅助,所以表现为语速快如"扫机关枪",声音一直高八度,手舞足蹈,恰如一个"急先锋"。视觉型的眼睛很敏感,"好色"即喜欢看好看的、敏感于好看的。

2. 听觉型

通过耳朵、以声音的信息方式来处理外界信息,要处理的信息量不大,所以表达的速度适中，有抑扬顿挫与高低起伏，注重措词造句，他的耳朵很敏感，喜欢听"好听的"即"好听"。

3. 感觉型

凡事通过大脑思考琢磨，所以反应速度很慢，要"想一想、停一停、唉、咧……"，一句话须用五倍慢的时间。正如一位"慢郎中"，不信看到的、不信听到的，只相信自己分析后感觉到的或实践后感觉到的，"好思"，即好思考好琢磨好感觉，凡事慢半拍。

（四）语言同步

"大老粗"与知识分子在一起不容易沟通，因为习惯用语不同，相对用语粗俗爽直的工人与用语文雅的教授有距离感，觉得不是同类人。不同人有不同的习惯用语，包括口头禅与表象语言。

1. 口头禅

如接下来、就是说、那么……、这个嘛……

2. 表象语言

……看起来……、……听起来……、……感觉……

当对方感觉到你的语言与他相同相似，就会觉得没有心理隔阂、没有瞧不起他，就把你引为同类，把你当自己人，于是就会对你敞开心扉，那么事情就好办了。

运用原理：注意使用对方的习惯用语与表象语言与之沟通，容易进入同步沟通频道，容易被对方所接收，从而达成有效沟通。

（五）价值观同步

如果有人对你这样说："你最近非常不错，只是……"、"你很漂亮，但是（或只不过）……"你听后会是什么心理？一般人的反应应该是：心理产生反感，产生危机感，开始自卫，回报以"有话直说，有屁就放，何必扭扭捏捏！"。

人人都希望被人肯定，被人赞赏。价值观相同则是深层次的理解，思想同一阵线，惺惺相惜，视为知己，感觉安全与相互依赖，产生心灵上的相互亲近。反之则心理上产生反感，产生危机感，开始自我防卫。所以在沟通实践中要想达成亲和关系，必须采取认同价值观的方法。

在实践中可采取这样的措施：运用合一架构（即价值观与信念同步）使沟通的双方价值观同步。类似的语词有：

1. 我很理解……同时……
2. 我很同意……同时……
3. 我很理解……因为……同时（我觉得）假如……

例如:"您今天的服饰搭配真是吸引人,同时我觉得如果……可能会更……"

四、如何化解异议

顾客是不可能"一说就服"的。在沟通过程中,客户会经常提出种种原因不接受,这就是客户异议。对此必须要有良好的心理素质去面对,还要以有效的技巧去处理,化异议为同意,最终成交。

(一)异议类型

客户的异议有许多种方式,其中典型的有,不关心、误解、怀疑、拒绝、提出真实意见等。

1. 不关心

当服务员或业务员向客户介绍产品或演示时,客户表现出一副满不在乎的架势,这从身体语言中无意显露出来或者口头语言表示出来。

身体语言:眯着眼睛、身体后仰、左顾右盼等。

口头语言:缺乏兴趣、与我何干?、我太忙了等等。

2. 误解

因为各种原因导致客户没有听清楚服务员或销售人员的表述和演示,或者在这个过程中误解了意思,因而使得客户产生异议。

如:销售人员介绍手机,并强调了手机是双屏的。介绍完后客户说道:"单屏手机要揭盖才能看到来电号码,太麻烦了,我是不会考虑的。"

3. 怀疑

客户对产品的性能或品质等方面有怀疑。

如:"真有那么好吗?"

"琳达,我觉得你说的24小时的送货时间是不太可能实现的。"

"上次你介绍的产品,听我同事说并不是那么回事啊。"

4. 拒绝

客户直截了当地表示对产品或服务不感兴趣。

如:"很遗憾,贵公司产品在本地没有多大市场,我们不能代理。"

"先放着,有机会会给你联系的。"

5. 提出真实意见

客户对产品的需求超过了产品本身的价值与功能,此时客户觉得产品有"缺陷",当客户有此不满时就会提出"真实的意见"。

如："如果你们的电视机不仅能播放，还能同步录下正在播放的节目，多好。"
"要是贵公司在我们商场设立一个售后服务柜台就好了。"

（二）化解异议的方法

面对客户异议，需要积极心理建设与有效方法应对。

1. 积极心理建设

面对客户异议，很多人会产生消极心理，或者觉得末日来临，心情紧张；或者紧张地自我辩护，变成与人吵架；或者随同客户异议怀疑产品。总之在这一时刻，没有能够以积极心态，冷静面对客户异议，结果也就没能化解异议。

（1）正确认识客户异议。

认识到：异议是沟通中的必然环节，是必须经历的沟渠。

认识到：沟通由遭到拒绝开始，并且异议是可以去除的。

没有拒绝，只是尚未达成结果。

（2）积极重新定义。

异议就是换一种方式再一次介绍的邀请。

挑剔货品才是买货人。

2. 有效化解异议

在积极心理建设的同时，服务人员要冷静清醒，仔细观察，认真分析原因，想出应对措施。

① 认同客户异议。对客户的异议决不能当场反对或否认，要对客户异议表示理解、关注、体会到了，只有这样才能建立双方的亲和关系，之后才能有可能以理论与事实为依据来做进一步的沟通说服。这里的认同是心情上的认同，绝对不是观点内容方面的同意。

案 例

> 客户："我们给记者配的笔记本电脑重量要在一公斤以下，而且要求全内置，你们能够做得到吗？"
> 业务员："您的提议很有道理。这样记者工作时就可以减轻负担了，而且移动时不须花费很长时间整理行装。"
> 客户："你们的方案好是好，就是在费用上太高了些，不但比别家高很多，而且超过我们的预算太多了，我们单位也批不下来的。"
> 业务员："柳经理啊，你的心情我非常能够理解。谁都想节约费用，况且在金融危机的关键时刻，赚钱不容易啊。关于费用我们是这样考虑的……"

② 探询问题与原因（使客户异议具体化）。通过观察、询问等方式使客户异议具体化，找出客户的真正问题，进一步探讨问题发生的原因，找出客户的真正需求。

"对刚才我提出的方案，您觉得不合您要求的地方有哪些啊？"

"您对这款笔记本电脑有什么具体意见？您不满意在哪几个方面？在性能、外观等方面有哪些更具体细致的要求？"

③ 换一个角度解释。从另外一个角度再一次利益表述，并以更有力的证据来证明。真正找到客户的利益关心所在，然后以与原来表述不同的角度来陈述产品利益，使客户清晰地认识到该产品或服务对其需求的有效满足，同时用各种资料、凭证来证明该产品对客户的利益价值，这是对客户心理的补偿。

业务员："我们摊开来讲实在的，您对这款笔记本电脑最不满意的是什么？"

客户："……价格偏高啊。"

业务员："啊，非常能够理解，这年头赚钱不容易。是这样，这款在性能、形状方面都很满足您的要求，因为 IBM 电脑的质量是非常有保证的，后续的优秀服务，使用中电脑不会出问题，几年后仍然如新的外形……综合来看每年所摊的费用其实比其他要低很多啊。"

④ 运用"借力打力"的方法。

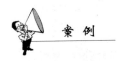

客户："我收入少，没有钱买保险。"

业务员："正因为您收入少才需要买保险啊，以便从中获得更多的保障。"

服装业客户："我这身材穿什么都不好看。"

服务员："就是因为这样，您才需要设计，来修饰您身材不满意的地方。"

⑤ 保持长久联系与跟踪服务，以保持并提升亲和力。在整个沟通过程中，亲和关系的建立与保持是永远必须的，无论是正反馈时还是负反馈时，甚至负反馈时更要保持

热情联系与殷勤，人毕竟是有情感的，感动与友情在于良好关系与殷勤服务的持久坚持中。只要培养起与客户良好的亲和关系，何愁沟通不成呢？正所谓：生意不成友情在，此单不成还有下单，留得青山（亲和关系）在，不怕没柴烧（签单）。

⑥ 回到相应拜访阶段，重复沟通以激发热情。客户沟通有四个阶段：亲和关系建设、察知客户需求、表述利益、促成同步沟通。产生客户异议肯定是因为某个沟通环节没有处理好，所以就有必要从出问题的这个环节重新沟通。每一环节都可能出问题，举例如下。

情景1：客户一副公事公办的态度。

分析　服务人员或销售人员尚未与客户建立亲和关系，亲和力不足。

措施：回到亲和关系建设阶段，加强闲聊，同步沟通，以建立亲和关系。

情景2：客户应付说："对不起，现在我实在没空。"

分析　客户没感觉到利益好处，不值得停下来。

措施：回到开场白阶段，闲聊中表述将给客户带来的益处，让客户心动。

情景3：客户说："对不起，我没兴趣。"

分析　没有找对客户的需求，表述没有让客户感受到利益价值。

措施：回到察知心理需求阶段，真正去了解客户的需求点、心动处。

情景4：客户说："这又怎么了"、"这与我何干？"

分析　客户未感到你的表述对他有价值、效益。

措施：回到表述阶段，运用 FAB 原则进行有效利益表述。

情景5：客户已经心动了，但你一直迟疑着……，于是客户说"那就下次再说？""好的，下次再说。"

分析　客户没有得到成交邀约，你没有促成。

措施：回到促成阶段，进行有效促成。

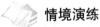 **情境演练**

【演练名称】同步沟通

【演练内容】针对"任务情境设定"中的异议，以亲和力实现与客人的沟通

【演练实施】

1．每组根据任务讨论，并进行情境演练。

2．评选最佳沟通小组，并奖励优胜组。

【演练要求】

劝解客人离开公共场所休息，要从客人角度出发去考虑（采用同步沟通方式），客人需要的是具有亲和力的温情服务。

【演练评价】

评 价 反 馈 表

评 价 内 容	情况反馈、分析
本任务学习心得 （包含学习收获、改进措施、疑惑等）（40分）	
所在小组任务实施情况（30分）	
完成任务过程中个人表现（30分）	
自我综合测评（0~100分）	
教师意见反馈	

任务二 电话好助手，沟通"活"起来

学习目标

1. 熟悉电话服务流程；掌握打电话的时机。
2. 能初步学会运用电话沟通形式进行有效提问和异议处理。

任务情境设定

于莉是一家电信公司的客服代表。一天接到一个投诉电话，对方火气很大："喂，叫你们老板来听电话，你们这些混蛋到底是不是在骗钱？"

思考讨论

面对此情此景于莉应该如何应对？

知识链接

客户服务人员经常会用到电话，电话是我们与客户交流的一种重要工具，具有方便、迅速、省时、省事的特征，对于提升服务品质具有重要的促进作用。

如果对所有的客户都提供面对面的服务，显然需要大量的人力、财力和时间成本，所以我们一般只针对VIP大客户和特殊的客户进行见面沟通，其他的客户则尽可能地采用电话服务的方式。

一、礼节性电话服务流程

在给客户打电话的时候，有一个礼节性的流程，如下所示：

二、电话服务的基本要求

1. 准备好台词，记下说话内容的要点。
2. 身体要端坐，以避免声音受压抑。
3. 虽然对方看不见，但是对话时微笑很关键。
4. 语音清晰明了，语调平和自然。
5. 礼貌表达，字斟句酌，避免使用模糊用语和专业术语。

小贴士

一家企业的电话服务中心在所有的服务人员座位前面都安装了一面镜子，这样当服务人员开口与客户说话的时候，就可以从镜子里看到自己的表情和态度，检查自己是否在微笑，虽然电话另一端的客户看不到服务人员的笑容，但是客户通过话筒传递的语音语调，能够感觉到服务人员的态度是否友善，是否有耐心。

三、打电话的时机

打电话一定要注意掌握时机，要避免在吃饭的时间里与顾客联系，如果把电话打过去了，也要礼貌地征询顾客是否有时间或方便接听。如"您好，刘经理，我是×××公司的×××，这个时候打电话给您，没有打搅您吧？"如果对方有约会恰巧要外出，或刚好有客人在的时候，应该很有礼貌地与其说清再次通话的时间，然后再挂上电话。

如果老板或要找之人不在的话，需向接电话人索要联系方法"请问×××先生/小姐的手机是多少？他/她上次打电话/来公司时只留了这个电话，谢谢您的帮助"。

小贴士

电话挂断前的礼貌
打完电话之后，业务人员一定要记住向顾客致谢："感谢您用这么长时间听我介绍，希望能给您带来满意，谢谢，再见。"另外，一定要顾客先挂断电话，业务人员才能轻轻挂下电话。以示对顾客的尊重。

电话挂断后
挂断顾客的电话后，有许多的业务人员会立即从嘴里跳出几个对顾客不敬的词汇，来放松自己的压力。其实，这是最要不得的一个坏习惯。作为一个专业的电话销售人员来讲，这是绝对不允许的。

四、如何使用电话向客户提问

1. 你要说出他不可抗拒的事实

周董事长,每个人都知道,一家公司所打印出来的文件,代表这家公司做事的品质,最少在客户心目中是这样想的,对不对呢?

2. 你要把事实演变成问题

周先生啊,据我所知,大部分的公司所打印出来的文件都不能反映出他们真正的做事品质,以至于他们的顾客对他们的印象是有偏差的,您说是不是呢?

据我所知,这个问题背后隐藏着的就是,很多公司打印出来的文件,不能反映出他们最优良的品质,我的意思是说,很多文件印不好的话,会在顾客心目中对这个公司的产品品质和服务品质打折扣的,您说是不是呢?

3. 你要提出一个开放式的问题,让他思考这个问题与他的关系

"周先生,您是如何避免贵公司的顾客对您公司的做事品质打折扣的呢?"

"周先生,您是如何确保贵公司每一张文件打印出来的效果都代表贵公司的最高服务品质和做事品质的呢?"

"周先生,您是如何确保贵公司每一张印刷出来的文件都代表最高质量呢?"

第三句话不管你怎么问,就是把前面那个众所皆知的事实背后隐藏的问题联系在客户周先生身上让他思考,把一个问题种在他脑袋里面。

4. 扩大问题的三大步骤

① 提问题,前面的三个步骤统称为提问题。
② 煽动问题。

第一步,承接以上案例,继续扩大问题:

"请问您把复印得不好的文件给顾客看,顾客的印象是怎么样的呢?"
"顾客印象不好,那业绩会怎么样?业绩不好,利润会怎么样呢?"
"请问利润不好,股东会会怎么想呢?"
"股东不满意,这家股东会最后会怎么样呢?对贵公司的前途会有什么影响呢?"
"竞争对手的服务品质越来越好了,形象越来越好了,而市场占有率又提升了,而你们公司提升不了,会怎么样呢?"

第二步,提出不可抗拒的事实:

"周先生,我们都知道,很少有公司的业务员能达成公司为他们设定的目标,您说是不是呢?"

第三步,事实演变成问题:

"周先生,很多业务员他们达不成目标反而把自己的无能怪到公司头上,抱怨产品

抱怨公司，造成信心低落，恶性循环，您说是不是呢？"

第四步，提一个开放式的问题让他思考这个问题与他的关系：

"周先生，您是如何确定贵公司的每一个业务员都保持最佳的士气呢？周先生您是如何确保贵公司的每一个业务员都能百分之百达成贵公司为他们所设定的目标的呢？"

第五步，煽动问题：

"周先生，这个问题如果再不解决，会怎么样？业务员不断流失会怎么样？士气低落会影响其他人，士气低落会怎么样？团队精神失去了会怎么样？业绩下降利润会怎么样？利润不好股东会会怎么想？您的前途会怎么样？这样下去五年十年后，对手越来越强大了，而你们的市场反而萧条了，您有什么感觉？"

五、接电话的基本礼仪

客户服务人员在接电话的时候要做到热情有礼，一般来说接电话的基本礼仪包括：

1. 如何接听电话

当电话铃声响起的时候，我们要争取在铃响三声之内拿起电话，首先问候对方"您好"，注意不要"喂、喂"地叫嚷；然后自报姓名"这里是×××，我是×××"，要求简洁明了；接下来询问对方是否需要帮助，需要什么样的帮助，而不是问他找谁；在谈话的过程中要不住地称呼对方，以显示对他的重视。

2. 如何让客户等候

有时电话响起的时候，我们因为各种原因暂时不能接听，需要让对方等候一会儿，这时应该询问对方是否可以等候，并且告之让其等候的原因以及需要等候的大概时间，比如说"先生，你能稍微等一分钟吗，我先去和物流部门核实一下货到底发出去没有。"需要注意的是让客户等候的时间不能太长，最好在一分钟之内，因为拿着电话等待的时间过长，客户往往会因为不耐烦而挂断电话。此外，当我们回到这条线路上之后，首先要对客户的等候表示感谢，再进行其他程序。

3. 如何转接电话

有时我们接到的电话不是本部门的或者本人的，需要转给别人，这时应该怎么办？首先，向客户解释转接电话的原因，以及将要转给何人；然后，询问客户是否同意把电话转给其他的部门，并且在挂断电话之前确认转过去的电话已经有人接听；最后，要把来电客户的姓名和电话内容告诉即将接听的人。

案例

国内旅游部的张林接到一个客户的电话，询问有关澳洲旅游的事项，小张说：

> "您好,我这里是国内旅游部,欧洲游由国际旅游部负责,您介意我把电话转给国际旅游部吗?"客户说没问题,于是小张就把电话转到国际旅游部,等到国际旅游部有人接听的时候,小张说:"是小赵吗,我这里有一位王先生想了解到欧洲旅游的事宜,你来接待一下吧。"

在转接电话的过程中,有时候会没有人接电话,或者一直占线,这时候不能简单地告诉客户说接不通,而应当礼貌地请客户留下相关信息,记录一份让客户信任、让同事感激的留言条。

六、妥善处理客户的投诉电话

客户服务人员经常会接到客户的投诉电话,一般来说,投诉客户的态度都不是很好,甚至充满火药味,这时客户服务人员更要妥善处理,绝不能和客户争执或者起冲突。正确的做法是:

1. 先倾听,不要急于解释。
2. 表示理解客户目前的处境、心情和选择,消除客户的顾虑,让其放轻松。
3. 通过询问获取必要的信息,确定问题的实质和客户的真实想法。
4. 提出一些可行的选择和解决方案,征求客户意见之后达成一致,让对方接受合理的让步。

七、手机短信营销服务

在手机高度普及的商场,手机短信已经成为销售员开展业务的主要工具,已经有许多企业利用手机短信做广告,销售员利用手机短信问候客户联络感情。那么,如何利用手机短信做好电话营销工作呢?

以电话为主要销售模式的企业和销售员经常遇到的问题是,无法准确地判断目标客户,无法准确地确定客户的实际需要,由于不了解情况,没有建立起最起码的信任,轻易地被客户拒绝。有的销售员被拒绝后还坚持不懈地跟单,结果把跟单变成了骚扰,让客户不胜其烦,别说谈业务了,就是看到你的号码,听到你的声音都反感,使业务走进了死胡同。这样的做法,会使真正需要你产品的客户流失。要解决这些问题的关键,在于学会利用手机短信。

1. 手机短信是电话营销的侦察兵

当我们拿到准客户的资料时,要加以区分,能掌握客户详细资料的情况,可以直接开展电话销售。对于情况不详,有的甚至都不知道客户是否还做这一行的,对于这样的准客户,最好的选择是先发手机短信和对方沟通,如果对方能够热情地回短信,说明业务有希望。如果对方理都不理你,那么电话也不用打了,说明他根本不是你的客户。

2. 手机短信能架起一座和客户沟通的桥梁

对于是你的准客户,却一时又不采购你的产品的客户,手机短信就成了通向客户的桥梁。你可以在节假日、周末,利用手机短信带去你的祝福。久而久之,客户会被你的真心感动,这时你再打电话给他,他即使不要你的产品,也会对你非常客气的。当他在选择产品时,你会成为他的首选。这种成功的前提是要坚持。

3. 手机短信是你宣传产品卖点的最佳手段

有的客户虽然想买你的产品,却又对你的产品还抱有犹豫的态度,这时你可以通过手机短信来宣传产品,促使客户下决心。

4. 手机短信是培养客户忠诚度的有利工具

电话营销的目的不仅仅是销售产品,还要保证老客户不流失。这时手机短信就可以完成这个使命。经常利用手机短信问候客户,让客户感觉你始终记得他,是保证老客户忠诚度的好方法。

5. 发短信要注意时间

不要任何时间都发,掌握不好时间,也会让客户厌烦。发手机短信的最好时间应是上午的十点半到十二点,下午的三点半到六点,晚上的七点到九点,一般在这些时间,人们比较容易接受你的短信。当然不要影响客户的吃饭和休息。一般周末晚上和星期天,没有特别的预约不要发短信给客户。总之,手机短信运用得好,一定会成为电话营销和传统营销的好帮手。

【演练名称】 电话沟通

【演练内容】 掌握电话沟通的礼仪要求与基本技巧

【演练要求】

1. 分组完成任务,实用模拟电话机,情景演示时演示双方背对背。
2. 要求从角色的角度考虑,措辞合理、规范,可以在电话内容上有所发挥与创新。每组演示时间3～5分钟。
3. 本任务是对亲和力、同步沟通与电话沟通的综合运用。

【演练评价】

评 价 反 馈 表

评 价 内 容	情况反馈、分析
本任务学习心得 (包含学习收获、改进措施、疑惑等)(40分)	
所在小组任务实施情况(30分)	
完成任务过程中个人表现(30分)	
自我综合测评(0～100分)	
教师意见反馈	

任务三　服务沟通综合训练

学习目标

1. 通过不同服务情境训练，提升服务沟通能力。
2. 能根据不同服务情境有效地运用相关的沟通要素。

任务情境设定

"老奶奶买李子与3个小贩"的故事

老奶奶有一媳妇正怀孕，老奶奶去市场买酸李。老奶奶走到第一个小贩前，小贩A主动打招呼："大娘，要不要李子啊？我的李子全部又大又甜。"老奶奶听了，没理他就走开了。

转到小贩B摊前，问"李子怎么卖？"小贩B说："我这儿有两种李子，一种又大又甜，另一种酸酸的。请问您要哪种？"老奶奶说："那就来一斤酸的吧。"

当她经过小贩C跟前的时候，小贩C热情地招呼："老奶奶来买李子！"（注：寒暄套近乎，听起来像是说废话）

"嗯哪，我来买酸李。"

小贩C："老奶奶啊，别人都挑又大又甜的李子，老奶奶您怎么买又小又酸的李子呢？"

老奶奶说："我儿媳妇怀孕了，特别想吃酸的东西。"（注：询问掏心窝）

小贩笑着说："真恭喜您啊！您对儿媳真是用心啊，如今像您这样疼晚辈的人已经不多了啊（注：一句赞美暖三冬，此时老奶奶心理那个美啊，近乎忘乎所以）。给怀孕的儿媳妇买水果，确实是要又酸又甜的、同时又要有高营养的。不过论营养啊，李子就比不上猕猴桃啦。猕猴桃号称水果之王，营养是最丰富的了，味道酸酸的，很适合孕妇吃（注：站在老奶奶立场为老奶奶出谋划策），不如买一斤半斤的回去给儿媳妇尝尝啊？（注：不失时机地提议）"老奶奶听了很高兴，就买了一斤猕猴桃。

接着小贩说："老奶奶啊，我这儿也有酸李子，还有您喜欢吃的熟苹果、白皮李、绵绵脆香瓜，可爽口了，今后您可以长期到我这儿来，我给您特别优惠，不论多少都九五折。这给您包好了，老奶奶您好走，下次记得过来啊。（注：好的事后服务出真金）"小贩C出摊扶着老奶奶走出水果摊。老奶奶听了连连点头，乐呵呵地走了。

思考讨论

1. 小贩A无效沟通是因为什么？更深一步考虑，产生沟通障碍的原因是什么？
2. 小贩B取得成功销售沟通，其原因是什么？

3. 小贩 C 取得巨大成功，其原因是什么？更进一步考虑，他取得有效沟通的因素是什么？

4. 对你有什么启发？

5. 尝试总结：有效沟通的规律方法。

情境演练

1. 上海饭店·乔治餐厅，有二男三女客人来到这儿吃饭，其中一位大哥主动招呼点菜。你作为服务员将如何与客人沟通？

提示：客人真实情况：来自江西，想尝尝上海风味。但服务员开始不知道。

【演练目标】训练与考核学生餐厅服务实训在"主动热情地招呼，引导座位，上茶，寒暄；询问；聆听、记录、复述；介绍菜品；处理异议"方面达到的能力标准，基本符合沟通程式。重点考核"寒暄、询问、介绍、复述"。

【演练内容】学生在餐厅服务中，展现"会主动热情地招呼、会引导座位、会上茶、会寒暄、会询问、会聆听与记录、会复述。会介绍菜品、会处理异议"等沟通要素，按沟通程式展开沟通实践过程。重点是"会寒暄、会询问、会介绍、会复述"。

【演练设施】课桌（模拟餐桌），每组分配人员扮演服务员、客人。自限时间。

【演练步骤】客人——走向餐厅→接待→点菜→摄像→播放→点评→再情景扮演。

2. 客户电话咨询有关订车情况，你接电话，并有较强的销售意识。

【演练目标】通过接电话实训，基本了解并掌握沟通能力的要求。如："会准备动作：纸笔、坐姿、表情微笑，'冥想'如老朋友来电；会电话礼仪：响3下接电话，热情地招呼'您好，我是宏利4S店，请问有什么可以帮到您吗？'；会询问；会聆听：微笑、眼光交流、点头、欠身、记录、复述；会表述；会促成；会异议化解"。

【演练内容】训练与考核接电话实训中，接电话时的各种准备工作，接电话时的心理调整与仪态动作，接电话的时机、招呼、寒暄，询问；聆听、记录、复述、介绍，等沟通要素的有效运用。

【演练设施】模拟电话。

【演练步骤】从接电话一直到挂断电话的整个过程及各个步骤，自限时间。

3. 银行大堂经理接待一对中年夫妇，有意识地推销本银行理财产品。

【演练目标】通过理财产品销售实训，基本达成沟通能力"会招呼、会接待礼仪；会寒暄；会询问；会聆听：微笑、眼光交流、点头、欠身、记录、复述；会介绍；会跟进"。

【演练内容】训练与考核销售实训中"招呼、礼仪动作、寒暄；询问、聆听、记录；复述、介绍；"等沟通要素的有效运用。

【演练设施】模拟的银行大堂、若干种理财产品宣传资料。

【演练步骤】客户走向柜台，大堂经理接待一直到客户离开柜台的整个过程及各个步骤，自限时间。

【演练评价】

演练评价反馈表

评价内容	情况反馈、分析
本任务学习心得（包含学习收获、改进措施、疑惑等）（40分）	
所在小组任务实施情况（30分）	
完成任务过程中个人表现（30分）	
自我综合测评（0~100分）	
教师意见反馈	

模块小结

人际交往的成败很大程度取决于沟通。沟通是决定服务成功最基本、最重要的手段，只有双方心中如清泉欢畅，潺潺流水，做到心心相印，一拍即合，那么合作才有了美好的起点和良好的开端。事实上，企业与客户沟通的水平如何，决定了企业业务的发展与扩张。只有善于沟通，才能吸引客户，争取客源，缔造出"客户王国"，扩大其发展规模。辩证唯物主义告诉我们，服务沟通要在沟通中服务，在服务中沟通，做到沟通与服务双管齐下，不可顾此失彼。

拓展训练

鼓励学生利用课余时间轮流到银行、电信、餐饮店、汽车4S店、便民行政大厅等服务内涵丰富的地方参观、学习。揣摩他人服务的优缺点，从而提升个人服务意识与质量。期末上交考查记录，作为平时考核及期末考核的依据。

模块十一

办公室 情境沟通

办公室的有效沟通是办公室工作人员相互传达思想、观念或交换情报信息以完成组织目标的一种有效手段。这种沟通由信息来源、沟通内容、沟通媒介、沟通接受者、沟通目的等内在要素构成。通过信息沟通，人与人之间交流了思想、传达了意见和情感，有利于相互了解和统一行动，促进了办公室气氛的和谐、融洽，鼓舞了员工的工作情绪和精神面貌，满足了相关人们心理与社会交往的需要。总而言之，沟通的目的就在于实现"上下联动"，统一思想和行为，从而把办公室工作做好。

任务一　办公室沟通的障碍与目标

学习目标

1．了解办公室沟通障碍形成的因素；掌握跨越办公室沟通障碍的有效方法。
2．能巧妙运用沟通的语言艺术跨越办公室沟通障碍，达成有效沟通的目标。

任务情境设定

部门工作会议，部门主管抛出一个令所有同事都震惊的改革方案。这个方案他事先向大老板做了简单汇报，大致得到认可，需要立刻推进。几乎所有人都认为这个方案的目标不可能实现，主管请大家畅所欲言。

思考讨论

在此情景中，你会如何表达个人意见？

 知识链接

一、影响办公室有效沟通的因素分析

在办公室管理中经常遇到的问题主要有三类：一类是人的问题。人的问题是办公室管理中面临的首要问题。这类问题涉及人的观念、态度和倾向，工作的动机和兴趣，对被解雇的恐惧，对管理人员与同事的尊重，对个人的技能要求等方面。人的问题必须首先要得到解决，不解决人的问题，其他问题就无从解决。解决人的问题的主要困难在于人是有思想、有感情的，而思想、感情又是不易捉摸的，因此解决问题的过程就变得更为复杂。所以，信任、公道和耐心是解决人的问题的基本要求。第二类是系统问题。这个总的包括为完成任务而建立起来的系统的诸多方面的环节。系统问题比人的问题更具客观性、具体性和可测定性，因而解决问题的方案容易求得。第三类是经济问题。一般来说，办公室能源消耗太高、完成任务花费时间太长、生产效率低下、办公预算超支等都会带来经济问题。

上述问题的存在直接影响着人际沟通的质量和效率。那么，影响沟通的主要因素有哪些呢？一般认为有以下几个方面。

（一）人的因素

这主要包括有选择地接受和沟通技巧的差异两方面的内容。人们一般愿意听或看他们想听或想看的东西，而不愿意听或看那些他们不想看或听的信息。除了接受能力上的差异外，许多人对沟通技巧的运用也很不相同。例如，有的人擅长口头表达而疏于文字表达，有的人则工于书面表达而弱于口头表达，这些都会影响沟通的质量。

（二）人际因素

这主要包括沟通双方的信任程度、住处的可靠程度和发送者与接受者之间的相似程度等内容。其中沟通双方的诚意和相互信任至关重要。如果上下级之间相互猜疑，那只会增加双方的抵触情绪，减少坦率交谈的机会，因而也就不可能进行有效的沟通。

（三）结构因素

这主要包括地位高低、信息传递链的长短和团体规模的大小等差别。就地位而言，一般人们总是愿意与地位较高的人沟通，地位较高的人则更愿意相互沟通；如果双方地位悬殊，信息就会趋向于从地位高的流向地位低的。就信息传递链而言，信息传递链越长，信息在传递中失真的机会就越大。而团体规模越大，人与人之间沟通的困难也就越多。一个机关机构臃肿、层次过多，一条信息或意见从最高层发出后经过层层传递，原来的信息经过层层"过滤"就很可能发生"变形"，这样必然要影响沟通的效果。

（四）语言因素

包括口头语言和书面语言两个方面。在口头传递信息的过程中，如果使用方言、土语，而对方又不懂这种方言和土语，那就达不到沟通的目的。在书面沟通中如果文字不通、词不达意、模棱两可或出现错别字等，就必然导致沟通不畅。

（五）知识经验因素

信息传递者与接受者如果知识水平和经验悬殊太大，沟通中也容易发生障碍，常常是传递者认为沟通的内容很简单，而接受者却因水平所限理解不了或不甚了了，这显然要影响沟通的效果。

（六）角色因素

在社会心理学研究中人们早已发现，由于角色地位的不同，不同的人往往会对同一事物产生不同的看法。

（七）心理因素

心理因素如性格、兴趣、情绪和态度等，渗透在人们从事的所有活动的各个方面，在一定条件下可能会引起沟通的障碍。

二、跨越沟通三大障碍

（一）不认同公司制度或做法却不敢讲出来

不认同却不敢说，一向是职业人士的痛苦根源。许多想法只能闷在心里，或者找朋友吐苦水，就这样，怨气一天天地累积，最后，在提辞呈的那一天终于爆发。等到上司挽留时你才发现，原来上司并不是那么顽固，而所有不满的现状，也不是那么不可改变。这是第一种障碍。

提示 大部分上司不会对提出良好建议的员工反感，与那些默不作声的员工相比较，他们会认为你是个有头脑、有责任心的人。而且，不必等到你的想法完全成熟才讲出来，因为你们的角度不同，你百思不得其解的问题在上司那里可能迎刃而解，而你的一句建议可能正好是他百忙中疏漏的问题。所以想到什么就说出来吧，难道你要等到10年以后才开口？

（二）自己的职业规划难以满足

每个人对自己的职业生涯都会有所规划，如果你对自己的现状或未来不满，可能会郁闷烦躁，认为满腹才华无处施展，甚至辞职，然后重新到其他公司应聘更高的职位。也许你递辞呈给人事部经理的时候，他会说，太可惜了，我们正准备提拔你呢！这是沟通的第二种障碍。

提示 如果对自己的现状或未来不满，一定要主动向上司讲出你的想法，问上司是否可以帮你转型、提升，而大部分上司都会乐于帮助他的员工成长。不过，与上司沟通时最好只谈工作，加薪和升职的问题一定要慎重，因为在薪水和职位上公司有一定的制度，如果公司认为你对公司很重要，即使你不提，也会有一个满意的结果等着你。

（三）无法与主管融洽相处

许多人在选择工作时，关注更多的是公司的老板以及公司的发展前景，而忽视了自己所要工作的部门主管，结果一进入角色才发现，跟自己打交道最多的正是这个被忽略的人。你每天要听他的指令，被他调遣，所有的工作进展要向他汇报。如果你们能够相处融洽，当然最好不过，但万一你们刚好是水火不相容的人，那就麻烦了。沟通的第三种障碍要给予足够的关注。

提示 由于无法与主管相处而辞职的情况比比皆是，其实你完全不必非走这条路，因为主管并不是你在公司唯一的上司，即使你们难以沟通，也可以越过他，与人事部门或更上一级的负责人反映情况，这是你的权力。许多情况经过第三方调和还是有好的转机的；况且你们的争执未必都是你错，也许要为此付出代价的是他而不是你。

三、突破语言藩篱 达成有效沟通

人和人之间的双向沟通，基本的要求是：一方面要把自己心中所想讲清楚，讲明白，另外一方面是必须照顾对方的情感，注意在不同情景下，灵活组织言词，沟通的语言要讲究艺术。

（一）学会提问

提问题要有诀窍。问题分为两种，一种是封闭式的问题；另一种是开放式的问题。封闭式问题的答案只能是是或否，封闭式问题只应用于准确信息的传递。例如：我们开不开会？只能答开或不开，信息非常明了，而不能问下午开会的情况怎么样。开放性的问题，应用于想了解对方的心态，以及对方对事情的阐述或描述。例如：我们的旅游计划怎么安排？你对近一段工作有哪些看法？在这种氛围下工作你有什么感觉？……每个人都有强烈的倾诉欲望，通过开放式的问题，可让对方敞开心扉、畅所欲言，让他感觉你在关心他，这也是关怀的一种艺术，就是要问寒、问暖、问感受、问困难……

（二）有效倾听是沟通的前提

在对方倾诉的时候，尽量不要打断对方说话，大脑思维紧紧跟着他的诉说走，要用脑而不是用耳听。要学会理性的善感。理性的善感就是忧他而忧，乐他而乐，急他所需。这种时候往往要配合眼神和肢体语言，轻柔地看着对方的鼻尖，如果明白了对方诉说的内容，要不时地点头示意。必要的时候，用自己的语言，重复对方所说的内容。如：你刚才所说的孤独，是指心灵上的孤独，所以你在人越多的时候，越感到孤独，不知道我对你的理解是否正确（要鼓励对方继续说下去）。

（三）欣赏对方

在倾听中找出对方的优点，显示出发自内心的赞叹，给予总结性的高度评价。欣赏使沟通变得轻松愉快，它是良性沟通不可缺少的润滑剂。

（四）非强势建议

沟通的目的是达成意见或行为的共识。而建议是没有任何强加的味道，仅仅是比较两种或多种行为所带来的结果，哪个更加完善而优良，供对方自由选择。提出意见时，最忌讳的用语就是"你应该……"、"你必须……"。不论你的建议多么好，与你沟通的对方只要听到这两个词，顿时生厌，产生逆反心理，大多不会采纳你的意见。因为每个人都不愿别人把他当成孩子或低能儿，他们也不是"军人"，随时等着接受"将军"的命令。大多数人听到这两个词时往往这么想，"我要怎么做，还要你来告诉我吗……你以为你是谁……"。

如果我们学会倾听，学会表达，特别是学会用其他方法来给我们语言配合。相信我们的语言是带色彩的，是带感情的，一定会突破语言的藩篱、跨越沟通的障碍。

情境演练

【演练内容】按照"任务情境设定"提供的情况，表达你的意见。

【演练要求】

1. 每个小组成员在组内演练，组员选出一个主管会认可和接受的答案。
2. 各组分享成果，评选最佳"建议"，并奖励优胜组。
3. 对于资源少、时间紧，计划难度高，实现可能性小的计划，一般都会有抵触情绪，要学会控制情绪，以事论事，充分考虑主管听取意见时的感受。

【演练评价】

演练评价反馈表

评价内容	情况反馈、分析
本任务学习心得 （包含学习收获、改进措施、疑惑等）（40分）	
所在小组任务实施情况（30分）	
完成任务过程中个人表现（30分）	
自我综合测评（0~100分）	
教师意见反馈	

任务二　办公室分向沟通

学习目标

1. 掌握办公室分向沟通的有效途径。
2. 能正确运用办公室分向沟通技巧，与领导、同事、客户等进行有效沟通。

任务情境设定

公司内，任羽飞是一名很有执行能力与才华的员工，但她做事一向我行我素，对于同事都采取强势态度，甚至在工作上不太配合。因此除了老板特别安排，部门里很少有人愿意主动与她合作。这次，老板安排你与她合作完成一项重要的报告，要求本周五午餐前完成，可是她迟迟没有把一份数据发给你，距离截止时间只有三天了。

思考讨论

你怎样做才能与她沟通，共同完成那份重要报告？

知识链接

如果把整个办公室当作一个网络，那么每一个员工即是网络中的点，其中任何一个点变成黑点，整个网络的运行将受到很大影响，不论其他点是多么的顺畅。因此，办公室内部沟通必须全员动员，不能忽视任何一点。

整个办公室的沟通网络是由多个不同的小网络组合起来的，每个网点根据其工作特点和其他网点进行不同程度的沟通。因此，作为办公室中的任何一个员工，都必须坚持双向乃至多向沟通的原则（切忌自己有需要的时候才与人沟通），其所在的小网络才能畅通，才不至于影响整个大网络的顺畅运行。

一、如何与领导沟通

根据不同的分工，办公室中每一员工都有相对应的隶属关系，而作为下属则应主动寻找合适机会和上司沟通（作为下属或"晚辈"，等着上司或"前辈"和自己沟通是很不应该，也是不现实的），这既是下属提高自身能力的需要，也是工作开展的需要。而领导在沟通的过程中应起到带头模范作用。

与上司能否顺畅沟通，除了了解他的性情、心理之外，还有一些因素不能忽视，比如适当的时机和地点、有力的依据、对于结果的充分预测等，这些都是保证有效沟通的重要因素。

（一）适当的时机

通常早晨刚上班的时间上司最繁忙，而快下班的时候又是他疲惫心烦的时候，显然都不是最好的沟通时机。建议在上午十点左右找机会与领导聊聊，因为这时上司可能刚刚处理完清晨的业务，有一种如释重负的感觉，你适时地提出问题和建议，会比较容易引起他的重视和思考。无论什么时间，如果他心情不太好的话，奉劝你最好不要打扰他。

（二）适当的地点

他的办公室当然是最好的谈工作的地点。但是如果他经过你的座位，突发奇想要就某个问题与你探讨；或者你们刚好同坐电梯，而他又表现出对你工作的兴趣时，也不失为沟通的好场所。当然，这要看你的反应和智慧了。

（三）提供极具说服力的事实依据

推广一项新的提案或者提出改进现有工作制度、程序的建议，你一定要有足够的说服力，不能给上司留下一个头脑发热、主观臆断的印象；提案中不可或缺的是真实的数据和资讯。事实胜于雄辩，这个道理可以说明一切。

（四）预测质疑，准备答案

对于你的建议和设想，上司可能会提出种种质疑，如果这时你吞吞吐吐自相矛盾，你的成功机率会大大减少；同时还会给上司留下你逻辑性差、思维不够缜密的印象；最好充分预想上司可能有的疑虑，并一一准备答案，这样你就可以胸有成竹地站在他面前了。

（五）突出重点

先弄清楚上司最关心的问题，再想清楚自己最想解决的问题，交谈时一定要先说重点，因为上司的时间是你难以把握的，很可能下一分钟就有一个电话进来或者一件重要的事情打断你们的谈话，如果你还东拉西扯，可能这就是一次毫无意义的交谈。

（六）切勿伤及他的自尊

上司毕竟是上司，无论你的建议多么完美，你也只是站在自己的角度考虑，而上司要统筹全局，他要协调和考虑的角度是你不曾涉及的。因此阐述完你的建议后应该给他留一段思考的时间，即使他犹疑或否定了你的建议，也不要出现伤及上司自尊的言行，这不单是对上司的尊重，也是你的涵养和素质的体现。

案 例

> 年底，公司为了奖励市场部的员工，制定了一项云南旅游计划，名额限定为8人。可是10名员工都想去，部门经理需要再向上级领导申请2个名额，如果你是部门经理，你会如何与上级领导沟通呢？
>
> 部门经理向上级领导说："朱总，我们部门10个人都想去云南，可只有8个名额，剩余的2个人会有意见，能不能再给2个名额？"
>
> 朱总说："筛选一下不就完了吗？公司能拿出8个名额就花费不少了，你们怎么不多为公司考虑？你们呀，就是得寸进尺，不让你们去旅游就好了，谁也没意见。我看这样吧，你们2个做部门经理的，姿态高一点，明年再去，这不就解决了吗？"

分析 在这里，这位经理在与领导沟通时出现障碍，没达到预期的目标，那么如果是你的话，为了这2个名额，你会怎样去跟领导沟通？

以上沟通不通畅的原因是这样做让领导觉得你没站在公司的立场替公司考虑，只会一味满足员工的要求，容易让领导产生不快。我们换个角度试试看。

部门经理说："朱总，有件事我想请示您一下，能否将云南的旅游计划稍做改变？"

朱总肯定会问："为什么？怎么改？"

这时部门经理会说："我们部门共有10名员工，今年的表现都很出色，为了让他们都能感受到公司对他们的肯定和鼓励，避免不必要的矛盾产生，我想能不能对原有计划做这样的改变，降低这次旅游的食宿档次或缩短出游天数，在总预算不变的情况下再增加2个名额，你看行不行？"

这样说会有三个结果：

第一，就是朱总觉得既然10名员工表现都很出色，删掉任何一人都不公平，也容易产生不必要的纷争，而再改变原有计划也比较麻烦，何不就再增加2个名额。如果是这样，目的也就达到了。

第二，就是朱总同意了这样的计划，那么虽不算完全达到目的，但至少也满足了部门员工的要求，这样大家也能开开心心一起出游，避免矛盾的产生。

第三，就是朱总不同意做任何改变，不过这种可能性不大，因为在不增加费用预算的前提下，让大家都能得到公平的待遇，避免不必要的纷争，开开心心一起出游，何乐而不为呢？

另外一种处理方式是把这个建议当成是员工自己的请求来表述。

可以这么说："朱总，部门里的员工让我来请示您一下，能否将云南的旅游计划稍做改变？"

同样，朱总肯定会问："为什么？怎么改？"

这时部门经理会说："部门里的员工非常感谢公司对他们工作的肯定和鼓励，很希望能开开心心一起出游，可名额只有8个，但大家今年的表现都很出色，很难抉择该删掉谁，因此让我来请示朱总，能否将原有计划做这样的改变：降低这次旅游的食宿档次或缩短出游天数，在总预算不变的情况下再增加2个名额，你看行不行？"

这样的结果也许更能让朱总龙心大悦，直接增加2个名额，因为难得有这么团结的员工，这么体贴公司的员工，这难道不该嘉奖？

二、如何与同事沟通

同事之间最容易形成利益关系，如果对一些小事不能正确对待，就容易形成沟壑。日常交往中我们不妨注意把握以下几个方面，来建立融洽的同事关系。

（一）以"团队"为重

多补台少拆台。对于同事的缺点如果平日里不当面指出，与外单位人员接触时，就很容易对同事品头论足、挑毛病，甚至恶意攻击，影响同事的外在形象，长久下去，对自身形象也不利。同事之间由于工作关系而走在一起，就要有集体意识，以大局为重，形成利益共同体。特别是在与外单位人接触时，要形成"团队形象"的观念，多补台少拆台，不要为自身小利而害集体大利，最好"家丑不外扬"。

（二）对待分歧求同存异

与同事有意见分歧时，一是不要过分争论。客观上，人接受新观点需要一个过程，主观上往往还伴有"好面子"、"好争强夺胜"心理，彼此之间谁也难服谁，此时如果过分争论，就容易激化矛盾而影响团结。二是不要一味"以和为贵"。即使涉及原则问题也不坚持、不争论，而是随波逐流，刻意掩盖矛盾。面对问题，特别是在发生分歧时要努力寻找共同点，争取求大同存小异。实在不能一致时，不妨冷处理，表明"我不能接受你们的观点，我保留我的意见"，让争论淡化，又不失自己的立场。

（三）利益冲突时调控情绪，蓄势待发

许多同事平时一团和气，然而遇到利益之争，就当"利"不让，或在背后互相谗言，或嫉妒心发作，说风凉话。这样既不光明正大，又于己于人都不利，因此对待升迁、功利要时刻保持一颗平常心。

（四）保持距离

与同事、上司交往时，应保持适当距离。在一个单位，如果几个人交往过于频繁，容易形成表面上的小圈子，容易让别的同事产生猜疑心理，让人产生"是不是他们又在谈论别人是非"的想法。因此，在与上司、同事交往时，要保持适当距离，避免形成小圈子。

（五）工作小事不要斤斤计较

你发觉同事中有人总是跟你唱反调，不必为此而耿耿于怀。这可能是"人微言轻"的关系，对方以"老资格"自居，认为你年轻而工作经验不足，你应该想办法获得公司一些前辈的支持，让人对你不敢小视。

案 例

> 张丹峰刚刚从名校管理学硕士毕业，出任某大型企业的制造部门经理。张丹峰一上任，就对制造部门进行改造。张丹峰发现生产现场的数据很难及时反馈上来，于是决定从生产报表上开始改造。借鉴跨国公司的生产报表，张丹峰设计了一份非常完美的生产报表，从报表中可以看出生产中的任何一个细节。
>
> 每天早上，所有的生产数据都会及时地放在张丹峰的桌子上，张丹峰很高兴，认为他拿到了生产的第一手数据。没有过几天，出现了一次大的品质事故，但报表上根本没有反映出来，张丹峰这才知道，报表的数据都是随意填写上去的。为了这件事情，张丹峰多次在工作开会强调，认真填写报表的重要性，但每次会后，在开始几天还可以起到一定的效果，但过不了几天又返回了原来的状态。张丹峰怎么也想不通为什么会这样。

分析 张丹峰的苦恼是很多企业经理人一个普遍的烦恼。现场的操作工人，很难理解张丹峰的目的，因为数据分析距离他们太遥远了。大多数工人只知道好好干活，拿工资养家糊口。不同的人，他们所站的高度不一样，单纯的强调、开会，效果是会不明显的。

站在工人的角度去理解，虽然张丹峰不断强调认真填写生产报表，可以有利于改善，但这距离他们比较远，而且大多数工人认为这和他们没有多少关系。后来，张丹峰将生产报表与业绩奖金挂钩，并要求干部经常检查，工人们才开始认真填写报表。

在沟通中，不要简单地认为所有人都和自己的认识、看法、高度是一致的。对待不同的人，要采取不同的方式，要用听得懂的"语言"与别人沟通。

三、如何与客户沟通

（一）做好沟通前的工作准备

首先，你必须要确定今天拜访客户的目的和意义，明确和客户交流的主题，并要准备好相关的资料和道具。例如你今天拜访客户的主要目的是推荐手机新产品，那么今天你与客户交流的主题就是手机新产品，出发前应准备好手机新产品和新产品的相关知识，新产品知识要求出发前能够做到了然于心，这样拜访时你和客户进行沟通时才能够做到有的放矢。因此，沟通前的充分准备是至关重要的，它能够提高你的自信心，是你与客户进行顺畅沟通的前提和保障。

（二）善于倾听客户的谈话和询问客户

认真倾听客户的谈话，客户认为你尊重他，他才有可能认真听你的谈话，这也才有机会接受你的观点和意见。在倾听的过程中应学会从客户的谈话中了解客户的立场以及客户的需求、愿望、意见与感受。当然，只会倾听还是远远不够的，还必须学会巧妙询问。询问时应注意顾客的态度和忌讳等等，同时最好能够学会利用一些巧妙的问话，从客户口中探出自己想要得到的信息或把自己的一些想法和意见表达出来。

（三）学会换位思考问题

拜访客户时经常会遇到客户提出各种各样的要求，有些要求看来是无理取闹。可是，当你把自己作为是一名客户来看时，你就会觉得他们的提法都是相当有理有据的。

如何做拜访前的准备，如何向客户发问，如何与客户沟通，如何倾听，这些问题在工作中都要细化。

1. 用准确的称呼，感恩的心态与客户相见

当营销人员敲开客户的大门拜访客户时，要准确地称呼对方，进行自我介绍并表示感谢。立即向客户表示感谢，这样能给客户留下客气、礼貌的形象，这样更能赢得客户的好感。

2. 用开场白、寒暄，表明拜访来意

开场白要尽量创造良好的第一印象。客户会带你进入合适的访谈场所，期间相互交换名片，营销人员拿出笔记本，公司相关资料等文件做访谈前的准备。此间，营销人员要迅速提出寒暄的话题，营造比较融洽、轻松的会谈氛围。寒暄的内容五花八门，此时寒暄的重点是迎合客户的兴趣和爱好，让客户进入角色，使对方对你产生好感，寒暄目的是营造气氛，让客户接受你，只要目的达到了，其他的或下一步得工作也就好开展了。寒暄的方法多种多样。

（1）奉承法。

（2）帮忙法：比如帮经销商抬货、帮客户包装等等。

（3）利益法。

（4）好奇心法：新品种、新包装。利用新的事物、新的方法吸引客户。

（5）询问法。

3. 陈述、介绍、询问和倾听

通过交谈让客户了解自己的公司及其产品和服务，要在交谈中了解客户的现状和需求，尤其要询问客户目前的现状和潜在需求，此时要避免客户的抵触情绪，想办法满足客户特定的利益。陈述时要注意：答话及时，不要太快，保持轻松、自然。多用日常用

语，少用专用名词。陈述时还要注意内容简单扼要，表达清晰易懂。陈述时切记不要夸夸其谈，或过分卖弄文采，这样容易招致客户反感。

4. 总结、达到拜访目的

营销人员介绍了自己公司，了解了客户的现状和问题点，达到了目的，要主动对拜访结果进行总结和与客户确认，总结主要围绕潜在需求进行。

5. 道别，设定下次会见

与客户设定下次访谈时间是获得与客户进一步合作的承诺，此时要避免模糊的时间，要确定到具体时间，比如下周二还是下周三，只有确定了进一步访谈的具体时间，才是真正获得客户的承诺。这样才能促成合作。

对信息的选择、对拜访目标的确定也很重要，想通过一次拜访就与客户成交是不现实的。互补双赢、空间无限是企业的经营理念，企业的任务是赢得消费者，从空间无限的市场中获得回报。

（四）学会和不同类型的客户沟通

每一个客户都有其不同的性格和办事风格，如何在与品性各异的客户打交道中游刃有余，这也是与客户有效沟通的一个难点。与不同类型的客户进行有效沟通和交流，需要一定的方法和技巧。如果根据客户听别人说话时注意力的集中与分散，可以把客户分为认真型、随意型、积极型、配合型等类型。比如与随意型客户沟通，这类客户听人谈话一般不够认真，常常分心揣摩别人接下去要说什么，喜欢断章取义，而不想听别人的完整表述，而且他们易受干扰，甚至有些客户还会有意寻找外在干扰。对待这类型客户，应简明扼要地表述，并清楚得阐述你的观点和想法，切忌长篇大论，以免客户心烦。总之，与客户沟通要学会根据客户的不同特点区别对待，力求顺应对方的特点，选择有共同点的话题，有了共同性，彼此间的冷漠就会渐渐地消退，而逐渐亲密起来。

真正的谈话高手，总是能够调动对方的激情及积极性，使其愿意倾听并延长沟通的时间，尤其是沟通不感到疲惫，并产生相应的吸引力时。

1. 关心客户的生活

不仅要关心生活的状态，更应当学会关心客户的生活质量，特别是应当学会关心客户的成长环境。只有学会理解并尊重对方，才能够更好地走进客户的心目当中去。

2. 谈论感兴趣的内容

每个人都有自己的兴趣和爱好，与客户沟通的时候，找到双方都感兴趣的话题是十分必要的。应当学会搜集和整理客户感兴趣的话题，并加以运用，引起对方的共鸣，使沟通顺利进行下去。

3. 关注眼前发生的现象

会在与客户接触的时间和空间里把握客户见到的信息，尤其是双方共同见证的信息，并展开谈论的话题。只有这样，才能够更好地激发两人的兴趣点。

4. 增强谈话的新鲜度

在与客户沟通时，一定要回避一些无关紧要，或者无聊的信息，而应当学会增加谈话的新鲜度。

5. 重复客户的话题，并发表感受

学会重视客户，凡是客户发表的正确观点，应当及时给予肯定，并加以适度的赞美。这样，就会充分调动客户谈话的积极性。可以说，调动客户的情绪比自己滔滔不绝地谈话更加重要。

6. 欣赏客户的创业经历和成长历程，使客户有一定的优越感

7. 掌握谈话中的停顿和思考

与客户沟通要注意张弛有度，不应当整个过程都显得非常紧张，尤其应当注意谈话中要有思考的时间。

（五）兑现承诺

答应客户的事，说到一定要做到，千万不要夸大其词或妄下断语，否则会让客户对你产生不信任感。

客户唐某2000年在A银行办理个人住房按揭贷款3笔，贷款金额分别为：32万元、30万元、28万元，2006年初由于唐某所办公司经营出现问题，资金紧缺无力正常归还住房月供，A银行客户经理在电话催收无效后，多次上门催收，开始唐某态度较差，经过客户经理耐心分析利弊，唐某有所扭转开始筹措资金配合还款，但由于资金缺口大，还款来源最终没有得到落实，鉴于唐某所购3套住房一套用于自住，一套用于办公，另一套出租的情况，A银行客户经理建议客户转售出租的房屋，这样唐某既能避免被银行起诉造成损失，还可保证其他两套住房的按揭月供，剩余的资金还可用于生意上的周转，银行又能及时收回贷款，唐某同意银行建议，但又苦于找不到合适的买家，A银行客户经理又采取多种渠道联系买家，先后3次帮助客户谈判，终于帮助唐某出售了房屋，摆脱了困境，银行顺利收回了不良贷款。在此过程中客户经理还及时向买家宣传A银行业务，成功营销两张信用卡。

分析 沟通是人们进行思想或情况的交流,以此取得彼此的了解、信任及良好的人际关系。对组织内部来说,沟通是组织成员团结一致、共同努力达到组织目标的重要手段,同时,沟通也是组织与外部环境之间建立联系的桥梁。本案例就主要体现了客户沟通在现代企业经营管理中的重要作用。

在当前的经济环境下,因为客户越来越难找,也越来越难让客户感到满足,企业必须做出更多的努力才能确保客户体验是正面、稳定且受尊重的。

作为客户服务行业,个人贷款业务部门每天面对不同的客户,怎么样能够达到良好的沟通效果,怎么样营造和谐的接洽氛围,是现今所有服务行业需要提升的重中之重,它可能直接影响公司的短期业绩或者远景发展,从本案例出发,至少可以给我们带来如下几个方面的启示:

第一,加强与客户沟通。在对个人客户催收过程中会遇到形形色色的人,在交往中一定要善于沟通,注意方式方法,以情动人,以理服人。

第二,制定"一户一策"。个人不良贷款客户大多数是由于各种原因经济出现困难,针对不同的客户采取不同的方法,对于善意的欠款人采取多种方式尽量避免双方损失,对于有钱不还的老赖,坚决依法处置。

第三,适时营销产品办理个人贷款时,注重业务宣传,遇到素质高、信誉好的客户,积极营销理财金、网上银行、信用卡等业务,为客户提供全方位服务。

情境演练

【演练内容】 与"任务情境设定"中的任羽飞沟通。

【演练说明】

1. 每个小组成员在组内讨论,得出沟通方案。
2. 各组分享成果,评选最佳"建议",并奖励优胜组。
3. 同事间的合作有时会非常困难,但千万记住办公室不是斗气和比较气势的地方。适当地使用"借力打力"、"狐假虎威"等方法,巧妙借用领导的力量促成工作,但是切记不要炫耀,尽量将自己的权责与工作在领导眼皮底下清晰量化。

【演练评价】

评价反馈表

评价内容	情况反馈、分析
本任务学习心得 (包含学习收获、改进措施、疑惑等)(40分)	
所在小组任务实施情况(30分)	
完成任务过程中个人表现(30分)	
自我综合测评(0~100分)	
教师意见反馈	

模 块 小 结

人是有感情的动物，人与人之间的沟通离不开人的喜恶，办公室沟通同样必须具备一定的情感基础，在国企中尤其如此。如果一个人对另一个人"有成见"，那么不论双方多么有必要进行沟通，沟通也是难以有效进行的。根据工作分工的关系，每个员工之间的沟通程度应该是不一样的，不应该也不可能全部同等待之。工作有直接相关的，沟通程度必定要全面、深入；工作一般相关的，沟通到一定的程度即可；工作不太相关的，相互熟悉一下即可。任何资源都是有限的，尤其是工作时间，沟通找错对象，分不清主次，这是办公室沟通的一大忌。

拓 展 训 练

训练一

公司要召开经理级会议，老板让小谭拟好会议日程和安排，然后下发到每位参会者手中。小谭很快做完了这件事，并把提纲 E-Mail 到老板的私人信箱里。临近开会前两天，老板很不满意地问她为什么还没有看到她的计划，小谭说三天前就传到您的邮箱了。老板说那几天他正好和客户谈合同，很忙，所以也没看电子邮件，提醒小谭以后要注意，重要的事情应该再打个电话追问一下。

思考：如果是你，将如何与老板沟通消除不良影响和印象？

训练二

某商业公司的孙副经理与童副经理有点小隔阂。一天，该公司的曹秘书去向分管商品购销的孙副经理请示了一项业务处理意见后，在返回的路上碰到负责广告宣传的童副经理，于是，曹秘书又向这位副经理谈了这件事，童副经理听了以后也作出指示。这让曹秘书左右为难，两位领导人的矛盾也加深。孙副经理责怪曹秘书多事，不按他的意见办。加之平时孙与童有些矛盾，孙认为曹秘书与童关系亲近些，曹秘书曾在一些事情上支持过童。这样，孙副经理意见更大，认为曹秘书有意与他作对。而童副经理则认为，此业务是他引介的，曹秘书应先同他通气。

思考：曹秘书有如下方案可供选择：
1. 按孙副经理意见办事，因为他是主管这项业务的。
2. 按童副经理意见处理，因为他是业务引介人。
3. 建议孙、童通气协商，形成统一意见后，再作处理。
4. 找主要决策人——总经理裁定后，按其意见处理，这是按组织原则办事。

训练三

唐浩天是公司销售部的一名员工，人比较随和，不喜争执，和同事的关系处得都比较好，但是，前一段时间，不知道为什么，同一部门的徐成处处和他过不去，有时候故意在别人面前指桑骂槐，对两人合作的工作任务也都有意让唐浩天做得多，甚至还抢了唐浩天的好几个老客户。

起初，唐浩天觉得都是同事，没什么大不了的，忍一忍就算了，但是，看到徐成如此嚣张，一赌气，告到了经理那儿。经理把徐成批评了一通，但结果是——从此，徐成和唐浩天成了一对冤家。

思考：

1．唐浩天、徐成在整件事中分别有哪些错误行为？
2．若你是唐浩天，将怎样处理？

模块十二

接 待 情境沟通

 导学 看台

迎来送往，是社会交往接待活动中最基本的形式和重要环节，是表达主人情谊、体现礼貌素养的重要方面。尤其是接待，是给客人良好第一印象的最重要工作，给对方留下好的第一印象，就为下一步深入接触打下了基础。接待客人，要有良好的沟通方法与技巧。

任务一 门店销售接待

 学习目标

1. 掌握接待人员迎客接待语的"三要素"。
2. 通过技能训练学会应用接待导入语。

任务情境设定

一天，A先生为购买一台激光打印机，来到一家电脑商行问价，其中有一家店的销售人员对A先生很热情，见A先生问价后想离开，销售人员就说："价格嘛，我们保证在相同机型、相同质量、相同售后服务的前提下，以最优惠的价格卖给你。你要是心中没数，你可以再到其他店里看一看。"临走时他还对A先生说："买不买不要紧，欢迎您再来，我们不会让你吃亏的。"你别说，几家转过来，最终A先生还是回到原来那一家商店以最低价买了一台打印机。

我们看到，销售人员迎接客户的寒暄友好而简短，但销售人员的形象和微笑已经创造出一种友好的气氛。通过密切注意观察未来客户，销售人员顺利地成交了生意。

 思考讨论

当A先生进入商店时，销售人员应该如何接待才能表现出热情和诚意？

 **知识链接**

一、接待语言三要素

（一）展现亲切灿烂的笑容——微笑是世界的共通语言

接待的第一秘诀就是展现你的亲切笑容。笑是世界的共通语言，就算语言不通，一个微笑就能带给彼此一种会心的感觉。所以，笑是销售人员最好的语言工具，在有些情况下甚至不需要一言一行，只要一个笑容就可以打动顾客。这是良好接待的第一要素。

 **小贴士**

1. 笑容是可以训练的

只有发自内心的微笑才是最真诚的笑容，而接待人员要想在任何情况下都能展现这样的笑容，就需要对其进行刻意的训练。

人的脸上一共有17块肌肉，它们会牵动每一个笑的神经，只要有一块肌肉失去作用，你的笑容就不能完美展现，所以，要多多练习如何微笑。当然，会很好地控制自己的情绪也是进行训练的一项必不可少的内容，只要你做到这两点，你就可以拥有自然而又亲切的笑容了。

2. 假如你需要快乐，必须学习先使别人快乐

要让自己每天都开开心心，就要学会先去欣赏别人，久而久之欣赏你的人就会越来越多。这就叫做"你快乐所以我快乐"，接待客人时更是如此。

3. 轻轻一笑，可以拉近彼此的距离

要想拉近彼此的距离，一定要展现你天使般的笑容，而且这个笑容要像小孩子一样天真无邪。当客人看到你的这种笑容时，不但不会对你产生排斥心理，还会留下极好的印象。所以，要想拉近你与客人之间的距离，一定别忘了展现你天使般的笑容。

（二）温馨合宜的招呼语

1. 简单明了的礼貌用语

简单明了的礼貌用语在生活中很常用，当你接待客人时，它们就更是必不可少的好帮手了。你要说"您好"、"大家好"、"请"等礼貌用语，向客人展现你的品位风范。

2. 生动得体的问候语

生动得体的问候语就是重点表现出关怀意识的语言,比如"有没有需要我帮忙的?有没有需要我效劳的?"这样的问候语既生动又得体,需要每个销售人员牢记于心、表现于口。切忌不要使用类似"找谁?有事吗?"这样的问候语,它会把你的客人通通吓跑。

> 销售人员在自己的作业区域没有顾客来到时,要随时注意有无顾客,留心整理货架,思考陈列方法和商品结构,学习商品知识,不要随便离开售货处。
>
> 销售人员在做其他工作时,要不断地注意有无顾客。如有顾客来到时,马上停止其他工作,随时准备对顾客进行导购服务。

(三) 充满温馨关怀的态度和导入话语

当客人到来时,应该顺应顾客的心理与其进行适度的交谈,要学会根据环境变换不同的关怀话语,拉近你与客人之间的距离,让客人产生宾至如归的感觉。这是良好接待的第三要素。

1. 销售接待的基本态度

(1) 不管买不买东西,当看到顾客出现在自己的作业区域时,要肃立并以自然明朗的表情不断地注视顾客,寄予关心。

(2) 有顾客到来,正做其他工作不能立刻腾出手来时,要立即通知有空闲的其他导购员。

(3) 禁止动作:

① 销售接待员聚集在一个地方站着。

② 眼瞪着顾客。

③ 一边看着顾客,一边又说又笑。

④ 在顾客来到之前,大声说话。

⑤ 对顾客不关心,愣愣地站在那里。

⑥ 靠着货柜、柱子或衣架。

⑦ 将手插在衣兜里,或抱着胳膊、倒背着手。

2. 根据顾客的情况使用相应导入语言举例

(1) 好天气的日子,说:"今天天气真是舒适。"(加上与顾客对答的话。)

(2)坏天气的日子，说："在雪（雨、大风）中您特意来这儿，实在感谢！"（加上与顾客对答的话。）

(3)经常来的老顾客又来买东西时，以亲近的态度询问上次所买东西的情况："前几天承蒙您的照顾来买东西，实在感谢，东西的样子怎么样呀？"

(4)了解了顾客的兴趣时，如说："最近您去钓鱼了吗？"（就顾客感兴趣的谈话，可以增加亲密的感情。）

(5)了解了顾客的情况时，如说："前几天您去旅行怎么样啊？""您的小姐要结婚啦，恭喜！"（关于举办婚礼的一切需要，应主动向顾客介绍、建议、进行推销。）

二、接待顾客时沟通的要点

(1)看到顾客时，必须让视线注视顾客，面带笑容，双手下垂，两脚并立，点头致意。

(2)顾客视线离开商品寻找销售接待员并走近跟前时，视线注视着顾客的面孔，面带笑容的问候："您来了。"

(3)看到熟悉的顾客时，亲切地笑脸相迎，快步走近顾客，在距离两三步时，轻轻地点点头示礼、问候，再说一些融洽情感的话。

三、工作繁忙时的沟通要点

(1)销售工作繁忙，正在接待顾客中，有人招呼时，放下手里的事，将视线转向顾客，以让他等候深感抱歉的表情，轻轻点头致意，并说："是，您来了，现在正谈着，请您稍等一下。"

(2)有闲着的销售人员时，向闲着的销售人员打招呼："××，请照顾一下××顾客。"

(3)等待的顾客询问时，赶快走近顾客，在距两三步前，眼睛看着顾客的脸，以让他久等表示抱歉的态度，恳切地问候："您来了，让您久等了。"

(4)正在做其他工作，听到顾客招呼时，停止手里的工作，视线转向顾客，面带笑容，轻轻点头致意，一边回答："是，您来了。"一边快步走近顾客。

(5)销售人员本身在所属以外的其他售货处卖东西，顾客来招呼时，暂时停止自己卖东西，转向顾客："您来了。"在知道的范围内，主动地为顾客服务。

(6)不能回答顾客的提问时，将视线看着顾客的脸，以不能对顾客有所帮助感到很抱歉的心情，向顾客解释："实在对不起，因为我不是这个售货处的，所以不太清楚。让我去叫负责人员，请您稍等一下。"马上寻找该售货处的销售人员，说明有顾客到来，待得到肯定答复以后，迅速返回顾客那里，请顾客再稍等一会儿。

(7)向外国顾客打招呼时，可以用英语请顾客稍等："我可能帮您些什么呢？""请原谅，我不会说英语。""我去叫一位会英语的人士来，请等一会。"并马上带领一个懂得外语的销售人员来，对顾客具体介绍商品，然后请懂外语的销售人员向顾客转达。

(8)禁止动作：

① 虽有人打招呼也不马上回答。
② 有人招呼时，懒懒地、慢条斯理地走到跟前；招呼后，十秒钟内不能走到跟前。
③ 由于服装、语言等因素在态度上对顾客表示出差别对待。

情境演练

门店销售接待技能训练。

【演练名称】"任务情境设定"

【演练内容】假设你是电脑商行打印机柜台的销售接待员，请你根据"三要素"设计一套迎接 A 先生的迎客接待语，并进行现场模拟演示。

【演练说明】

1. 每组推选或自荐 2 名同学参与，分别扮演销售接待员和 A 先生，其余同学做观察者和协助记录。
2. 演练结束，参与者与观察者交流体验或观察心得。

【演练评价】

考 核 评 价 表

序 号	考核评价项目	分 值	扣 分	实得分
1	微 笑	20 分		
2	招呼语	40 分		
3	导入语	40 分		
合 计		100 分		

任务二　办公室接待

学习目标

1. 掌握办公室接待的要点。
2. 通过技能训练学会灵活应用办公室接待工作。

任务情境设定

刘辉大学毕业不久，在一所学校的办公室工作。一天，一位客人走进了办公室，刘秘书正在办公桌前打印一份文件，见到客人，他向客人点点头，并伸手示意客人先坐下。5 分钟后，他为客人倒茶，并通过电话帮客人联系好客人要找的经理，并在办公桌前起身向客人道别，目送客人走出办公室。但是事后，刘辉却受到了经理的批评。

思考讨论

刘秘书为什么会受到批评？

 **知识链接**

作为一名办公室秘书应该按以下几种情形来接待，并应表现出良好的工作能力和工作素养。

一、热情友好地接待

当来访者来访时，接待人员应该主动从座位上站起来，引领客人进入会客厅或者公共接待区，并为其送上饮料，如果是在自己的座位上交谈，应该注意声音不要过大，以免影响周围同事。切记，始终面带微笑。

 **小贴士**

热情迎接的要领：

1. 立即招呼来访客人：应该认识到大部分来访客人对公司来说都是重要的，要表示出热情友好和愿意提供服务的态度。如果你正在打字应立即停止，即使是在打电话也要对来客点头示意，但不一定要起立迎接，也不必与来客握手。

2. 主动热情问候客人：打招呼时，应轻轻点头并面带微笑。如果是已经认识的客人，称呼要显得比较亲切。

3. 陌生客人的接待：陌生客人光临时，务必问清其姓名及公司或单位名称。通常可问：请问贵姓？请问您是哪家公司？

二、要弄清来客的姓名、所在的公司、有什么事情。清楚来意后，不能直接回答他领导在否，要明白领导是否愿意见他

1. 问清对方的目的

自我介绍之后，接待人员要问清来客的姓名、身份、目的。如果来访者递上名片，这些情况就可以从名片判断出来。

如果来访者拒绝说出来访目的，而领导对此有明确要求，此时可以说："×先生，恐怕我不得不告诉领导您要谈的事情，这样我才方便安排您和他的会谈。您能告诉我大致的情况吗？"或者说："您能告诉我为什么要见×领导吗？这是他希望我弄清楚的第一件事。"如果来访者仍不愿告诉原因，可以说："如果您不愿现在说出来访原因，我可以理解。您可以给×领导来封密函，跟他说说您想见他的理由，我相信他会很高兴与您会面的。" 此时说话一定要面带微笑，谨慎耐心。

2. 给领导留下回旋余地

明确了这些情况后,不能直接回答他领导在不在,因为领导可能不愿意见这位客人,应该先通报领导办公室。注意,无论接听电话的是什么人,都要说:"××办公室吗?"不要直呼"××您好",并说明有客人来访,请问××领导是否方便接待或在不在。这样可以给上司留下选择的余地,也许领导不愿意会见来访者。

3. 领导不在时的处理

如果领导不在,应向来访者说明上司外出的原因、返回的时间,但不可说出领导外出的地点,可以这样告知来访者:"抱歉,他恰巧外出,预定××时间回来,您的意思怎样呢?"

此时接待人员还可以对来访者这样说:"您若愿意,可先由我与您谈谈。"或者"可否告诉我有什么事?由我转告可以吗?"请客人留下电话、地址,明确是由客人再次来单位,还是我方负责人到对方单位去。

总之要为对方设想,作适当的交代。

4. 领导在时的处理之:愿意接待

愿意接见,则按照领导的意思接待来访者,给以接待人员的专业服务,做好会话记录,在会见结束后将来访者送至门外。

客人到来时,我方负责人由于种种原因不能马上接见,要向客人说明等待理由与等待时间,若客人愿意等待,应该向客人提供饮料、杂志。(不能让客人在公司内部随意走动,特别是办公区域,告知客人在接待区等待。)

5. 领导在时的处理之:不愿意接待

如果领导表示不愿接见,接待人员应向客人表示领导不在,而不能直说领导不愿接见。此时,应请客人留下名片,并表示领导回来时会"告知"他的"来访",切不可说领导回来时会回电。

当接待人员确定领导不想见来访者时,可以这样回答来访者:"希望我能多给您一些帮助,但××(领导)现在有急事,可能需要一段时间,您最好与他进行书信联系。"

三、不速之客的接待

有客人未预约来访时,不要直接回答要找的人在或不在。而要告诉对方:"让我看看他是否在。"同时婉转地询问对方来意:"请问您找他有什么事?"如果对方没有通报姓名则必须问明,尽量从客人的回答中,充分判断能否让他与同事见面。如果客人要找的人是公司的领导,就更应该谨慎处理。

四、正确引导

接待人员带领客人到达目的地，应该有正确的引导方法和引导姿势。

1．在走廊的引导方法。接待人员在客人二三步之前，配合步调，让客人走在内侧。

2．在楼梯的引导方法。当引导客人上楼时，应该让客人走在前面，接待人员走在后面，若是下楼时，应该由接待人员走在前面，客人在后面，上下楼梯时，接待人员应该注意客人的安全。

3．在电梯的引导方法。引导客人乘坐电梯时，接待人员先进入电梯，等客人进入后关闭电梯门，到达时，接待人员按"开"的钮，让客人先走出电梯。

4．客厅里的引导方法。当客人走入客厅，接待人员用手指示，请客人坐下，看到客人坐下后，才能行点头礼然后离开。如客人错坐下座，应请客人改坐上座（一般靠近门的一方为下座）。

在来访者接待问题上，我们的接待人员要灵活机动，视不同情况，合理运用自己所学的专业知识做好接待工作。

  情境演练

【演练名称】办公室接待技能训练：如何正确接待。

【演练内容】根据本节"任务情境设定"的情境内容，假如你是这则案例中的刘秘书，你将如何"随机应变"，把接待工作做好呢？

【演练说明】

1．每组推选或自荐 2 名同学参与，其余同学做观察者并协助记录。

2．演练结束，参与者与观察者交流体验或观察心得。

【演练评价】

评 价 反 馈 表

评 价 内 容	情况反馈、分析
本任务学习心得 （包含学习收获、改进措施、疑惑等）（40分）	
所在小组任务实施情况（30分）	
完成任务过程中个人表现（30分）	
自我综合测评（0~100分）	
教师意见反馈	

任务三　会议接待

 学习目标

1．掌握会议接待的沟通方法和技巧。

2. 通过技能训练，提高会议接待的沟通能力。

任务情境设定

威力通信公司召开业务研讨会，会期一天，与会人员 30 人，需要安排食宿、餐饮。

思考讨论

负责这次研讨会接待工作的梁经理及其下属，应该如何安排接待较为妥当？

知识链接

一、接站

（一）对前来访问、参加会议、洽谈业务等的客人，应首先了解对方到达的车次、航班，安排与客人身份、职务相当的人员前去迎接。

（二）接待人员到车站、机场去迎接客人，应提前到达，恭候客人的到来，决不能迟到让客人久等。客人看到有人来迎接，内心必定感到非常高兴，若迎接来迟，必定会给客人心里留下阴影，事后无论怎样解释，都无法消除这种失职和不守信誉的印象。

（三）接到客人后，应首先问候一句，"一路辛苦了"、"欢迎您来到×××"等等，然后向对方做自我介绍，如果有名片，可送予对方。

注意送名片的礼仪：

1. 当你与长者、尊者交换名片时，双手递上，身体可微微前倾，说一句"请多关照"。你想得到对方名片时，可以用请求的口吻说："如果您方便的话，能否留张名片给我？"

2. 作为接名片的人，双手接过名片后，应仔细地看一遍，千万不要看也不看就放入口袋，也不要顺手往桌上扔。

二、迎接

（一）礼仪组：4~6 人，穿统一服饰，佩戴礼仪条幅，提前两个小时进入工作状态，酒店大门口 2 人、楼下电梯楼上电梯各 1 人、另外 1 人负责引领至签到组，另 1 人引领至住宿登记处安排住宿。要求站在自己位置上不要乱走动，笑容亲切、随时保持微笑，使用标准话语。

（二）签到组：设一张签字台，配上 2~3 名工作人员，签字台应有钢笔、水笔和签到本、签到单。询问顾客是否需要住宿，如需者登记房间号。向客人介绍住处的服务、设施，将活动的计划、日程安排交给客人，并把准备好的地图或旅游图、名胜古迹等介绍材料送给客人。向客人递钢笔时，应脱下笔套，笔尖对自己，将笔双手递上。如需要发放资料，应礼貌地双手递上。签到结束后统计人数，汇报给食宿组以便安排餐饮。

三、会议

引领组：会议开始前，会议引领人员应有礼貌地将与会者引入会场就座。在场内倒茶水，并给与会代表分发发言稿、声明、提案草案、修正案稿等。要热情地向与会者解答各种问题，满足各种要求，提供尽可能周到的服务。

> 将客人送到住地后，接待人员不要立即离去，应陪客人稍作停留，热情交谈，谈话内容要让客人感到满意，比如客人参与活动的背景材料、当地风土人情、有特点的自然景观、特产、物价等。考虑到客人一路旅途劳累，接待人员也不宜久留，让客人早些休息。分手时将下次联系的时间、地点、方式等告诉客人。

综上所述，接待工作要把解决实际问题、促进相互间的友好合作作为接待的指导思想，简化接待形式，调整接待规格，使接待活动更体现务实精神，更加重视实效。

 情境演练

【演练名称】技能训练：模拟本节"任务情境设定"中会务组的服务情境

【演练内容】以本节"任务情境设定"中会务组的服务过程为依据，编写一个情景短剧，并进行现场模拟演示。

【演练说明】

1. 每组同学以组为单位参与，分别扮演会务组各个角色，其余同学做观察者和协助记录。

2. 演练结束，参与者与观察者交流体验或观察心得。

【演练评价】

考 核 评 价 表

评 价 内 容	情况反馈、分析
本任务学习心得 （包含学习收获、改进措施、疑惑等）（40分）	
所在小组任务实施情况（30分）	
完成任务过程中个人表现（30分）	
自我综合测评（0~100分）	
教师意见反馈	

模 块 小 结

接待中,对待来宾一视同仁,尽到应尽之责,对上不唯唯诺诺,对下不趾高气扬。公正、客观地对待每一位来客,使其获得应有的尊重和合理的对待。此外,要秉持接待活动中"安全第一"的原则。接待活动的安全包括饮食安全,住地安全,交通安全等。必要时,接待人员可与有关保卫部门联系,采取严格的防范措施,消除一切安全隐患,确保接待活动的顺利进行。在接待中,接待人员既要有热情的态度,处处替客人着想,尽可能满足客人的要求和愿望,又要有细致周到的工作作风。要善于整体策划,认真做好每一件小事,通过热情周到的服务,保证接待活动的顺利进行。

拓 展 训 练

【训练名称】模拟某会议会务组接待人员接待过程服务情境
【训练内容】
1. 根据《附:会议接待注意事项》进行角色扮演现场模拟演示。
2. 讨论、分析会议接待工作的思路和步骤。
【训练说明】
1. 以学习小组为单位参与,分别扮演会务组各角色,其余同学做观察者和协助记录。
2. 训练结束,参与者与观察者交流体验或观察心得。

附:会议接待注意事项

一、与会人员的注册登记,包括签到和领取代表证件、会议文件及纪念品等;
二、会议开始前检查灯光、室温、卫生、名牌、桌椅、纸笔、饮水杯(主持人用)、木槌、投影设备等是否均已符合要求;
三、迎接嘉宾,引导代表等至指定席位;
四、在场内分发代表发言稿、声明、提案草案、修正案稿等。发言稿通常在该代表发言期间分发,如稿件未到,可在主持人发言小结时分发,或在下次会议开始前分发。为保证记录的准确性,如代表系临时发言且有手稿,可在其发言后向其暂借,复制后随即退还。
五、记录会议的进行过程及代表的发言内容;
六、随时准备提供必要的会议文件及有关资料,供讨论时参阅;
七、接听紧急电话并通知所要求的通话人;
八、其他人员应在会议厅室外接电话,以免干扰会场。

模块十三

销 售 情境沟通

什么是销售？销售就是介绍商品提供的利益，以满足客户特定要求的过程。

如今的市场竞争极为激烈，越来越多的商品已经由"买方市场"转向"卖方市场"，那种"皇帝女儿不愁嫁"、"酒香不怕巷子深"的坐商观念已经严重落伍了。商品经营者们认识到，再好的产品卖不出去，也等于废品。为了更好地促进商品销售，各类商店需要使用多种促销方式。其中，商店把通过销售人员推销，面对面地向消费者陈述，以加深顾客对商品的了解，进而促进其购买产品这种方式是放在首位的。那么，作为商店里的销售人员，就必须具备相应的素质和沟通能力，才能做好销售工作，提高工作业绩。

任务一 学做产品介绍

 学习目标

1. 掌握销售人员进行产品介绍的要点。
2. 通过技能训练学会产品介绍的灵活应用。

任务情境设定

一位农村老大娘去布料专卖店买布料，女售货员迎上前去热情地打招呼："大娘，买布呀？您看这布多结实，颜色还好。"谁知那位老大娘听了不冷不热地说："要这么结实的布有啥用，穿不坏就该进火葬场了。"

 思考讨论

通过女售货员与老大娘一问一答的简单对话，不难看出两个问题：一是女售货员急于推销。可急于推销就能推销成功吗？想办法实现的推销才叫真正的营销，不想办法是难以实现推销目的的。二是老大娘表现了极度的悲观情绪。面对这两个问题，售货员很难接老大娘的话茬，一般情况下，售货员只有翻两下惊异和不满意的眼皮不说话，买方与卖方在尴尬中"默默无语"了事。可是对有营销素质的售货员来讲，再难接的话茬也能接下去，将尴尬化解。

 知识链接

一、做好产品介绍的三个前提条件

（一）充分地了解产品

首先应该能准确地对客户阐述明白消费这个产品有什么用处，与其他同类产品相比的优势。

销售人员要对自己所销售的产品做全面、深入、细致的了解，达到专业的程度。要知道，客户是长期销售此类产品的，他对这个产品应该有基本的认识，千万别低估客户的智力、知识和经验，那样很容易自讨没趣。但是俗话说："买家哪有卖家精"，这就对业务人员的专业水准提出了更高要求，如果你的产品知识与客户相近，那么，你很难帮助和提升该客户。如果你的产品知识甚至还不如他，那你最好趁早走人，没有一个客户会尊重一个不专业的业务员。

除了从宏观上了解自己产品的性能、结构、特点、优势之外，最好还能从细节上多了解一些该产品易发生的问题点，以及各种可能或实用的解决办法。这样，你就能从细微处比客户略胜一筹，客户自然对你心服口服。

（二）喜欢自己销售的产品

只有当销售人员对所销售的产品真正喜欢认可的时候，才能感染到自己的买家，如果销售人员表现不出自己对该产品的喜爱，那么凭什么让人家喜欢，又凭什么让人家掏钱购买所销售的产品呢？

（三）觉得自己销售的产品物有所值

一个合格的销售人员大多都不会直接跟客户讨论价格，而是从产品的性能、实用性等各个方面介绍产品的优越性，让买家觉得，"嗯，这个东西掏这点钱买，值！"而要说服所面对的客户，觉得你所销售的产品物有所值，前提就是你要觉得你所销售的产品卖的价格是与它所带给使用者的价值是相符合的，让你的客户通过你的介绍，觉得你推荐给他的产品的确物有所值，这样人家才会购买。

如果你都觉得你所销售的产品价格有点高，不值所销售的价格，凭借自己的优惠权利不断让价，要么你所面对的客户会掉头就走，你就只能损失自己的利益，向公司申请低价卖给你所面对的客户群，不但你会利益受损而且还会让客户在心底觉得你不专业。

二、取得产品介绍成功的要点

（一）保持简短扼要

我们要尽可能清楚、简要地表达我们的思想。尽可能避免使用一些行业术语以及一连串的由首字母构成的词。这些术语和词往往只有我们自己和我们的同伴能懂，而对于其他大多数的人来说则是毫无意义的。

购买者并不总是像我们一样熟悉那些行业的术语，而且即使他们听不懂我们在说些什么，他们通常也不会告诉我们。这时我们所面临的主要风险是人们通常不会购买他们所不了解的产品。我们是否可以使用这些术语得视购买者而定，否则就将它们留在你的办公室吧。

最后，每次只宜解决一个问题，并需要不断得到客户的反馈。只有这样才能极大地增加你被理解的可能性，并进而增加你得到订单的可能性。

注意：滔滔不绝并非销售，我们要用最简要、清晰、易懂的语言与客户沟通。

（二）对特征、功能、用途进行说明

专业销售人员可以使用的另一个极为重要的工具是向客户做(产品/服务的)特征、功能、用途介绍，这是一个最少为客户所理解的，因此也是最少为销售人员所使用的技巧。我们可以从某一具体客户的需求开始。

1. 特征

介绍的"是什么"，即针对的是客户需要的是什么产品。

2. 功能

介绍的是该产品能做什么。

3. 用途

介绍的是该产品可以满足客户的什么需求。

大多数销售人员存在的主要问题是不知如何区别功能与用途，除非我们能够学着去做，否则我们将面临只注重介绍我们的产品或服务能做什么，而忽视了介绍它们能满足客户的什么需求或解决客户的什么问题。

例如，有一款新型电压力锅，它的特点是安全、省电、环保。销售人员就讲解得非常有特点，先是跟顾客唠家常，现在用煤气怎么贵啦，用电则速度慢啊等等，取得了顾客的共鸣，接着话锋一转，介绍到自己要推荐的产品，给顾客算了一笔经济账，用了这款产品，怎么省时，一个月又可以帮他省多少钱。最后，顾客欢天喜地地买了产品走了。

在把各要点介绍完后，我们必须花些时间去确认客户是否赞同我们的介绍。这种反

馈告诉我们该客户是否会"购买我们解决问题的方案",是否对我们的产品或服务能够解决他的问题或满足他的需要抱有信心。没有这种反馈,我们就会发现我们所要解决的问题并不是客户所最关心的。此时我们最常用的技巧是用封闭式的问题提问,比如:"对你来说节省时间是很重要的,对吗?""品质的优劣是很重要的,是吗?"如果客户对你表示赞同的话,表明你已瞄准了方向,并使你有机会达到你的目标。

所以,在产品销售中,我们是不是一味地向客户讲解产品优点呢?我们是不是一味地把这些优点认为是我们产品的卖点呢?如果这样,你讲的优点在客户眼里可能一文不值。只有客户关注的产品特点才能成为我们产品的卖点。所以在产品销售中,我们一定要先了解客户的关注点并排列次序,然后再有针对性地讲解,这样成功的可能性才会大。

(三)运用视觉手段

赢得客户的兴趣是销售人员在进行销售时首先碰到的挑战。在信息爆炸的年代,怎么样才能让顾客记住你,记住你的产品,你必须要学会想象,运用视觉手段。运用视觉手段有助于我们清楚明了地展示我们的产品和服务,有助于我们的客户形象地了解他/她所能得到的好处。

三、销售人员口才训练四要素

(一)用客户听得懂的语言来介绍

通俗易懂的语言最容易被大众所接受。所以,你在语言使用上要多用通俗化的语句,要让自己的客户听得懂。销售人员对产品和交易条件的介绍必须简单明了,表达方式必须直截了当。表达不清楚,语言不明白,就可能会产生沟通障碍,就会影响成交。此外,销售人员最好使用顾客所用的语言和交谈方式,所以,一个销售人员首先要做的就是要用客户明白的语言来介绍自己的商品。

(二)用讲故事的方式来介绍

大家都喜欢听故事,所以用讲故事的方法来介绍自己的产品,就能够收到很好的效果。有一次,一位顾客来到海尔冰箱的柜台前,问海尔的销售人员说:"你们的质量有保障吗?"这位销售人员没有直接讲冰箱的质量如何如何好,而是给顾客讲起海尔的总裁张瑞敏上任时砸冰箱的故事来,一个故事讲得顾客立刻对海尔冰箱的质量肃然起敬了。

任何商品都有自己有趣的话题,它的发明、生产过程、产品带给顾客的好处,等等。销售人员可以挑选生动、有趣的部分,把它们串成一个令人喝彩的动人故事,作为销售的有效方法。所以销售大师保罗·梅耶说:"用这种方法,你就能迎合顾客、吸引顾客的注意,使顾客产生信心和兴趣,进而毫无困难地达到销售的目的。"

(三)要用形象的描绘来打动顾客

销售人员说话一定要打动顾客的心。为什么这样说呢?因为顾客的钱包离他的心最近,打动了他的心,就打动了他的购买欲望。

而打动客户心的最有效的办法之一就是要用形象的描绘。比如:一位太太去逛商场,销售人员对太太说了一句话,使本来没有购买欲望的她毫不犹豫地掏出了钱包。这位销售人员对太太说的什么话竟有如此魔力呀?很简单,那句话是:"穿上这件衣服让你很美"。

"成全你的美丽",一句话就使这位太太动心了。这位销售人员真的很会说话,很会做生意。在顾客心中,不是顾客在照顾销售员的生意,而是销售员在成全顾客的美丽。虽然这话也是赞誉之词,但听起来效果就完全不一样。

(四)用幽默的语言来讲解

每一个人都喜欢和幽默风趣的人打交道,而不愿和一个死气沉沉的人待在一起,所以一个幽默的销售人员更容易得到大家的认可。幽默可以说是销售成功的金钥匙,它具有很强的感染力和吸引力,能迅速打开顾客的心灵之门,让顾客在会心一笑后,对你、对商品或服务产生好感,从而诱发购买动机,促成交易的迅速达成。所以,一个具有语言魅力的人对于客户的吸引力简直是不能想象的。出色的销售人员,是一个懂得如何把语言的艺术融入商品销售中的人。可以这样说,一个成功的销售人员,要培养自己的语言魅力。有了语言魅力,就有了成功的可能。

 情境演练

【演练名称】产品介绍技能训练:如何化解销售中的尴尬场面

【演练内容】根据本节"任务情境设定"的情境内容,假如你是这个案例中的女售货员,你将如何"因人制宜"地进行产品介绍,把营销做到老大娘的心坎上,让她高高兴兴地购买产品呢?

【演练说明】

1. 每组推选或自荐 2 名同学参与,其余同学做观察者并协助记录。
2. 演练结束,参与者与观察者交流体验或观察心得。

【演练评价】

评 价 反 馈 表

评 价 内 容	情况反馈、分析
本任务学习心得 (包含学习收获、改进措施、疑惑等)(40分)	
所在小组任务实施情况(30分)	
完成任务过程中个人表现(30分)	
自我综合测评(0~100分)	
教师意见反馈	

任务二 引导体验促购买

学习目标

1. 掌握销售人员为顾客推荐、展示商品的技巧。
2. 通过技能训练获得引导顾客体验、促进产品销售的能力。

任务情境设定

一位推销员在向一位客户推销汽车。

推销员：你们平常运货平均重量是多少？（探寻基本需求）

客　户：很难说，一般也就 2 吨左右吧。

推销员：有时候多，有时候少，对吧？（通过纵深提问挖掘需求）

客　户：是的。

推销员：究竟需要多少吨位的卡车，一方面要看你运什么货，另一方面也要看你的车在什么路上行驶，你说对吗？

客　户：对。不过……

推销员：据我了解，你们的车可能经常要在路况很差的农村地区行驶吧？而且贵地好像冬季比较漫长，而你们似乎又主要在冬季出车，次数远远超出夏季是吧？（激发出客户需求）

客　户：是这样的。

推销员：如果是这样的话，那么汽车的很多部件以及车身所承受的压力是不是比正常情况下要大不少？（引导客户解决问题）

客　户：是的。

推销员：所以我觉得你们在买车的时候应该考虑留有余地。

客　户：你的意思是……

推销员：从长远利益来看，一辆车买得值不值得主要看什么呢？（抛出解决方案）

客　户：当然是他的使用寿命了。

推销员：一辆车总是满负荷甚至超负荷使用，另一辆则从不过载，您觉得哪一辆使用寿命会更长？

客　户：当然是马力大、载重多的。

推销员：那就对了，所以我建议你们买 4 吨位的卡车……

思考讨论

这位推销员为什么能取得成功？

知识链接

当销售人员迎进顾客，就可以开始询问顾客需要产品的型号、数量或者颜色等外表特征，进行商品展示。

一、询问顾客要购买什么商品的技巧

1. 顾客没有特定地指出商品时，导购员要以帮助顾客买东西的表情，一边微笑着，一边亲切地招呼，如："您想买一件毛衣吗？"听取顾客的反应。注意顾客的眼神和表情、手势和动作，掌握适宜的时机，将顾客想要购买的商品名称告诉他/她。

2. 当顾客看商品时，应将顾客观看的附近的商品，尽快取出两件左右，一边望着顾客的脸，一边用两手拿给他看。要心情愉快地拿商品给顾客看并笑容满面地对他讲："这件东西您看怎么样？"

3. 当顾客手里拿着商品时，导购员可以微笑着向顾客简要地介绍商品的特点，如："这里的短外套是纯棉的，含棉百分之百，穿着非常舒服，再过些日子正好穿用。"同时把商品调换到较容易取到的位置上。

4. 顾客指名要商品时，立即回答："是，知道了。"面带笑容，轻轻点头示意，迅速将指明的商品取出，两手拿着请顾客看："是这个吗？请您看吧！"

二、请顾客观看商品的技巧

1. 顾客对所看的商品不满意时，迅速选出别的商品，双手拿着给顾客看："那么这个商品您看怎么样啊？"和颜悦色地向顾客介绍，使顾客感到愉快。

2. 顾客希望导购员帮助挑选商品时，要挑选两三种最合适的商品，双手拿给顾客看，以易懂的话语恳切地针对顾客的不同情况恰当地介绍商品的特点。从谈话的内容中，推测顾客的希望，推荐不贵也不贱的中等价格的商品给他观看。至于颜色、花样可从顾客的衣着与携带的东西来判断。

三、顾客希望购买的商品没有时的应对技巧

1. 为寻找顾客需要的商品而要离开时，以耽误了顾客的时间而感到抱歉的心情对顾客讲："真对不起，我到仓库找找看，请您稍等一下。"轻轻点点头行礼，快步走向仓库，如有顾客需要的商品，两手拿着，急速折回。

2. 顾客希望购买的商品在仓库里找到返回现场时，以实在太好了的表情，快步走到跟前，双手拿给顾客看，并说："让您久等了，这个东西您看好吗？"

3. 顾客希望购买的商品仓库里也没有时，可以告诉顾客："因为要和采购部门联系，请您稍等一下。"轻轻地点头示意，并立即用加急电话联系。

4. 与采购部门联系上了的时候，要搞清楚有没有顾客希望购买的商品和进货的日期。

5. 当了解了顾客希望购买的商品入库日期时，首先向顾客道歉："太对不起您了。现在偏巧没有货，预定某日进货，如果来得及，货一到，马上和您联系，请告诉我联系的方式。"询问并记下顾客的姓名、住址和电话号码。

6. 采购部门联系不上时，要对顾客表示歉意："太对不起您了，现在和采购部联系不上，若是着急的话，我是某销售处的某某，请留下姓名和联系地点，以后找到就和您

联系，您看怎样？"以后如果知道商品入库情况，自己负责马上告诉顾客。

四、推荐展示商品的技巧

1．有较好的商品向顾客推荐时，顾客虽然特意到我们商店来，但是需要的商品都没有，以对不起的心情向顾客道歉，以很想做些有益于顾客的事，即便是少一点也行的表情向顾客推荐同类商品："这种商品与您指定的东西多少有些不同。这个东西，您看怎样？商品质量和性能都很好。"

2．对推荐的商品顾客不满意时，以未能满足顾客的希望与要求，实在抱歉的心情，深深地表示道歉，并以下次一定努力做到的心情，请多照顾："尽管您特意来此，但对您没有帮助，实在对不起，还请您多少照顾。"

3．顾客需要的商品没有进货，对推荐的商品不满意时，要表示抱歉，并询问采购部门能否购进。同时向顾客解释："实在对不起，我们没从那里进货，能否买到，得问采购部了，请您等一下。"

4．采购部门能购进顾客希望买到的商品时，可告诉顾客："现在尚未办理进货，采购部门能购进此货，预定某日进货，一到货，即与您联系，请将联系地址告诉我。"将能进货的日期告诉顾客，并问清联系地址。

5．无法采购顾客希望买的商品时，要说明没有进货的原因："实在对不住您了，您指定的商品是通过特别渠道销售，我们不能进货。如果是某某商店的话，则有可能办理。对未能帮助表示道歉，今后请多多照顾。"请求谅解。可能的话，告诉顾客办理此项业务的商店名称，并再次表示歉意，请今后仍多多光顾。

6．展示商品的禁止动作：

（1）用一只手拿着商品让顾客看。

（2）慢条斯理地拿着商品。

（3）拿出商品后，一声不响地递到顾客面前。

（4）由于购买的商品金额小，表现出厌烦的态度。

（5）无计划地把商品一个个拿出，堆起来给顾客看。

（6）粗暴地回答顾客提出的问题。

（7）对顾客的话泼冷水，如说："那太不合适了。""那对您是不相称的。"

（8）说声"商品卖完了"，便表现出非常冷淡的态度。

五、推荐商品的要点

顾客熟悉和观看商品时，要趁机积极推荐。作为一个专业的销售人员，应当充分地运用自己所掌握的全部商品知识和生活知识，满怀信心地从商品的原材料、设计、花色、性能及用途等各个角度向顾客说明其优越性，在听取反应的同时，积极向顾客推荐。

1．顾客拿几个商品对比挑选时，要从顾客的谈话中推测顾客喜欢什么样的商品，选择最适合顾客需要的商品，热情的介绍其优异性，积极向顾客推荐。

2. 向顾客推荐别的商品。为了在顾客自己已经选好的商品里再增加点商品，可以向顾客推荐观看其他的商品，并听取反应。

3. 顾客已经选好合适的商品时，由于实在太合适了，可以赞美的口气对顾客说："非常合适。非常好！"表示除此以外，没有更好的商品向顾客推荐了。

4. 价格便宜，顾客对商品表示不放心时，可以加以解释，如："我们努力把好的商品的价格稍微降低一点，所说是价格便宜，但是质量未变。这里的商品很受顾客欢迎。"

5. 由于价格高顾客在考虑时，开始不要以"不贵"来否定顾客的意见，可就商品的材料、设计、色彩、性能等方面，说明其价值在价格上。先说明价格是贵了些，再说明质量和设计的高超，这样能给顾客留下好的印象。

6. 从商店方面看有特别想推荐的商品时，必须满怀信心地详细说明并积极推荐。这就要求平时充分地掌握商品知识，对超市的专用商标商品、直接进口的商品以及只有超市才出售的商品，都要好好记住。

7. 顾客沉默地考虑时，注意不要妨碍顾客的思考，同时要有信心地推荐。

8. 顾客征求意见时，抱着促使顾客下决心的诚意对他讲："是像您说的那样，特别合适。"同时加上一句起作用的话。

9. 顾客迟迟下不了决心时，体察顾客对那个商品想知道点什么，在做了充分说明之后，满怀信心地加上一句推荐的话。特别是讲顾客关心的事项（颜色、原材料）有重点地介绍，是一种好方法。

10. 顾客决定购买商品时，将顾客决定购买的商品，双手拿着，说："是这个吧，实在感谢。"核实无误，以感谢的心情，轻轻地点头行礼致谢。

11. 推荐有关联的商品。对相互有关联的商品的知识要广泛地学习，尽可能地推销有关联的商品。如："与这里的短外套相配的统一花样的围巾，您看怎么样？"

12. 询问有无其他事情时，态度上不要勉强，要顺着顾客的心情，问一问有没有忘记什么。如："另外，还有什么事没有？"

13. 禁止动作：

(1) 不好好地回答。
(2) 勉勉强强地介绍，好像被谁强迫着似的。
(3) 说什么"人各有所好"，不答理顾客。
(4) 中途放弃顾客，中断介绍。
(5) 时间一长就表现出不耐烦的态度。
(6) 与顾客吵嘴。
(7) 不分对象地介绍高档商品。
(8) 介绍商品时，不能使顾客听明白。
(9) 尽管不知道却随便答复。

综上所述，任何一种方法，运用得越好，成功的机会也就越大，哪怕有时你仅对其中一两种方法运用较多，也会取得令人意想不到的成绩。销售人员导购，化解了顾客的重大异议后，就可以提出交易，因为重大的异议是顾客决定是否购买的重要障碍，解决异议时实际上顾客已经承认了产品的价值。为他的购买扫除了障碍,为什么不赶紧用合适的语气说:"您看,现在基本上没有什么问题了,那我们就马上下单吧。"

情境演练

【演练名称】引导体验促购买技能训练:模拟本节"任务情境设定"中销售者的服务情境

【演练内容】以本节"任务情境设定"中销售者的服务过程为依据,编写一个情景短剧,并进行现场模拟演示。

【演练说明】

1. 每组推选或自荐 2 名同学参与,分别扮演销售人员和客户,其余同学做观察者和协助记录。

2. 演练结束,参与者与观察者交流体验或观察心得。

【演练评价】

考 核 评 价 表

序 号	考核评价项目	分 值	扣 分	实得分
1	第一步,探寻客户基本需求	10 分		
2	第二步,通过纵深提问挖掘需求背后的原因	20 分		
3	第三步,激发客户需求	20 分		
4	第四步,引导客户解决问题	20 分		
5	第五步,抛出解决方案	20 分		
6	第六步,成交之后与客户建立客情关系	10 分		
	合　计	100 分		

模 块 小 结

沟通是人与人之间联系的纽带,面对面的销售沟通,除了话语的作用,还有面部表情、体态语言等来加强沟通的效果。销售中的沟通技巧可以让销售人员更多更好地了解客户的消费心理,也就可以更好地去设计营销策略,顺利地达成销售目的。

拓 展 训 练

1. 销售人员促销过程技能训练

【训练名称】模拟某服装店销售人员销售过程服务情境

【训练内容】

(1)根据《服装销售过程模拟练习》脚本,进行角色扮演现场模拟演示。

(2)阅读《销售过程模拟练习》脚本,讨论、分析那位"导购员"为何能够成功销售出产品，总结其推销产品的思路和步骤。

【训练说明】

（1）每组推选或自荐2名同学参与，分别扮演"导购员"和"顾客"，其余同学做观察者和协助记录。

（2）训练结束，参与者与观察者交流体验或观察心得。

2.《服装销售过程模拟练习》脚本

人物：导购员　顾客

地点：某服装公司门店

（1）当顾客进门，导购员微笑地对顾客说："欢迎光临，请随便看看！"

提示：跟顾客简单的打招呼，让顾客有被重视的感觉，但不可太急切，让顾客有一定的空间去选择喜欢的产品，而此时，导购员并非对顾客不理，而是在一旁暗地里观察顾客，等待接近顾客的机会。

（2）当顾客驻足注意商品（如一款上衣）时，导购员赶紧迎上去："请问有什么可以帮您的？"

提示：抓住接近的机会，为顾客介绍他/她所看重的产品。

（3）当顾客产生购买欲望时，导购员使用带有专业的语气："能让我帮您量一下尺寸吗？我们公司提供试穿服务，如果您需要，可随时让我帮助您！"

提示：在顾客试衣时要根据客户身材，穿着的品位为其多准备两到三件。

（4）当顾客决定购买时，导购员可推荐连带产品："您看这条裤子，公司考虑到能有更好的穿着效果，进行了配套设计，您要选购一条吗？"

提示：这样既可增加销量，又体现出品牌的专业性。

（5）当顾客购买行为结束时，导购员赞美："您选择这件衣服的款式十分适合您，欢迎您下次再来购买！"

提示：适当的赞美，礼貌的送客，会让客户感到温暖，下次还会光顾。

附录

理论知识是指导和支撑实践行动的依据和准则。本书在依托上篇"口才突破基础训练"和下篇"职场沟通实战演练"的基础上,通过附录的形式,进一步拓展口才训练与沟通演练的相关内容,以便能开阔视野,拓宽知识。

"附录"部分重点介绍了"辩论赛知识"、"求职材料的准备和使用"、"职场语言选编"等知识,希望能有所借鉴和启迪。

附录一

辩论赛知识概述

辩论赛是按一定规则进行，围绕同一问题，双方当面交锋，各自论述自己的观点和见解，抨击对方的论点，揭露对方谬误的一种辩论比赛形式。通过辩论，可以明辨是非，帮助人们更深刻地认识世界，所以说辩论是会话语言中最高的语言艺术。

一、辩论赛的特点

（一）从辩论的目的看

辩论赛的主要目的，是通过比赛来训练辩论的能力和技巧。因此，它以击败对方为主要目的，双方都不准备说服对方，更不会被对方所说服。被对方说服就意味着比赛的失败。因此，辩论赛对开发思维能力和创新能力、训练演讲技能、培养快速反应能力和语言表达能力有着重要的意义。

（二）从辩论的选题上看

首先，辩题要有意义。辩题的意义，是指具有探讨价值的、能引起论辩者和听众兴趣的、通过论辩能达到启迪思想、提高认识、引导舆论的目的的特性。其次，辩题要有可辩性。可辩性，一是指辩题必须互不相容、势不两立，辩论双方都有话可说、有理可辩；其次辩题必须既有明确的界定，又有可供论辩展开的宽度和开掘的深度。例如《温饱是谈道德的必要条件》、《流动人口的增加有（不）利于城市的发展》等。

（三）从辩论的内容范围看

日常辩论和专题辩论都可以针对对方的人和事进行辩论，而辩论赛则奉行对事不对人的辩论原则，只针对对方辩友的观点展开辩论，而不涉及对方个人的品质、能力和行为。此外，由于辩论赛以取胜为主要目的，所以在辩论内容上，只要能"自圆其说"，驳倒对方就可以取胜。胜方的观点不一定代表真理，而败方的观点并非一定谬误。

（四）从辩论的表达方式看

日常辩论和专题辩论若要表达自己的观点和批驳对方的错误时，要注意以委婉的方式，即采取不伤害对方自尊心和刺激对方情绪的方式来表达。而辩论赛则不采取这种考虑心理相容的表达方式，不必担心会刺激对方，对方越失态，越过分激动，越对己方有利。

（五）从辩论的评判来看

辩论赛的胜负，取决于评判员的评判以及现场观众的心理倾向对评判员的影响。因此，辩论的双方，既要考虑以充分的论据和有力的反驳使对方失利，又要注意自己的语言美和仪态美，以争取听众和评判员好评。

（六）从辩论的组织程序看

辩论赛属于一种竞赛，竞赛的公正性要求有一套严密的组织形式和竞赛规则，辩论时必须严格遵守这些规则。各方的人员组成结构、每一个人什么时候发言、发言的时间有多长等，都有严格的规定。

二、辩论赛的程式

（一）辩论分组

参加辩论赛的人员分为两组，一组为正方，另一组为反方。正、反方的分配，一般于辩论赛前由双方抽签决定。正、反方参与辩论的人数相等，一般每组3人或4人。3人一组称为3∶3式；4人一组称为4∶4式。3人一组中设主辩一名，助辩2名。4人一组则不设主、助辩，更强调互相配合：第一位发言者有阐明本方观点的责任，第二、第三位发言者既要维护本方观点，又要集中力量批驳对方观点，第四位发言者则承担总结本方观点的重任。

（二）辩论程序

1. 3∶3式一般辩论程序

每次辩论双方各出主辩一人、助辩两人。每方每次发言不得超过3分钟。首先由甲方主辩阐明观点，然后乙方主辩发言，时间都为3分钟。之后，双方展开辩论。各方助辩均可在本方每次发言的时间期限内发表观点，参加辩论。辩论进行到一定的回合以后，由主持人宣布双方主辩进行总结，也可请观众上台提问、参辩。

2. 4∶4式一般辩论程序

4∶4式辩论赛，一般分团体辩论、自由辩论和总结陈述三个阶段。在团体辩论阶段，首先由正方第一位成员发言，接着是反方第一位成员发言。然后是正、反两方的第二和第三位成员轮流发言。每位发言时间均为3分钟。

在自由辩论阶段，每一位辩论员的发言次序、时间和次数都不受限制，但是，整组的发言时间累加应规定一个定数。正方的任何一位成员先起立发言，之后，反方的任何一位成员应即刻发言。双方依此程序轮流发言，直到双方时间用完为止。

在总结陈述阶段，先由反方第四位成员总结本方辩论观点，后由正方第四位成员总结。正、反方各有 4 分钟。双方总结完后,可由观众上台提问和参辩。

三、辩论赛的准备

辩论赛与日常辩论相比,有许多特殊性。针对辩论赛的特点,在辩论前应对赛场形势进行分析、预测和进行赛场规定训练,为辩论赛做准备。具体内容有如下几个方面。

(一)审题立论,确定战略基础

辩论赛通常可在赛前见到辩题,并抽签决定正、反方立场,具有可谋划性。赛前做好做足辩题的审题和立论工作,是确保辩论成功的首要战略和基础。

1. 审题

审题也叫破题,这是辩论取胜的首要环节。因为只有合理审题,才能有的放矢、正确立论,确定正确的辩论战略。审题的范围,主要包括弄清论题的内容范围、论题词语的意义、概念的内涵和外延、论题的中心要点;明确论题的共认点和争议点以及双方辩论的焦点;找准双方的优劣点及打击点等等。

审题的关键在于抓住辩题的概念做文章。在很多情况下,双方辩论的并不一定是整个辩题,而往往是一些关键问题成为了必争之点。

2. 立论

立论就是确立本方论点,并对此进行论证。在剖析辩题基础上,针对双方争论的焦点,根据论题难易利弊的情况,本着趋利避害的原则,确定本方应坚持的基本论点。一般来说,当辩题于本方有利时,立论自然占有优势。如果辩题于本方不利,则应匠心独运采取多种技术手段,例如,"加大内涵缩小外延"或"扩大外延包容内涵"等方法创造立论的优势。

(二)编制要略,选择进攻角度

审题立论的最后完成,必须表现在赛前的编制要略上。要略内容可以分为纲目、子目、证据三项。纲目代表辩论问题的要领,即辩论者所要阐述的几个要点。子目就是理由,是纲目成立的依托。证据是证明理由不容否定的资料。

编制要略的过程,实质就是选择进攻角度的过程。一般来讲,论证题目的角度可从对象、背景、内容、原因、效果、方法和历史等几个方面展开论述。例如论证:"英语四六级考试利大于弊",既可以从国家设置四六级英语考试的目的意义去分析;可以从实施英语四六级考试后的成果及效益去证明;可以把它放在与国际接轨的经济社会发展需要的大背景下去证明;也可以将未设置英语四六级考试的历史与实施了英语四六级考试的现实作纵向比较,还可以将设置了英语四六级考试的国家与未设置英语四六级考试的国家进行横向比较证明。总之,无论是哪一个辩题,这几个方面都可以作为论述的角度。辩论时,选一个角度,或选两三个角度均可。这要根据每场辩论的要点和时间来灵活选择。

在编制要略时，要略排列的程式必须纲举目张，整齐有序，能够一目了然。为了说明要略的内容和程式，可以辅之以实例分析。编制要略的目的在于梳理辩论的次序和思路，构筑辩论体系的骨架，选准进攻的角度。在比赛的实际操作过程中，必须根据赛场形势的变化，对已编制的要略内容有所增删。

（三）强化训练，提高选手水平

辩论赛的难度大，要求高，竞争激烈，要求参赛队在赛前做好充分准备，而强化训练是在短期内迅速扩充知识积累，锻炼辩驳能力，掌握辩论谋略，提高选手水平和整体配合水平的有效方法。

强化训练的内容，主要是知识训练、技能训练、协同训练和模拟比赛四个方面。知识训练重在拓宽知识面和增加知识量；技能训练重在辩驳能力、辩论技巧和论辩谋略；协同训练重在整体配合；模拟比赛重在形成比赛气氛，提高辩手的心理素质。

（四）运筹辩略，形成战术氛围

只要是竞赛，就必定有战略战术的运筹。在辩论赛中，运筹辩略既要准备己方出击的路线、整体协作的分工，也要预料对方可能提出什么问题，怎样回答和反驳等。如果有可能了解到对方的情绪、性格、特长、气质等情况，运筹辩略时，就要花相当的时间去揣情摸意，有的放矢地去准备，创造时机去辩论。

四、辩论赛的技能

辩论赛虽然也是一种口头的辩论，但它和日常辩论不一样。辩论赛是一个准备充分的，讲谋略的，斗智斗勇的过程。其辩论语言不仅承载着丰富的内容，而且也表现着高超的技巧，充满了智慧。这里重点介绍辩论赛常用的若干技巧。

（一）征引证理

这是辩论赛最基本也是用得最普遍的技法。所谓征引证理，就是运用征引权威性言论、成语、典故、俗语、谚语等进行立论或反驳。征引有诠释性征引、归纳征引、演绎征引等几种形式。

（二）比较论理

把要议论的道理，与相近或相反的材料进行比较，来进行说理。这种方法较为灵便，易获实效。比较论理有求同比较和求异比较两种形式。

1996年第二届中国名校大学生辩论邀请赛，其中有一场辩题为《跳槽是否有利于人才发挥作用》的辩论。面对反方一辩的陷阱问题："你们是认为只有跳槽才有利于人才发挥作用吗？还是只要跳槽就有利于发挥作用呢？"正方同济大学队的三辩是这样回击的："对方辩友犯了一个逻辑错误，今天我们说上海的小馄饨可以填饱我的肚子，但并不代表西安的羊肉泡馍，就只能使我解馋了呀！"

通过求同存异比较的方法，发言者既巧妙地解答了这一两难问题，也从侧面坚持和论述了己方的主张和观点。

（三）环环相扣

组队辩论，要做到多路进攻、环环相扣，队员之间配合默契，也就是思想高度集中，不仅要能够发现和抓住对方的有关全局的重大疏漏之处，而且要对本队同伴的一些带有暗示性的回答或反问能够立刻领悟，连续跟上，以便集中全力突破对方的防线。

（四）主动制人

这是在辩论中掌握、利用战机的技巧。辩论中能够争取主动，才可驾驭对立方，从而最终制服他。或先发制人，或后发制人，以退为进；不论怎样，都要把握好战机，及时出击。

1993年北大首届辩论赛国政系对化学系，辩题是《高消费对中国市场经济的发展利大于弊》。这一辩题对正方国政系很不利，因为传统意义上的高消费一般被认为是"过度消费"或"消费过热"，这不符合中国国情。几经考虑，国政系决定先发制人，在"高"字上做文章。一开辩，他们就把"高消费"界定为：高品位、高质量、高档次的消费，并在进一步的解释中，将其分为两个层面上的内容：一是针对消费品而言，指质量和档次的提高；二是针对消费行为而言，指在巨大进步的商品经济下应采取的文明消费。这样国政系先声夺人，牢牢把握住辩论的主动权，为己方立论开辟了比较广阔的回旋余地，为争取胜利打下了基础。

（五）小中见大

所谓"小中见大"，是说辩论者要善于从高层次上，以其敏感性和洞幽烛微的观察力，从要说的事理中，选取最典型、最有代表性、最能反映事物本质的那一点，触类旁通，引申扩张，上升到理论的高度，使其小而实、短而精、细而宏、博而深，令人回味无穷，收到片言以居要，四两拨千斤的感染启发，小中见大的论辩效果。

辩论中运用"小中见大"要注意选准突破口。辩论的"突破口"应是关联着全局、最容易着力突破的"一点"，也是最敏感、最准确，牵一发而动"全身"的"一点"。

在一场辩题为《对外开放是否带来了走私贩私》的辩论赛中，一方坚定地认为："走私贩私，是对外开放带来的必然结果！"另一方则对此进行了严厉批驳："如果你的说法能够成立的话，那么我的感冒就是开了窗的缘故。那么为什么开了窗之后，有些人感冒，更多人却身体健康地领略着大好春光呢？这答案只能从自身去找了。同样，改革开放了，其目的就是在于利用当前国际上的有利条件，借西方发达国家的财力、物力之水灌溉我国现代化之花。我们一是主权在握，二是开放有度。问题是国内有些不坚定分子，看见金灿灿的洋钱洋货眼花缭乱，犹如蝇之趋腥，这又能怪谁呢？……"这就是利用"小中见大"，抓住了感冒和开窗这一小事，阐发了走私与对外开放的关系，颇具说服力。

（六）乘胜追击

这是一种非常有效的对付对手纰漏的方法。当对手纰漏被发现，应一路穷追猛打下去，一方面把对手的纰漏公开化、扩大化，另一方面使对手在既不能承认其错误，又无法回避事实的情况下陷入困境。

在北大首届辩论赛中，国政系与历史系就《仓廪实而知礼节》展开辩论。正方历史系在辩论中指出："在德国这样经济发达的国家，产生了巴赫、贝多芬、门德尔松等伟大的音乐家……"

反方国政系立即抓住正方论据中"贝多芬"的名字反击："正方错了，贝多芬恰恰是在贫困交迫的情况下才写出《命运交响曲》这样辉煌的作品的。"

正方错上加错："那他也必须在吃饱饭的情况下才能进行创作呀。"

反方乘胜追击："那么请问贝多芬是在哪一顿吃饱了之后才写出《命运交响曲》的？"至此，正方被逼到进退两难的境地。

（七）金蝉脱壳

在辩论时，当你发现自己处境不利，不能恋战，不妨虚晃一枪，转移对方的注意力，借以迷惑对方，得以隐蔽地转移或撤退，就是金蝉脱壳。

（八）釜底抽薪

辩论时，辩论双方所持的论题，都是由一定的论据支持的。论据真实，则论点正确；论据虚假，则论点谬误。在辩论中只要揭露出对方论据的虚假，那么，论题这座大厦就会像釜底抽薪，其论点必然不攻自破。

例如：1993年国际大专辩论赛半决赛的辩题是《艾滋病是社会问题，不是医学问题》。正方悉尼大学队："请问对方同学，如果今天我们发明了一种可以控制艾滋病的疫苗，哪会发生这样的社会问题呢？"反方复旦大学队："用一个'如果'的话，整个巴黎都可以装在一个瓶子里，对方辩友不如说，如果人类不存在的话，那艾滋病还有没有啊！"反方抓住了对方论据"如果疫苗"的虚假漏洞，反应敏捷地借对方之言，驳倒了对方之据。

（九）以攻为守

当受到对方攻击时，如果无法正面辩护，则可主动出击，反驳对方的要害，迫使对方转攻为守、自顾不暇，以达到守住己方阵地的目的，此乃以攻为守法。例如，在辩论《艾滋病是社会问题，不是医学问题》的辩题时，正方一辩："对方已经说明，我们应该加强教育，但是我想问对方，教育是用什么教育？是不是要用医学的方法来教育呢？"对这一尖锐的提问，反方一辩先采取模糊应接法："知之为知之，不知为不知。"回避了对方的追问，紧接着话锋一转，以攻为守："请问对方，你们判断是医学问题还是社会问题的标准是什么？"巧妙地把战场拉到了有利于自己的一方。

(十)明知故问

对答案明确的问题或已知的事实,只因答案对对方不利,便故意将问题提出,置对方于困境。

1990年国际大专辩论赛辩题是《人类和平共处是一个可能实现的理想》。当时,南京大学队是正方,辩论中,南京大学队明知故问问了一个问题:"人类最大的共同利益是什么?"因为该问题众所周知,是"和平与发展",但答案显然对反方不利,所以正方不仅明知故问,而且不断追问。反方先是一再回避,到最后不得不答非所问:"人类最大的共同利益就是在所谓的南非问题还没有解决的时候,俄罗斯的种族问题又出来了啊。"南京大学队恰当地运用明知故问的方法打了个漂亮仗。

附录二

求 职 材料的准备和使用

对于即将走向就业市场的毕业生来说，具备了职业素质和工作能力，并不等于就找到了适合的工作单位，他们不但缺乏社会工作经验，也缺乏必要的心理准备和求职技巧，所以，熟练掌握就业技巧并在实践中正确运用，就成为求职成败的关键因素。本附录的目的是从求职的实际需要出发，重点阐述求职简历、求职信的要求和做法，指导学生顺利地通过就业的第一道门槛。

一、毕业生求职材料的构成和制作原则

求职材料，是毕业生在求职过程中，为了择业成功而准备和使用的各种书面材料。毕业生准备求职材料的直接目的，是为了引起用人单位对自己的兴趣，使自己能够最终被录用。用人单位出于节约人力和时间的考虑，大多数情况下不采用直接面试的形式，而是要求求职者先寄送求职材料，由他们进行比较、筛选，然后再决定求职者是否面试。由于用人单位最初是通过求职材料来了解求职者的，因此，求职材料的质量，对于用人单位是否与该求职者做进一步的接触，有着不可估量的作用。

（一）求职材料的构成和作用

毕业生进入人才市场，与用人单位接触，应准备哪些求职材料呢？我们首先从用人单位的招聘广告来作为认识的出发点。

案例

江苏昆山人才招聘市场

时间：2004年12月30日上午8:00～11:30，地点：昆山市电视大学。

招聘广告：昆山光成机械有限公司招聘业务助理2名，日/英文各1名，专科，国贸或相关专业，要求外语听说写流利，熟悉文字处理，中英文打字速度每分钟40字以上。厂务助理1名，专科，机械相关专业毕业，熟悉办公自动化，中英文打字速度每分钟40字以上。

点评　对于毕业生来说，厂务助理岗位是比较有发展潜力的职务。毕业生在求职过

程的初期阶段，应做好以下事项：①投递求职材料，主要是临场书写和投递求职信与个人简历。②了解招聘相关情况和企业选择参加面试学生名单的截止期（一般在一星期内）。③在截止期前选择合适时间，采用电话联系方式介绍自己的情况，加重用人单位对自己的印象。④一旦被选择参加面试，做好面试准备。

求职材料的构成

求职的书面材料主要包括求职信、个人简历、各种证明材料等。

（1）求职信。求职信，也称自荐信，是毕业生在收集需要的信息后有目的地向用人单位做的自我介绍。它是针对特定单位（岗位）的特定人写的，主要表述求职者的主观愿望和特长，以求吸引招聘者的注意力，取得面试机会。求职信在求职过程中作用重大，是学生自我推销、展示自己公关能力的重要一环，因此，求职信从形式到内容都应给人以美感。

（2）简历。简历顾名思义是反映求职者个人简要经历的，是一个人生活、学习、工作的经历与成绩的概括和总结。它提供给阅读者的信息量应该是全面而直接的。用人单位从求职者的简历中，能够看出该求职者在业绩、能力、性格、经验方面的综合表现，在通常情况下，用人单位都是通过简历来了解求职者的经历，如受教育程度、兴趣、特长等，留下一个初步的印象，从而决定求职者能否参加下一轮的面试。从某种意义上说简历决定着求职者的前程。

（3）毕业生推荐表。它是学校毕业生就业指导中心发给每位毕业生填写的并附有学校意见（鉴定、评价等）的书面推荐表格。该表一般由三部分组成，一是毕业生本人的情况介绍；二是毕业生所在院系的推荐意见；三是毕业生所在学校就业主管部门的推荐意见。一般来讲，这个表格是学校正式向用人单位推荐毕业生的书面材料，因此具有较大的权威性和可靠性。用人单位往往对该表比较重视，因此，要求毕业生认真填写，妥善保管。

（4）成果材料。它可以综合地反映毕业生的能力。包括发表的各种文章、参与从事科研的情况（可以请负责此项科研的导师写出评价）等，还有实习单位的鉴定等。

（5）各类证件。如三好学生、优秀学生干部证书复印件，英语、计算机考级证书复印件，各类专业（行业）资格证明材料等。

（6）健康证明材料。

（7）材料索引。它自然应置于整个求职材料之前，一页工整的索引，可以反映出你办事的条理性，是不可缺少的。

全部材料整理好后，还需要设计一个封面，题目可以是《××大学毕业生求职材料》，下面列上自己的姓名、专业、辅修专业，还应有系名、联络电话、邮编等，以便于用人单位主动与你联系。

一份优秀的求职材料目的在于展示个人的特长与个性，因此求职材料完全可以设计得更为合理、科学一些，相信它会给毕业生的求职带来很大方便，这里只是给大家一个提示。

由于制作材料花费也比较昂贵，如果每个单位都递上一套精美完整的求职材料，显然会给学生的家庭带来很多的经济负担。因此，有区别地设计自己的求职材料很有必要。如果能简化成一张纸，其效果有时并不比一叠材料逊色。

（二）求职材料制作的基本原则

无论是求职信、个人简历，还是毕业生推荐表等材料，在准备时都应该注意以下几个方面。

1. 真实为首，取舍得当

求职材料是毕业生大学生活的全面反映和总结，在内容上必须真实，这既是大学生诚信素质的表现，也是获得求职成功的首要条件。

毕业生在制作各类求职材料时，应避免以下几种现象：第一，刻意漏填。对于求职材料中必须填写部分，如家庭出身、民族、籍贯等，有的毕业生以为某些情况会成为求职劣势，容易遭受歧视而故意漏写或欺瞒，这样做的结果只能导致求职失败。曾有这样一个求职案例：某校毕业生小张来自农村，平时生活俭朴，作风踏实，但用人单位看到小张求职材料中的父母一栏并未填写，小张未填写的原因是害怕因父母是农民而受到单位歧视。本来小张来自农村的特点，在某些职业岗位竞争中是有优势的，他却理解为劣势，结果导致材料不真实而与该单位失之交臂。第二，虚构经历。有的同学为了得到用人单位的青睐，使自己在众多求职者中脱颖而出，虚构了很多自己在大学期间的社会实践和获奖情况，如当过几天班干部，就敢说自己是系学生会主席，实习了几天，就说有了丰富的工作经历和经验，有的干脆将其他优秀学生的简历换成自己的名字，既省时省力，又具备了多种优秀条件。这些做法往往适得其反，真实介绍自己，在求职中不一定一次成功，但造假的结果会肯定失败。

但是，在求职材料中有的内容也是最好不要体现的，如种族、宗教方面的内容，尽管法律禁止因上述原因歧视职员，但只要将这些情况写进简历，用人单位肯定将它当作依据，除非用人单位对某种情况有特殊的偏爱或需求。如与求职无关的失败经历或羞于谈及的往事，这些只会对求职成功起副作用。再如薪金待遇要求等，面试之前就提出工资要求是很不明智的，工资的高低，既受职位本身的性质和大学生预期贡献的影响，也受劳动力市场供求关系的影响，贸然提出工资条件，会立即招致求职的失败。

2. 全面展示，突出重点

所谓突出重点，是针对用人单位的岗位、职位要求，在全面展示自我的基础上，突出强调自己能力与职位相符合的部分。例如，用人单位是一家外资企业，就可以着重强调外语水平或者干脆就准备中英文对照材料。用人单位是政府机关，就可以强调自己曾经在类似单位的实习经历及收益。这样就能够让用人单位在短短的时间里了解到他们所需要的内容，而且会让他们认为求职者是一个很用心的人，为进入第二轮竞争提供有利的条件。

这里特别提醒的是，自我优特点的叙述要避免大、空的语言，如空洞地使用思想道德品质好，组织管理能力强，人际沟通好等自我评价，其效果并不好。应该用实例说话，用事实佐证出自己的能力和优特点。

3. 言简意赅，设计美观

有的同学认为求职材料做得越复杂越好、越厚越好，其实不然。因为一场招聘会下来，用人单位往往会收到几十份甚至几百份材料，他们是没有足够的时间细细翻阅的。有人统计，用人单位花在每份求职材料上的平均时间也就是一分钟左右。所以，如何让用人单位在这短短的一分钟里决定给求职者进一步接触的机会，一定要使自己的求职材料言简意赅，用最精炼的语言表达所需要的内容才是最好的选择。

在注意内容的同时，还必须特别注意形式，即求职材料的设计应该美观、大方、得体，这是吸引用人单位眼球的必备条件。一般来讲，求职择业材料，无论是文字的还是表格的，都应采用 A4 复印纸打印或复印，复印件不要放大或缩小。所有材料都要进行必要的版面设计，如果设计毫无特点与新意，就很容易湮没在众多材料中，难以脱颖而出。比如，学习理、工、农、医专业的毕业生，求职材料的版面要讲究自然、朴实、理性、洁净的风格；学习文学、艺术、信息、软件设计等专业的毕业生，求职材料要富有创意。

4. 认真细致、杜绝错误

制作个人求职材料非常重要的一个注意事项是要认真细致，杜绝一切错误，无论是语法上的、文字上的、用词上的还是打印上的，甚至是一个小小的标点符号。因为用人单位会认为，错误是小事情，但由这些而折射出来的该求职者的水平及做事的负责与认真程度就需要打上一个大大的问号。你可能真的很出色，求职材料做得也很漂亮，但是就是因为这不经意间的一个错误，使得用人单位对求职者的印象大打折扣，这是很不划算的。

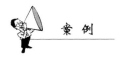

一封成功的求职信

尊敬的经理先生：

您好。几天前，我从 160 服务台的招聘服务中了解到贵公司招聘两名产品推销员的消息，很愿意一试，故大胆地给您写信应征。

我所学的专业是市场营销，今年 7 月将从××学院毕业。去年暑假期间的社会实践我曾为贵公司做过一个月的商品促销工作，其间贵公司产品的良好质量和优越性能，给我留下了深刻印象，我也由于促销得力亦受到有关人士的好评。我希望能到贵公司工作，以自己微薄之力为公司扩大销售效劳。

我是专科生，自知自己的学识水平与贵公司的要求有一定距离。但本人相貌端庄，身体健康，能吃苦耐劳，爱好广泛，谦虚好学，乐于助人，有良好的环境适应能力和人际交往能力，这都是一名优秀推销员必不可少的基本素质。

我出身贫寒，为人朴实、正直，在小学、中学、大学多次获奖，多次被评为优秀团员、三好学生、模范学生干部。本人学习成绩优良，外语、计算机操作都具有一定的实际应用能力（附上个人简历，请参考）。

以上这些都表达了我真诚希望成为贵公司一员的愿望。如贵公司能给我一次锻炼机会，请拨通电话2013344-301或来函预约面谈时间，我定会准时拜见。热诚地期待你们的答复。

祝您工作顺利

此致

敬礼

求职人：张 哲 敬上

2005年4月20日

点评 这是一封比较成功的求职信。第一，它是针对特定的工作职业来写的，求职者叙述的情况与岗位要求相符合。第二，符合求职信撰写格式的要求。第三，文字活泼，字数适宜，自我推销适度，使人读起来不觉得乏味。第四，没有出现语法、文字、用词等错误。

二、求职材料的制作与使用

（一）求职信的制作技巧

求职信应该根据用人单位的要求和态度来撰写。

案 例

我们是这样招聘毕业生的[①]

北京金远见电脑技术有限公司 研发部经理 瞿更生

在招聘考核应届毕业生时，我们主要考察这样几点：学习的能力、心理承受能力、悟性和耐心。

公司招聘时是由各研发部门主管亲自主持面试，再由人力科对招聘者进行培训和管理。

在面试应聘时，我们不会与面试者谈技术方面的话题，主要是通过交流来了解

---

① 瞿更生：《中国大学生就业》，2004年第10期

对方对待问题的态度和想法。知之为知之，不知为不知，坦诚客观的态度对于我们的研究是至关重要的。我们还会给面试者做一些测试题（测试题也许是从未见过的），实际上这是心理测试。即使一道题也未答出来，我们的主管仍会继续与你谈的。如果连这种勇气都没有，机会就不会有。在招聘会上有父母相陪的毕业生是不予考虑的，这种没有自主自立能力的人即使当时很优秀也不会有太大的发展。

尤其是研发人员最讲求的团队精神，学习好未必能适应研究开发工作，要有能承受失败打击的心理能力，因为有时做出来的东西在市场上已经是不需要的。而且还应有自己的主见和吃苦踏实的敬业精神。

至于工作经验，我们对应届毕业生不太希望他们在校时就找一些工作，因为这样会耽误他们一定的学业，而且这些工作未必能真的学到多少东西。我们希望学生在学校时扎扎实实地把基础知识学好。就像我们需要的软件工程师与经验并无太大的联系，对于程序的编制与天生的悟性、思维方式关系更大。

关于人才流动，在竞争激烈的外部环境下，公司的人员流动是很大的。而对此公司在待遇和员工的业绩肯定的同时，也尊重员工的自由选择。公司培养的汇编程序员的素质是全面的，他们的流动也是公司为社会造就人才。这些人将来还会是金远见的合作伙伴和支持者。

点评 这里的观点有相当的代表性。

1. 求职信的书写格式

一般来说，求职信属于书信一类，因而它的格式也应符合书信的基本要求，主要包括称呼、正文、结尾、署名、日期和附录等方面的内容。

（1）称呼。求职信的称呼与一般书信不同，书写时必须正规一些，如果写给国家机关或事业单位的人事部门负责人，可用"尊敬的××处长"，如果写给企业领导，可用"尊敬的××董事长（厂长、经理）先生"；如果写给院校人事处或校长的求职信，可称呼"尊敬的××教授（老师、校长、博士、硕士）"。切忌使用"××老前辈"、"师兄（傅）"等不正规的称呼。

（2）正文。首先，写出信息来源渠道，如："得悉贵公司正在拓展省外业务，招聘新人，且昨天又在《××商报》上读到贵公司招聘广告，考虑有意角逐营业代表一职。"记住不要在信中出现"冒昧"、"打搅"之类的客气话，他们的任务就是招聘人才，何来"打搅"之有？

如果你的企业择业并没有公开招聘人才，也即你并不知道他们是否需要招聘新人时，你可写一封自荐信去投石问路。如"久闻贵公司实力不凡，声誉卓著，产品畅销全国。据悉公司欲开拓海外市场，故冒昧写信自荐，希望加盟贵公司。我的基本情况如下……"这种情况下用"冒昧"二字就显得很有礼貌。

其次，在正文中要简明扼要地介绍自己与应聘职位有关的学历水平、经历、成绩等，令对方从阅读完毕之始就对你产生兴趣。但这些内容不能代替学历，较详细的个人简历应作为求职信的附录。

再次，应说明胜任职位的各种能力，这是求职信的核心部分。目的无非是表明有专业知识和社会实践经验，具有与工作要求相关的特长、兴趣、性格和能力。总之，要让对方感到，你能胜任这个工作。在介绍自己的特长和个性时，一定要突出与所申请的职位有联系的内容，千万不能写上那些与职位毫不沾边的东西，比如你应聘业务代表一职，却在求职信中大谈"本人好静，爱读小说"等与业务无关的性格特征，结果肯定是失败。

结尾，一般应表达两个意思，一是希望对方给予答复，并盼望能够得到参加面试的机会；二是表示敬意、祝福之类的词句。如"顺祝愉快安康"、"深表谢意"、"祝贵公司财源广进"等，也可以用"此致"之类的通用词。

最重要的是别忘了在结尾认真写明自己的详细通讯地址、邮政编码和联系电话，如果让你的亲朋好友转告，则要注意联系方式方法以及联系人的姓名以及与你的关系，以方便用人单位与其联系。

（3）署名。按照中国人的习惯，直接签上自己的名字即可。国外一般都在名字前面加上"你诚挚的、你忠实的、你依赖的"之类的形容词，这种方法不能轻易效仿。

（4）日期。写在署名右下方，应用阿拉伯数字书写，年、月、日都全写上。

（5）附录。求职信一般要求和有效证件一同寄出，如学历证、职称证、获奖证书、身份证的复印件，并在正文左下方一一注明。

2. 求职信撰写的注意事项

一些跨国公司或港澳台公司，通常会要求应聘者递交英文求职信和个人简历。不过，即使没有明确规定，为了引起对方的注意和重视，最好用英文（或其他外文）信件提出对某些职位的申请，往往会比单纯写中文求职信效果更好。所有的英文求职信应用打字机打印，收信人都是大忙人，看不清的信件他会随手扔一边。

求职信的第一句话应开门见山，让对方尽快了解其内容。求职信的一开头就抓住读信人的注意力，使其自然而然地往下看。要知道，招聘人每天会收到若干封求职信，若你的信落入俗套，毫无特色可言，阅信人只有几秒钟或几十秒钟的时间就会将你的信快速"扫描"一番，然后扔进纸篓里。相反，如果你的信写得与众不同，一开始就引起了读信人的注意，并表述得体，阅信人会耐着性子甚至很有兴趣地将信看完，这样，你的名字就很有可能列入候选人名单。

求职信的写作应文字优美，表达流畅，简捷明了，字数应控制在 1000 字以内。一封用词优美、表达流畅的信，既能体现出求职者的文字操作能力和语言表达能力，又能给招聘人以美的享受。

段落要短，句子不宜很长，长的段落更易令人生厌。这点与简历的要求一致。段落可以加小标题，或是编上序号，使求职信条理分明，层次清晰。

求职信的语气宜不卑不亢，不能过分客气，也要力求避免无意中伤害他人的尊严，也不能写的像乞求。

尽量避免用专业术语或俚语、谚语或典故、地方方言，否则在信息传递上可能会出现周折，甚至引起误会。

求职信不应有错别字，不要使用涂改液或橡皮擦，纸张不要沾上污迹，以示对他人的尊重。

最后别忘了签上你的名字。英文信件中本人的亲笔签名，应在打印机打印的姓名拼音的上面。

求职信万万不可复印，若复印，用人单位会认为你在"广种薄收"，缺乏对其单位的诚意而不会考虑录用你。

3. 求职信写作失败的七大原因

不少应届高校毕业生写求职信时，容易犯一些技术性和原则性错误。下面是一些经常出现的毛病，希望引起警觉，别让求职信帮了倒忙。

（1）过分自信。过分自信即是自高自大，不少毕业生的求职信中流露出盛气凌人、非我莫属的"神气"，认为只要学习成绩好、出身名牌大学，便是十拿九稳。信中出现这种错误很容易令用人单位想起一句顺口溜"看看档案，人才难得；聘来用用，哭笑不得。"这句顺口溜早已在"三资"企业流传，千万别以为老外会青睐不知谦虚为何物的人。自信是应该的，但过分就会被认为不知山外有山，人上有人，将引起招聘者的反感。故求职信中别出现："我的能力之强出乎你的意料"、"如被录用定能大大扩展公司业务"或"我的卓越表现将证明本人所言不虚"等过头话。

（2）过分谦虚。谦虚是一种美德，但在写求职信时却没有必要一再表现这种美德。一两句自谦的话当然无伤大雅，但应遵循实事求是的原则，如果不能够公正准确地评估自己的实力，不但与现代潮流不合，而且别人会认为你世故虚伪。求职者在求职信中应该强调自己的长处，如果不可避免要在信中说明你的缺点，也没有必要那么直接，可用俏皮幽默的话写出来。优点和才能尽可能把它写出来，只要没被夸大就行。

（3）称颂不当。这种例子比比皆是，如"我极其欣赏贵公司铺天盖地的广告轰炸策略"、"若贵公司愿意接收，本人当效犬马之劳，与你们共荣辱同进退"、"这个职位对我具有难以抵抗的诱惑力"或"如您在百忙中赐予面试良机，本人不胜感谢之至"。写求职信者必须了解阅读者的职责，没有实质内容的话一句也不要写，阿谀奉承最容易使招聘者将你与小人画等号，尽管你实际上并不是小人。

（4）简写词语。平时与朋友同学交谈时，人们习惯简称自己的学校与专业，但写求职信应力求避免。例如"人大"、"国经"、"中大"、"华工"等等。"中大"和"华工"之称，广州市民大都知道是指中山大学和华南理工大学，但在广东以外的地方，就很少有人明白它的意思。"华工"二字，更容易使外资企业的人事主管感到莫名其妙，因当年的华人劳工就简称"华工"。简称只有在特定的地区、特定的范围内才能被正确理解，超出这些范围就可能不知所云，很容易被误解。

（5）主观强调。许多毕业生为了取悦招聘人员，再三强调自己的学业成绩，保证自己将努力工作；有的人还数次重复说明自己对所求职位的浓厚兴趣，求职信中频繁出现"我觉得"、"我看"、"我想"等的强调观点，重复使用"我非常希望"、"我真的喜欢"

这类话强调语气。这种做法实际上都犯了推断上的错误，误认为热情高就意味着成功率高。用人单位普遍喜欢待人处事比较实在、比较客观的求职者，不断强调个人主观愿望的求职信反而令自己处于被动。

（6）限定答复时间。这种求职信一定失败。如"本人于×月×日外出，敬请贵公司务必于×月×日前给予答复为盼"或者"现有多家公司与本人联络，故请贵公司从速答复"。即使你真的才高八斗，这样的语句也最好免了。前面那句表面挺客气，可实际上是限定对方在何月何日前给予答复，好像给招聘人员下达命令，容易使人生厌。后一句则更生硬，如同"威胁"对方一般，潜台词好像在说：别的公司都对我青睐有加，你不聘我就是你们的失败。用别的单位压对方，往往激怒他们，导致机会全失。求职者与用人单位实际上处于不对等关系，任何有损对方权威的字句，都极有可能使你的努力前功尽弃。

（7）以上压下。用以上压下的口气写的求职信，也注定要失败。例如"贵公司的郭××董事长鼓励我直接写信给您"或者"贵公司××部郭主任很关心我的工作问题，特让我写信给您，请多多关照"。诸如此类，让招聘人员读后相当反感。因为他们认为这是在"架空"自己。既然你后台那么硬，何必多此一举！干脆让你来做人事主管好了。然后把你的求职信一扔了事。其实，你完全可以换个方式来写，如"我从郭××董事长处得知贵公司要招聘技术人员"或"贵公司××部郭主任说你们有意聘请……"，这样一来，既说明了获取信息的渠道，又使对方不致产生反感。有关系也不滥用，要靠自己的真本事。

（二）求职信的使用

1. 求职信的投递

求职信写完后，对于自己心仪的工作职位，要敢于和善于投递求职信。首先别让用人单位在招聘广告中列出的"资格"给吓着了。许多公司会列出一大堆资格限制，最大的用意不过是想限制应聘的人数，以减少筛选占用的时间。如果列出的条件是"有经验者优先"或"至少一年以上经验"，而你刚从高校毕业不久，虽然实干经验有限，你还是应该试试。同样，招聘广告中列出的待遇比你的最低要求还低，而你又觉得这个职位不错，那也可以一试，写求职信只是给主管部门，待竞聘成功，工作以后再争取所要求的待遇。求职信只是敲门砖，到底工作适不适合你，面试之后才能决定。

用人单位在收到大批大同小异的求职信以后，他们会尽可能地按照广告中的条件决定取舍。不过，通常情况下并不容易做到这一点。所以，当你的求职信能抓住重点，并且与所要求的条件比较接近时，一般都能得到面试的机会。

2. 求职信投递后的信息沟通

毕业生的求职信投递后，会遇到两种情况：当使用报纸等信息渠道当面向用人单位递交时，一般直接进入面试过程，当场决定求职的成败。另一种是参加人才市场招聘会或利用网上求职等渠道时，会有一个等待期，才能得到参加面试的通知。在等待期内，毕业生不能毫不作为地坐等结果，应采取主动的方式联系用人单位，以加深用人单位对自己的印象。在某种意义上，联系过程的效果会有起死回生的功能。

如何与用人单位联系，虽然上门拜访是展示自己的最佳途径，但一般难以得到用人单位的同意，因此，电话联系是最好的信息传递和情感沟通方式。求职者在使用电话联系时，应注意以下问题：

（1）选择恰当的通话时间。如果是给单位打电话，应当尽量避免在刚上班或快下班这两个时间，这个时间打电话，不仅因为时间仓促而无法认真地表达，而且很可能会因为对方即将开始工作和结束工作，而给对方造成心理上的不良印象。

如果是给个人打电话，则应当根据受话人的工作时间、生活习惯选好打电话的时间，当然最好是在约定的时间里和对方联系。如果没有事前的约定，不要在受话人的休息时间打电话。

（2）提前准备通话要点。在电话中应该说些什么，除非你是一个头脑特别清晰的人，否则千万不要打"无准备之战"，而且在一般情况下，打"腹稿"也是远远不够的，最好还是在事前拟出谈话的要点，理清说话的层次，并准备好与通话内容相关的材料，否则，出现词不达意或无话可说的冷场局面，是令人尴尬的。

（3）讲究通话的方式。现在，大多数的人都有这样一个好的习惯，就是在电话拨通后，先向对方问一声"您好"，这是很值得肯定的，礼貌在哪儿都不会有错误。在谈话的过程中，不仅要高频率地使用"您好"、"请"、"谢谢"等礼貌用语，而且还要控制语气语调，不要使这些用语显得生硬。电话是绝不仅仅是你声音的传递工具，而且还是你的另外一个形象展示。

（4）注意倾听的方式。打电话时不仅要认真倾听对方讲话，还要礼貌地回应对方，适度的附和与重复对方谈话中的要点，或者将这些要点用另一种简捷的方式表达出来，这不仅会使对方感到你在认真听他讲话，而且也比只是简单地说"是"或"好"要让人愉快得多。

切记，千万不要轻易打断对方的谈话，通话完毕应当"谢谢"对方给予自己的帮助，要礼貌地说"再见"，最好对方挂断后再放下电话，而不可以很突然地挂断电话。

（5）注意你的通话时间。每次通话时间可以根据对方的情况来决定，最好事先征得对方的同意，但是不管怎样，打电话的时间还是宜短不宜长。如果意识到对方的不愉快时，应当主动提出自己是否打扰了对方，并尽快结束谈话。

最后，还有一条是值得注意的，在主动与单位联系时，除非不得已，不要使用移动电话，移动电话确实给人们带来了方便，但是即便是偶尔存在的信号不好或突然掉线也会给人带来不好的印象，甚至可能造成信息的误传。

注重求职细节

2000年6月27日，丁扬失业后来到成都，仔细斟酌了一份求职信并慎重地签署了日期,第二天早晨,丁扬起得很早,买了份当天的《成都商报》,仔细阅读上面的"招聘启事"。经过认真分析,他选中了一家合资玩具厂,作为"出师"的第一站。

当丁扬按照报纸上的地址找到这家厂子的办事处时,一位50多岁的蔡先生热情地接待了他。蔡先生问他为什么来成都找工作,对企业管理有何认识和经验等问题,他都一一作答。蔡先生边听边微微点头,接下来便问他要求月薪是多少。他回答:"700元"。蔡先生一听,马上问他什么时候能够上班,丁扬告诉他现在就可以。形势发展到这地步,丁扬猜想,大功应该已经告成。

谁知道,此时蔡先生又重新审视丁扬的那份"求职信",突然他问丁扬:"有个问题我不明白,我们的招聘今天早上才见报的,而你的简历的落款时间是昨天,难道你有先知吗?"本来这个问题是无关紧要的,完全可以实话实说,可是丁扬却随口谎称是笔误。很显然,对方对他的解释并不满意,只见他立起身做出一副送客的姿态,"那好吧,请你先回,如果录用,我们将有书面通知。"丁扬知道,眼看到手的工作落空了。

此后,丁扬的求职路曲曲折折,可无论环境和地位怎样变化,第一次面试的情景一直深深地印刻在丁扬的脑子里,不管是做人还是做事,仔细认真,实事求是,不说假话,这些道理让他终身难忘。

点评 求职信的内容使求职成功,而细节又造成功亏一篑。诚实无价,细节决定成败。

三、简历材料的制作与使用

个人简历,是求职者向用人单位推销自己的广告和宣言,它既要求在有限的空间里把自我形象同其他竞争者区分开来,又要切实把自己的价值令人信服地表现出来。在得到面试机会之前,简历代表了求职者的一切形象,在制作了一份出色的简历后,求职者就意味着成功了一半。

(一)简历的基本内容和形式

1. 简历的基本内容

一份完整的简历应该包括以下内容:

(1)个人资料。姓名、性别、出生日期、民族、出生地、政治面貌、身体状况(如健康状况、身高、体重、视力等)、家庭所在地、培养方式(如统招、定向等)、兴趣爱好及特长、联系方式等等,这一部分内容一般写在简历的最前边,俗称抬头。

(2)求职意向。就是一句话,我希望从事××××工作。

(3)教育背景。这部分最好以时间的倒叙来写,首先列出你的最高学历,然后再回溯。要写明就读学校、专业、任职情况。

(4)主要社会工作。对于高校毕业生来说要重点写明自己的学术成就和课外活动,如曾经参加过的社团工作、担任的职务及主要经历,参加社会实践及实习的时间、地点和效果，参加勤工助学的经历及效果等。

（5）所获荣誉。如三好学生、优秀团员、优秀学生干部、各种奖学金等等。

（6）相关能力与特长。写明外语、计算机、文体等方面的等级与水平。

2. 制作书面简历的基本原则

（1）文字要精炼，要惜墨如金。要避免过长的段落出现，多用动词，省略第一人称"我"，从而避免主观性的语气，以 A4 纸一页为宜，最多不要超过两页。

（2）表达要适度，要强调成绩。不要简单地列举所干过的职务，要强调都做了些什么，如果能量化自己的成绩，会让用人单位对你有个非常客观的看法。

（3）设计要精美，制作要精致。最好用 80 克的 A4 复印纸，如果有条件的话可以选择彩色的复印纸，如乳白色、黄色。页面的四周必须留出相应的空白，使页面显得干净整洁，最理想的标准是上下留 2 厘米，左右留白 1.25 厘米。除标题外，正文的字体要选择比较轻巧的字体，全文的字体要统一协调，最好不要超过 3 种字体，但可使用下划线、斜体、反白等。字号最好采用 10 号字（即小五），也可根据整页的设计采用 11 号（五号）和 12 号（小四）字。可通过字体大小、字间距、行间距、段距来调整本文的内容，使之基本排满一页。通常习惯上要将求职者的照片（小二寸证明像，有时也用四寸生活照）粘在右上角或其他适当位置。

3. 简历制作应注意的问题

（1）针对求职岗位设计，填写时不留空白。无论求职者的专业和择业职位是什么，有那么几十个词是一定要出现在简历上的，那就是姓名、性别、出生年月和籍贯、婚姻状况、教育背景（包括学历程度和所学专业）、语言能力和电脑掌握的程度、申请职位和事业发展方向等，好比登台亮相，一出场，就给人留下完整的印象。同时，也表明求职者的工作态度认真、规范，懂得商业礼仪。

（2）用事实表现自我能力，切忌假大空。求职者的工作、学习经历，包括所有曾实习单位的名称(最好有简要的业务背景介绍)、本人所处的位置和职责、个人工作成就、个人培训经验、成功经验等，是个人价值的直接体现。如果你曾任销售主管，那么最有力的证明就是你所取得的销售成绩，像"1 年内完成销售额达 300 万元人民币"、"提前 3 个月完成当年销售任务"等，让用人单位的主管立即就能对你的能力有清晰的认识。数字是最能说明问题的，所以只要有可能，尽量用数字表明你的成就。说到管理能力和领导能力，可以写出你管辖下的队伍人数及组成，还有他们中获升迁的人数。如果你是主管客户服务和产品的，客户或产品的数量及名称，与客户关系的时间也是评定能力的一个标准。你曾获得的奖励能使你引人注目，即便不是对你业务上的直接奖励，却往往能让人看到你的潜质和个人素质。总之，动动脑筋，结合自己的实际情况，找出最能表明你能力的地方。当然，这些例证必须是真实的。还有一点需要注意，那就是前任老板（或老师）为你写的评语，如果你对这个评语满意的话，别忘了将它附在你的简历之后。

（3）简历与求职信相互补充。一两页的简历也许还不能完整地把你的能力和潜质展现出来，尤其是求职者得表现自己的个性和独到见解。简历不必太长，因为谁也没有时间拜读你的长篇大论，你只需精心地选择一个合适的角度，或抒以志趣，或自我评价，或对工作中的某个问题谈谈自己的见解，目的是为了突出自己的优点，给人留下更深刻的印象，同时告诉别人，你是一个清楚自身价值，明确追求目标，知道自己的路该怎么走的人。其他方面的自我展示，可用求职信补充，二者相互印证，力求用人单位对自己有一个全面、客观的认识。

（4）简历完成后的检查。在做完简历后，还有几件看似小却不容忽视的事。要调整格式，使之看上去清晰、美观，就像给它穿上漂亮的衣服；要检查用词和拼写，如果两页纸你就出5个错的话，那简直太糟了。最后，要把你的个人文书拿给信得过的人看，直到他们点头为止。

案例

中文简历样例一

求职意向：
姓　　名：×××　　　　　　　　性　　别：×
出生年月：××××年×月××日　　健康状况：良好
院校专业：××××　　　　　　　电子邮件：×××
联系手机：×××
工作经验：
××××年×月至××××年×月　×公司　×部门
职位及工作大概描述，也可描述兼职工作。
教育背景
××××年——××××年××××大学××××专业
（请依个人情况酌情增减）
论文情况：（注：请注明是否已发表）
外语水平
×语：听、说、读、写能力优秀
标准测试：国家四、六级；TOEFL；GRE……
计算机水平
编程、操作应用系统、网络、数据库……（请依个人情况酌情增减）
获奖情况
××××、××××、××××（请依个人情况酌情增减）
附言：（请写出你的希望或总结此简历的一句精炼的话！）
例子：相信您的信任与我的实力将为我们带来共同的成功！
或希望我能为贵公司贡献自己的力量！

案 例

中文简历样例二

姓　名	杨锋	性别	男	出生年月	1976.8	照片
学　历	本科	民族	汉	政治面貌	团员	
学　位	学士	身高	168cm	健康状况	良好	
籍　贯	河南省鄢陵县陶城乡					
特长及爱好	英语、计算机、篮球、音乐、象棋					
院校及专业	郑州轻工业学院化学工程系、电化学工程专业					
求职意向	化工企业厂务助理					
奖励情况	1995~1996学年：获二、三等奖学金，三好学生 1996~1997学年：获二等奖学金，三好学生，社会活动积极分子，暑期实践活动先进个人 1997~1998学年：获三等奖学金					
个人简历	1989~1992年：陶城乡第一初级中学 1992~1995年：鄢陵第一高级中学 1995~1999年：郑州轻工业学院					
社会实践	1996暑期：河南省政法干部学院招生员 1997.5：金工实习 1997暑期：家乡中学办补习班 1998暑期：郑州宝马汽车装具行实习 1998.11：新乡电池厂、国营七五五厂生产实习					
自我评价	1. 思想素质过硬，积极向党组织靠拢； 2. 吃苦耐劳，谦虚好学，有敬业精神和竞争意识； 3. 专业基础扎实，具有收集资料信息研究开发能力； 4. 待人热诚，心胸开阔，性格开朗，合作意识强。					
英语水平	国家六级				计算机水平	二级	
联系方式	地址：郑州轻工业学院253信箱　邮编：450002 电话：0371-3972317（宿舍），3992547（系主任室） 寒假电话：0371-3810413（闫铨钊老师收转）					

（二）电子简历的制作

电子简历，是一个可为计算机识别的文本文件。它能够全天24小时循环不停地帮助求职者在网络上寻找工作。概括起来，电子简历一共有三种类型。

1. 可扫描的书面简历

它可以通过扫描仪器准确无误地生成一个计算机文件。用人单位不再需要传真的复印件，而是将它放到计算机预处理的文件队列中去，再由一位员工对这些简历进行确认并提炼出关键的信息资料（ken words：关键字）并存储在计算机数据库中。

2. 电子邮件（E-mail）简历

它虽是一个普通的计算机文件，但其内容可以通过网络传送到世界各地而无需打印在纸上。当利用编辑软件将文字录入计算机，求职者就在制作一个"文件"或"文档"。求职者应该将文本存储为基本的 ASCII 码（或 DOS）的 TEXT 文件。一个 ASCII 码的 TEXT 文件不含图片、特殊字符、图像页码或者粗体、斜体等信息。它只是一般的文件。当使用电子邮件发送简历时，应该将文件直接拷贝到邮件管理器的消息（Message）框中，而决不要将文件以附件的形式附在电子邮件后，这就会使被发送简历的对象很快看到正文而不必再下载附加的文本和打开相应的编辑器来阅读了。

3. 主页简历

它采用多媒体格式，可以放在因特网（Internet）上，也可以存储在磁盘里供用人单位在方便的时间随时查看。如果求职者具备程序设计人员、网页制作者、图形设计者、艺术家或者演员的特殊素质，一些图片、图形、动画或者声音可能对求职成功有很大的帮助，这时可以考虑制作一份多媒体简历。

附录三

职场语言选编

职业语言是指在一定的社会团体内部使用的有其特定内容的日常交际用语。不同的职业有不同的职业用语,比如服务业、教师、医疗业、旅游业等都有本行业的语言特征。《实用口才与职场沟通》教材在训练学生交际沟通等通用核心能力基础上,还力图让学生了解本职业岗位或岗位群的语言特征,在职业活动中能够标准、流畅地使用职业语言,培养和提高职业语言表达能力。

一、导游语言

(一)导游语言的表达要求

1. 流畅通达,措辞恰当

流畅通达的语言有三要素:用词得当、语法正确、语音语调传情。流畅通达的语言以能使旅游者听清、听懂导游词并能领会其用意为前提。导游语言需衔接自然,词语搭配得当,遣词造句准确,给人以清爽流畅之感,能达到不假思索脱口而出的程度。

2. 鲜明生动,形象传神

使用导游语言时,应选用丰富多彩的词语和灵活多样的句式组合,并恰如其分地运用多种修辞手法。生动、传神的语言会影响旅游者的心理和情绪,可以使旅游者游兴大增、兴高采烈。

3. 幽默诙谐,轻松愉快

导游在准备导游词时,可以有意识地加入一些典雅而恰当的幽默词语。运用幽默时,要注意适度和语言品格,不要滥用,不要低级庸俗。

4. 温文尔雅,礼节周到

温和的语言是文雅的语言,礼貌语言也是文雅语言。善良是文雅的内涵之一,礼节周到,做到自谦而尊人。

5. 展现美感,赏心悦目

美的语言能使听者"赏心",在导游语言中适当选配音节,注意音调节奏规律,导游说起来就朗朗上口，游客听起来也入耳入心。

（二）导游语言运用技巧

1. 语音语调适度、富于变化

导游除对导游词的用词、用句、表达手法等语言因素深入理解和感受之外，还应要求导游在语音语调上适度，富于变化，即在调节音量、讲究停顿、运用语速、控制音色方面下工夫。

2. 正确把握语言的时机、节奏

讲解的艺术在于适中，导游根据自己对游客当时情绪的敏锐判断，调整讲解的话题长短、音调高低。

3. 当敬则敬，当忌则忌

在不同场合准确使用不同的用语。与客人初次见面时应用"迎客语"，与客人辞别时应用"告别语"，与客人交流时应用"应答语"，当客人为你提供方便时，应用"感谢语"。不能用命令式或否定式的语言与客人交谈。

4. 充满激情

缺乏激情，必然缺少感染力。

（三）导游语言摘录

1. 礼貌用语

① 称呼语：小姐、夫人、太太、先生、同志、首长、那位先生、那位女士、那位首长、大姐、阿姨等。

② 欢迎语：欢迎您来我们这里、欢迎光临。

③ 问候语：您好、您早、早安、午安、早上好、下午好、晚上好、路上辛苦了。

④ 祝贺语：恭喜、祝您愉快、恭喜发财。

⑤ 告别语：再见、晚安、明天见、祝您旅途愉快、祝您一路平安、欢迎您下次再来。

⑥ 道歉语：对不起、请原谅、打扰您了、失礼了、十分抱歉。

⑦ 道谢语：谢谢、非常感谢。

⑧ 应答语：是的、好的、我明白了、谢谢您的好意、不要客气、没关系、这是我应该做的。

⑨ 征询语：请问您有什么事、我能为您做些什么吗、需要我帮您做什么吗、您还有别的事吗、您喜欢（需要、能够……）、您……好吗。

⑩ 基本礼貌用语10字：您好、请、谢谢、对不起、再见。

2. 导游词

（1）导游语言的特点

① 口语化的特点。一定要将书面导游词口语化。

② 存在焦点话题。一个大家都感兴趣的话题是不会引发游客逆反心理的。导游改写导游词必须站在游客角度，进行取舍。

③ 需要富有感染力的有声语言。明亮、顿挫、节奏、停连，理解内容，突出其中的情感因素。

④ 要求普通话标准。这是基本要求，导游的普通话水平要求是二甲，只有在音准的基础上才能创设导游语言的美感。

（2）导游讲解技巧——得体

得体，就是语言体式上的恰如其分，使其既能合乎讲解内容、讲解场景，又能反映导游的讲解风格。

① 导游语言要有整体的和谐感。导游作为一种特殊的讲解者，其和谐应体现在：语言严谨而不呆滞，活泼而不轻率，幽默而不油滑，亲切而不低俗，明白而不粗浅。

② 导游语言要有分体的适应性。即针对不同的景观，运用不同的修辞词汇，用不同的语调。如自然山水导游语言的轻快，园林建筑的斯文，文物古迹的凝重，革命史迹的庄重，主题公园的高亢等。要因景因境因时，各有所宜。

③ 导游语言要有个体的独特性，主要是指导游个体的讲解风格。讲解风格应与导游个体气质、修养吻合，或平和舒展，或朴实简洁，或严谨详实，或情真意切，或激情昂扬。

3. 欢迎词的四要素

① 首先问候客人，并代表单位表示热烈欢迎之意。

② 介绍自己的姓名和职务，介绍参加接待人员的姓名和职务。如在游览车，还应介绍司机的姓名及他所驾车的牌号。

③ 表示自己工作的态度，即愿意努力工作并解答大家的问题。

④ 祝愿客人旅途愉快，并希望得到客人的合作和谅解。

4. 欢送词的四要素

① 表示惜别之情。与游客相处了一段时间，所以富有感情是自然的。

② 感谢合作。小结一下整个旅程，称颂旅行是成功的、有趣的、值得怀念的。

③ 征求意见。导游工作中不尽如人意在所难免，应该欢迎大家提出宝贵意见，这也表明了自己的诚意和追求优质服务的决心。

④ 期待相逢。用有文采的语言表达离别愿再相逢的情感。

二、服务语言

（一）服务语言的用语原则

1. 必须满足交际的目的和内容

服务语言的主要目的是：为本企业树立良好的形象，建立良好的声誉，赢得服务对象的了解、理解、信赖和支持，同时达到促销和企业赢利目的。为此，服务人员应正确理解服务对象，通过语言传递的目的和要求，也要正确地传递服务的信息。

2. 必须适应服务对象的不同特点

服务人员在接待服务对象时，要充分注意服务对象的年龄、性别、职业、职务、身份特点和性格、心理、文化修养、风俗习惯特点等，根据特定语言接受对象的理解和接受情况正确选择最佳的语言表达形式。

3. 必须适应特定的语言环境

语言环境主要指赖以进行的时间、地点、场合等因素，也包括表达、领会的前言后语等。语言环境是服务语言表达和领会的重要背景因素，服务语言表达应适应特定的语言环境。

（二）服务语言的基本要求

1. 形式上的要求

服务人员在服务时要用流利的普通话，清楚、准确、亲切地表达出自己的意思，但不宜多说话，而应启发服务对象多说话。现代服务也不宜大声吆喝，它讲究轻声服务，要求三轻（说话轻、走路轻、操作轻）。

2. 程序上的要求

① 宾客来店有欢迎声。
② 宾客离店有道别声。
③ 客人呼唤时有回应声。
④ 客人帮忙或表扬时有致谢声。
⑤ 客人欠安或者遇见客人时有问候声。
⑥ 服务之前有提醒声。
⑦ 服务不周有道歉声。

（三）服务语言摘录

1. 称谓语

先生、小姐、太太、夫人、大姐、大哥、阿姨、同志、老师、师傅等。

2. 迎接语

欢迎、欢迎光临、欢迎您再次光临本店、见到您很高兴、欢迎您的到来、莅临本店，不胜荣幸等。

3. 问候语

先生/女士，您好、早上好、中午好、晚上好、新年好、中秋快乐、国庆快乐、圣诞快乐等。

4. 致谢语

谢谢您、谢谢您的提醒、谢谢您的好意、谢谢您的鼓励、谢谢您的帮助、谢谢您的夸奖、谢谢您的合作、有劳您了、让您费心了、让您破费了、非常感谢您能赏光等。

5. 赞赏语

太好了、真不错、相当棒、对极了、还是您懂行、您的观点非常正确等。

6. 祝贺语

祝您成功、心想事成、诸事顺意、兴旺发达、工作顺利、生意兴隆、生活开心、心情愉快、合家幸福、节日快乐、举案齐眉、白头偕老、福如东海、寿比南山等。

7. 请托语

劳驾、拜托、借光、打扰了、请关照、请稍后、请让一下、请您拿好、有劳您帮帮忙等。

8. 指示语

先生/女士请随我来、先生/女士请一直往前走、先生/女士请您稍坐一会儿，马上就给您上菜等。

9. 推脱语

您可以到对面的商厦看看、我下班后要休息，不能接受您的邀请、谢谢您的好意，不过……承蒙您的好意，但恐怕这样做会违反规定，希望您理解等。

10. 提醒道歉语

对不起，让您久等了、对不起，打搅一下、请原谅，这是我的错等。

11. 应答语

（1）肯定应答语

好的、是的、好的，我明白您的意思、很高兴为您服务、听候您的吩咐、随时为您效劳、我知道了、一定照办、我会尽量按照您的要求去做等。

（2）谦恭应答语

过奖了、请多多指教、请不必客气、您太客气了、这是我的荣幸、这是我们应该做的等。

（3）谅解应答语

不必、不必、不要紧、没有关系、我不会介意的等。

12. 征询语

（1）主动式征询语

需要帮忙吗、您今天要些什么、我能为您做点什么等。

（2）封闭式征询语

您是不是想先来试一试、您觉得这东西怎么样、您是不是很喜欢这种颜色、您不介意我来帮助您吧、您不来上一杯咖啡吗等。

（3）开放式（选择式）征询语

您打算预订雅座还是预订散座、这里有红色、黑色、白色三种，您喜欢哪一种颜色、您需要这一种，还是那一种等。

13. 送别语

先生/女士，再见、先生/女士，您走好、请慢走、先生/女士，多多保重，欢迎再来、先生/女士，一路平安（客人要远去时），希望在酒楼再次见到您等。

三、销售语言

（一）销售语言的基本原则

1. 措辞

使用销售语言时，要充分尊重顾客的人格和习惯，经常使用谦谨语和委婉语，即用征询、商量的语气，用委婉、含蓄语代替禁忌词语。

2. 生动

用语幽默生动，创设轻松愉快的营销环境。

3. 细致

使用销售语言时注意察言观色，注意观察顾客的反应，不同场合、不同对象说不同的话。

4. 礼貌

销售语言的言辞礼貌性主要表现在敬语上，应彬彬有礼，热情而庄重，注意用"您"

而不用"你"。

每个销售人员都需要学习和研究工作语言,并在实践中努力提高自己的语言应变能力,注意培养随机性和灵活性,以便适应服务接待工作的需要。

(二) 销售语言运用技巧

1. 语言简练

要注意语言的简练、明确,突出中心。在推销过程中,与顾客谈话的时间不宜过长,这就要我们用简练的语言去交谈。

2. 选择词语

销售人员选择词语不同,往往会给顾客以不同的感受,产生不同的效果。

3. 调节语调和语速

说话不仅是在交流信息,同时也是在交流感情。许多复杂的情感往往通过不同的语调和语速表现出来。销售员应通过婉转柔和的语调,创造一种和谐的气氛和较好的推销环境。

4. 仪态

与顾客对话时,首先要面带微笑地倾听,并通过关注的目光进行感情的交流,或通过点头和简短的提问、插话,表示你对顾客谈话的注意和兴趣。为了表示对顾客的尊重,一般应站立说话。

(三) 销售语言摘录

1. 基本用语

① 迎客时说:欢迎、欢迎您的光临、您好等。
② 对他人表示感谢时说:谢谢、谢谢您、谢谢您的帮助等。
③ 由于失误表示歉意时说:很抱歉、实在很抱歉等。
④ 在不能立即接待顾客时说:请您稍候、麻烦您等一下、我马上就来等。
⑤ 对在等候的顾客说:让您久等了、对不起,让你们等候多时了等。
⑥ 打扰或给顾客带来麻烦时说:对不起、实在对不起、打扰您了、给您添麻烦了等。
⑦ 当你要打断顾客的谈话时说:对不起,我可以占用一下您的时间吗、对不起,耽搁您的时间了等。
⑧ 接受顾客的吩咐时说:听明白了、清楚了,请您放心等。
⑨ 当你听不清楚顾客问话时说:很对不起,我没听清楚,请重复一遍好吗等。
⑩ 当顾客向你致谢时说:请别客气、不用客气、很高兴为您服务、这是我应该做的等。

⑪ 当顾客向你致歉时说：没有什么、没关系、算不了什么等。

⑫ 送客时说：再见，一路平安、再见，欢迎您下次再来等。

2. 敬语

（1）接待顾客时：

① 接待顾客时应说：欢迎光临、谢谢惠顾。

② 不能立刻招呼客人时：对不起，请您稍候、好，马上去、请您稍候、一会儿见等。

③ 让客人等候时：对不起，让您久等了、抱歉，让您久等了、不好意思，让您久等。

（2）拿商品给顾客看时：

① 拿商品给顾客看时：是这个吗？好！请您看一看。

② 介绍商品时：我想，这个比较好。

（3）将商品交给顾客时：

① 让您久等了。

② 谢谢，让您久等了。

（4）换商品时：

① 替顾客换有问题的商品时：实在抱歉、马上替您换(修理)。

② 顾客想要换另一种商品时：没有问题，请问您要哪一种？

（5）请教顾客时：

① 询问顾客姓名时：对不起，请问尊姓大名、对不起！请问是哪一位？

② 询问顾客住址时：对不起，请问府上何处、对不起，请您留下住址好吗、对不起，改日登门拜访，请问府上何处？

（6）向顾客道歉时：

① 实在抱歉。

② 给您添了许多麻烦，实在抱歉。

（7）送客时：

① 谢谢您。

② 欢迎下次光临，谢谢。

四、医护人员语言

对患者来说，医患沟通是一种重要的心理需求，而医护人员的语言态度是解除患者内心紧张，表达医护情感，寻求患者配合的重要手段。医生、护士良好的语言和态度使患者倍感亲切，产生良好的心理反应。而良好的心理反应可以引起患者神经内分泌系统积极的反应，使患者处于一个接受治疗所需的最好的心理状态。

（一）医生用语技巧

医生的语言可能在不经意之中，会损伤病人对医生的信任和尊重。但只要应用得好，就会在关键时刻帮助病人，起到昂贵药物无法达到的治疗康复作用。

对于医生，把话说好，并非简单地加几句客气话就可做到，内心具备仁爱之心才是大前提。我国著名医学家张孝骞说过一句话，"病人以性命相托，我们怎能不诚惶诚恐，如临深渊，如履薄冰。"这正是医生这一治病救人的神圣职业应具备的人文素质。病人来找医生看病时，往往对所患疾病的情况一无所知，非常需要医生提供解释，而当医生给予了病人个体化的健康指导和建议后，病人一般都会满意而去。而且，随着医学的发展和医学模式的转化，现代医学也要求医务人员不仅要了解患者的病理变化，更需要了解患者的心理需求，并在医疗的各个环节表现出对患者的关爱，让他们感受到温暖，而医务人员的语言便是最重要的载体之一。

（二）护士用语表达技巧

护士在护理工作实施中，语言是心理治疗与心理护理的重要手段；反之，若运用不当，语言又可成为导致心因性疾病的因素。因此，护士必须重视语言的运用。

护士在向医生或护士长报告工作情况、反映病情，或向病人交代诊治和护理意图时，或向病者家属叮嘱事情时，都应当把人物称谓、时间概念、空间关系及其间的联系说清，把一件事情的起始、经过、变化、延续和结局讲明。同时，在符合语法要求的前提下，要注意语言简明精炼，这样才能提高工作效率。

护士用语的声音要轻一些、语气要温和一些、话语速度要慢一些，并且要适当配合手势和表情，这样也才能显现护士的温文尔雅和对病人的体贴关切。

1. 患者列举的医生和护士最好的用语和好的态度

① 好的语言：您今天好吗、请您稍等一下、感觉好些吗、要有信心、要相信科学，相信医生、有不适感染请及时告诉我们、别着急，我们帮您想办法、别紧张，放松点儿、帮您去问问、精神状态非常好，为您高兴、化疗期间注意保暖，要防止感冒等。

② 好的态度：亲切热情、尊重、关心体贴、安慰、鼓励、随叫随到、有同情心、理解、认真负责、态度可亲、细心周到等。

2. 患者列举的医生、护士最差的语言或态度

① 差的语言：不知道、不清楚、着什么急、等着、快点，我还有事、问医生，别问我、没看见或没听见、能有张加床就不错了、你知道的比我们还多、谈论与工作无关的事情、某某床，某某号等。

② 差的态度：态度生硬、没有耐心、命令的态度、推诿、傲慢、冷淡、施舍、不平等的感觉、不负责任、不尊重等。

（三）医护人员用语摘录

1. 问候语：您好、大家好、早安、晚安、上午好、下午好、来了、忙呢、感觉好吗、感觉如何、你哪里不舒服、您有什么事吗、我能帮您什么忙吗、您需要我帮您做些什么吗、我可以进来吗、怎么难过了，能告诉我吗、您不介意的话，我可以

看一看吗等。

2．感谢语：谢谢、谢谢您、谢谢合作、非常感谢、让您费心了、有劳您了、给您添麻烦了、打扰了等。

3．祝贺语：如早日康复等。

4．应答语：当对方有事请求时，应回答：好、是的、我明白了、我明白您的意思、一定照办、我会尽量按照您的要求去做等。

当对方向你表示谢意或口头表扬时，应回答：不必客气、这是我应该做的、您太客气了、您过奖了等。

当对方因故向你道歉时，应回答：没关系、我不会介意的、请放心、我理解您的心情等。

5．请托语：如请您帮个忙、劳驾、请您多关照、请您留步、请您稍后等。

6．道歉语：对不起、对不起，让您久等了、对不起，让您受疼了、不好意思，请原谅、抱歉、失敬、失陪了、很惭愧、真的过意不去等。

7．送别语：慢走、请走好、一路平安、多保重、记住按时复查、请按服药和定期检查、注意调整饮食、有事请及时与我联系等。

五、教师语言

教师语言是指教学口语和教育口语。教学口语专指教师在课堂上为传授知识、培养学生能力所用的讲课语言。教育口语泛指教师对学生的思想、品德、行为、习惯等进行的语言。前者偏重于教书，后者偏重于育人，总称教书育人。

（一）教师语言要求

1．教师语言要求

① 言之实在，有根有据，富有真实性。
② 言之有理，充满哲理，富有教育性。
③ 言之有情，情理交融，富有启发性。
④ 有的放矢，一语中的，富有针对性。
⑤ 用语恰当，分寸适度，富有准确性。
⑥ 结构严谨，条理清楚，富有逻辑性。
⑦ 抑扬顿挫，快慢有致，富有节奏性。
⑧ 观点鲜明，简练流畅，富有简洁性。
⑨ 形象生动，妙语连珠，富有趣味性。
⑩ 忌用方言，通用国语，富有规范性。

2．教师语言训练指导

教学应以学生为主体，所以教师教学语言应在启发、诱导学生思考、掌握知识、具备能力方面下工夫。在教学过程中，成功的教师语言可以表现在鼓励学生参与教学上。

（二）教师语言表达技巧

1. 教学口语

不同的教学对象，不同的专业学科，不同的教学内容，不同的教学环节，在教学口语的运用上，有着不同的特点和要求。教师课堂上的语言应清晰标准，表现如下。

① 准确清晰。准确是指吐字合乎规范，字音标准；清晰是指语音具有较高的分辨率，即使在杂音环境中也能听清楚。

② 圆润动听。教师要有较好的声音音色和较高的吐字技巧。圆润动听与嗓音条件有直接关系，也与吐字技巧有关，同时完美的吐字会使人感到声音圆润动听并能弥补嗓音方面的某些不足。

③ 富于变化。教师的课堂发音力求变化。无论吐字力度，还是音高、音色、节奏，都尽可能随讲解内容和感情色彩而变化。

④ 朴实大方。讲课发音接近生活中的讲述，不能过分夸张和过多修饰，讲课用声与口语接近。

2. 教育口语

作为教师，尤其是班主任，在教育学生的过程中，口语表达能力的强弱，直接关系到教育的效果。教育口语的基本技巧表现如下。

① 看人说话。针对不同的谈话对象，运用相应不同的方法。

② 选择时机。可以根据问题的性质和迫切程度、学生的个性心理特征、当时的心境和气氛以及谈话前的准备情况确定谈话时机。

③ 以情动人。首先体现在对学生的尊重、平等待人的基点上。其次体现在对学生真诚地关心、信任和爱护的态度上。

④ 以理服人。指所讲的内容一定要实在、准确、全面。

六、接待语言

（一）接听电话用语

您好！
您好，××公司。
请问您贵姓？
请问有什么可以帮您的吗？
当听不清楚对方说的话时——
对不起，先生/女士，您刚才讲的问题我没听清楚，请您重述一遍好吗？
先生/女士，您还有别的事吗？
对不起，先生/女士，我把您刚才说的话再复述一遍，看妥不妥当？
您能听清楚吗？

当对方要找的人不在时——

对不起，他/她不在，有什么事情需要我转告他/她吗？

谢谢您，再见。

（二）打出电话用语

先生/女士，您好！我是××管理公司，麻烦您找××先生/女士。

当要找的人不在时——

您能替我转告他/她吗？

谢谢您，再见。

（三）用户电话投诉时

先生/女士，您好！××管理公司。

请问您是哪家公司？

先生/女士，请问您贵姓？

请告诉我详情，好吗？

对不起，先生/女士，我立即处理这个问题，大约在××时间给您答复。请问怎样与您联系？

您放心，我们会立即采取措施，使您满意。

很抱歉，给您添麻烦了。

谢谢您的意见。

（四）用户来访投诉时

先生/女士，您好！请问我能帮您什么忙吗？

先生/女士，请问您贵姓？

您能把详细情况告诉我吗？

对不起，给您添麻烦了。

当投诉不能立即处理时——

对不起，让您久等了，我会马上把您的意见反馈到有关部门处理，大约在××时间给您一个答复。请您放心。

谢谢您的意见。

限于职权或能力不能解决时——

对不起，先生/女士，您反映的问题由于某种原因暂时无法解决，我会把您的情况向公司领导反映，尽快给您一个满意的答复。

（五）以下几项限物业管理专业

1. 用户电话咨询管理费时用语

先生/女士，您好！请问有什么可以帮忙的吗？

请稍等，我帮您查一下。

贵公司×月份的管理费×元、电费×元、维修费×元、仓库租金×元，共计×元。您打算来交款吗？

一会儿见。

2. 收管理费用语

先生/女士，您好！请问您是来交管理费的吗？请问您的房号？

您本月应交管理费×××元，上月电费×××元，维修费×××元。

收您×××元，找回×××元。

这是您的发票，请保管好。

谢谢您，再见。

3. 催收管理费用语

先生/女士，您好！

贵公司×月份的管理费还没有缴。我们于×日已经发出《缴款通知》，想必您已经收到了，现在再提醒您一下，按管理公约，管理费应在当月 15 日之前缴纳，逾期管理公司将按 0.1%计收滞纳金。

4. 用户室内工程报修时用语

您好，服务中心。请问您室内哪里要维修？

您可以留下您的姓名和联络电话以方便维修吗？

谢谢您的合作，我们尽快派人替您维修，大约在 10 分钟内给您一个答复。

参 考 文 献

[1] 唐树芝. 口才与演讲[M]. 北京：高等教育出版社，2008.
[2] 邵守义. 演讲学教程[M]. 北京：高等教育出版社，2006.
[3] 国家教育委员会师范教育司. 教师口语[M]. 北京：北京师范大学出版社，1994.
[4] 应天常. 实用口才自练[M]. 北京：语文出版社，1998.
[5] (美)戴尔·卡耐基. 当众演讲与沟通的艺术[M]. 北京：群言出版社，2005.
[6] 颜永平，文若河. 会说话，得天下[M]. 北京：北京大学出版社，2008.
[7] 周晓波. 普通话与说话训练[M]. 重庆：重庆大学出版社，2007.
[8] 黄干才. 简明职业口才[M]. 南宁：广西民族出版社，1997.
[9] 廖广莉. 普通话与口才[M]. 天津：天津大学出版社，2009.
[10] 陈秀泉. 实用情境口才[M]. 北京：科学出版社，2007.
[11] 李红梅. 市场营销口才训练[M]. 北京：电子工业出版社，2009.
[12] 王宏. 电话销售人员超级口才训练[M]. 北京：人民邮电出版社，2010.
[13] 王宝玲. 超级销售口才训练方法[M]. 北京：中国纺织出版社，2009.
[14] 刘莹. 校园口才艺术全书[M]. 北京：中国友谊出版公司，2007.
[15] 方仲文. 办公室人际关系指南[M]. 广州：华南理工大学出版社，2000.
[16] 陈光谊. 现代实用社交礼仪[M]. 北京：清华大学出版社，2009.
[17] 李先国，曹献存. 客户服务实务[M]. 北京：清华大学出版社，2006.
[18] 李元授. 辩论学[M]. 武汉：华中理工大学出版社，1997.
[19] 易书波. 中层沟通技巧[M]. 北京：北京大学出版社，2009.
[20] 余世维. 有效沟通 II [M]. 北京：北京大学出版社，2009.
[21] (美)马奎特. 高效能人士的有效沟通手册[M]. 扈喜林，译. 北京：中信出版社，2010.
[22] 李谦. 现代沟通学[M]. 北京：经济科学出版社，2009.
[23] 金东日. 组织理论与管理案例分析[M]. 天津：南开大学出版社，2006.
[24] 高湘萍，崔丽莹. 当代大学生人际关系行为模式研究[M]. 上海：上海社会科学院出版社，2008.
[25] 张金水，窦慧筠. 如何做优秀零售店长[M]. 广州：广东经济出版社，2006.
[26] 张烜搏. 赢得客户的12个关键电话[M]. 北京：人民邮电出版社，2009.
[27] 李建军，俞慧霞. 与客户有效沟通的N个技巧[M]. 北京：中国纺织出版社，2006.
[28] 邹中棠. 要成功先沟通——职场沟通工具与实战智慧[M]. 北京：机械工业出版社，2010.